我看中国职教

——冯胜清探索中国职教之路

◎冯胜清 著

知识产权出版社
全国百佳图书出版单位

内容提要

本书是作者结合20余年的一线职业教育与管理实践经验，经过比较深入的思考撰写而成。全书分为九辑，内容涉及职业教育的体系构建、立德树人、教学研究、师资建设、校企合作、改革评价、技能竞赛、提高质量、就业创业等。这些都是加快发展现代职业教育的非常重要的话题，反映了作者对职业教育关注的热度、思考的广度和研究的深度，不乏真知灼见。书里收录的文章贴近我国职业教育实际，反映了存在的问题，提出了不少富有建设性的意见和建议。该书对我国职业教育的政策制定、理论进展，特别是对职业教育的进一步改革和创新，应该具有一定的实用和参考价值。

责任编辑：陈晶晶

图书在版编目（CIP）数据

我看中国职教：冯胜清探索中国职教之路/冯胜清著．
—北京：知识产权出版社，2014.1
ISBN 978－7－5130－2514－0

Ⅰ．①我… Ⅱ．①冯… Ⅲ．①职业教育—研究—中国
Ⅳ．①G719.2

中国版本图书馆CIP数据核字（2013）第300343号

我看中国职教

——冯胜清探索中国职教之路

WO KAN ZHONGGUO ZHIJIAO

——FENGSHENGQING TANSUO ZHONGGUO ZHIJIAO ZHI LU

冯胜清　著

出版发行：知识产权出版社

社　址：北京市海淀区马甸南村1号
邮　编：100088
网　址：http：//www.ipph.cn
邮　箱：bjb@cnipr.com
发行电话：010－82000860转8104/8102
传　真：010－82005070/82000893
责编电话：010－82000860转8391
责编邮箱：shiny－chjj@163.com
印　刷：北京中献拓方科技发展有限公司
经　销：新华书店及相关销售网点
开　本：787mm×1092mm　1/16
印　张：12.75
版　次：2014年1月第1版
印　次：2014年1月第1次印刷
字　数：226千字
定　价：45.00元

ISBN 978－7－5130－2514－0

序　一

以文会友是一种幸运，特别是有职业教育情怀的人，我尤为看重。几年前，我通过阅读一些冯胜清校长发表在报刊上的有关职教方面的文章，知道了他；2011年夏，在无锡举行的国家社科基金“十一五”规划课题“跨区域职业教育合作研究”的研讨会上，通过冯胜清校长会上的发言与会下的交流，认识了他；我觉得他是一个热爱职教的研究型教师、思想型领导。我主持的这个课题研究的最终成果一书也收录了冯胜清校长的一篇研究成果。

冯胜清校长所著的《我看中国职教》内容颇为丰富，涉及职业教育的多个方面，而且大多是非常重要的话题，反映了冯胜清校长对职业教育关注的热度、思考的广度和和研究的深度，不乏真知灼见。如果没有对职业教育的挚爱，没有对职业教育的持久执着关注，没有深入细致的研究，没有坚忍不拔的毅力，是不可能写成这些文字的，是不可能取得这样的研究成果的。因为这些文章贴近我国职业教育实际，反映了存在的问题，提出了不少富有建设性的意见和建议。我以为，该书对我国职业教育的政策制定、理论进展，特别是职业教育实践中进一步改革和创新，应该具有实用和参考价值。

职业教育是面向人人、面向社会的教育；职业教育是实现中国由人力资源大国变为人力资源强国，制造业大国到制造业强国、创造强国以及实现中国梦的重要途径。要想职业教育又好又快发展、为实现“中国梦”、“教育梦”作出应有的贡献，需要党和政府的高度重视，需要社会各个方面的大力理解和支持，需要每个职教工作者的热爱和付出，也需要像冯胜清校长这样的实践者、研究者。我为职业教育有冯胜清这样的教师、校长感到高兴。我相信我们的职教梦一定会实现。

胜清校长请求让我作序，既不敢当又真情难却，这几句话权且作为一个具有“职教情结”的教育工作者的一点感想吧。相信读者阅后也一定会有所收获。

邢晖

国家教育行政学院职业教育研究中心主任

2013年9月6日于北京

序 二

在我看来，职业教育不同于普通教育的地方在于教育目标、教育内容、教育方式等方面。比如，职业教育的目标是培养职业人，普通教育的目标是培养合格公民；职业教育的教育内容是从事某一种特定职业需要的知识和技能，普通教育的教育内容是通识性的知识和能力；职业教育的教育方式是理论与实践结合、以实践为主的方式，普通教育的教育方式是传授与体验结合、以传授为主的方式……这样的不同还可以举出很多。职业教育和高等教育也不同，目前看，职业教育与高等教育的不同主要表现在它们各自面对的职业差异上。社会分工导致了职业的多样化，正所谓“三百六十行，行行各不同”。职业虽然没有高低贵贱之分，但却有待遇好坏、环境优劣、晋升快慢之别。职业教育和高等教育面向的是不同的职业类群，换言之，职业教育学生和高等教育学生毕业后从事的是不同类型的职业。具体到一个制造业企业来说，职业教育毕业生可能做一名一线操作工，而高等教育毕业生可能从事产品设计的工作。当然，这都是从理论上来讲的，实际上是否如此还需另当别论。

职业教育毕业生与高等教育毕业生理应从事不同的职业，否则这两者的办学优势就显现不出来。社会上的职业处于不同的产业、不同的行业、不同的生产环节中，这些不同的职业需要从业者具有不同的知识和能力。可不管是什么样的职业都需要有良好的职业道德，就是我们常说的“干一行、爱一行”，而这一点恰恰是现在的从业者所欠缺的。我写过一篇“技能易学、精神难求”的文章，那篇文章中的“精神”就是工作精神、工作态度，文章的中心观点是职业学校训练学生的技能不难（相对来说），培养学生的职业道德、职业态度实属不易。细究起来，中国的产品质量为什么不如德、日等国家的产品质量，原因不在于员工技能水平的差别（凭中国人的聪明劲儿，什么技能也难不倒啊），主要在于我们国家的员工爱岗敬业不如人家，我们只把职业当成养家户口的手段，没把它当成实现人生价值的舞台。所以说我们国家的职业教育不仅要教会学生怎么做事，还要教育学生把事情做好，即“识业、敬业”。所谓把事情做好，最起码有两个层次：一个层次就是把自己份内的事情做好，也就是不折不扣地、保质保量地完成任务，这是最基本的要求，属于“干一行、会一行”；另外一个层次就是创造性地完成任务，本来的岗位职责上没有这个规定，但他通过自己的钻研改进了工艺和技术，超水平地完成了任务，这是更高层次的要求，属于“会一行、专一行”。在当今这个社会，能够做到第一个层次的已经不错了，做到第二个层次的很少，而获得国家科技奖励的科技工作者及获得五一劳动奖章的高技能工人就是这样一群在自己的工作岗位上开展创造性劳动的人们。

这个社会不仅需要大量会做事情的人，更需要大量能把事情做好的人。冯胜清同志就是这样一个不仅“会做事”、也能“做好事”的人。他做过多年的中等职业学校教师，又做过多年的中等职业学校副校长。对于一般人来说，做一个合格的教师和称职的副校长就行了。而他则不然，在繁杂的教学和学校管理之余，他用心观察、开动脑筋、条分缕析，对每一个职业教育问题都不人云亦云，不管是宏观层面的构建现代职业教育体系问题，中观层面的职业学校校企合作、师资队伍建设，还是微观层面的备课和课堂教学，他都能见人所未见，给出自己的独特看法。更为难能可贵的是他还能把自己的看法形诸文字，在各种媒体上发表，与别人分享自己的观点，我想读过他文章的人都会有或多或少的启发。这些年来，冯胜清同志笔耕不辍，集腋成裘，形成了眼前这本包括九辑、九十篇文章、二十多万字的一本书，个中甘苦，作者自知。书中所录冯胜清同志的文章长短不一，但都观点鲜明、说理透彻、行文顺畅，不愧为语文教师出身，有很强的驾驭文字功底。我也是一个经常写点文章的职业教育研究者，在这方面还要向冯胜清同志学习。

中国的职业教育发展虽然有了长足的进展，但是与经济社会发展的要求还有不小的差距。希望所有真正关心中国职业教育的人们都能够以自己的方式为之尽一份力量。

庄西真

江苏省职教研究院常务副院长

2013年9月15日

目 录

第一辑　体系构建

职业教育是面向人人、面向社会的教育；职业教育是实现中国由人力资源大国变为人力资源强国，制造业大国到制造业强国、创造强国以及实现中国梦的重要途径。党的十八大报告指出：“加快发展现代职业教育。”《国家中长期教育改革与发展规划纲要（2010—2020年）》（以下简称《教育规划纲要》）指出：“大力发展职业教育。发展职业教育是推动经济发展、促进就业、改善民生、解决‘三农’问题的重要途径，是缓解劳动力供求结构矛盾的关键环节，必须摆在更加突出的位置。着力培养学生的职业道德、职业技能和就业创业能力。到2020年，形成适应经济发展方式转变和产业结构调整要求、体现终身教育理念、中等和高等职业教育协调发展的现代职业教育体系，满足人民群众接受职业教育的需求，满足经济社会对高素质劳动者和技能型人才的需要。”但是，我国的职业教育处于“弱势”地位，缺乏吸引力；职业学校成为“差生”聚集的地方；而很多老百姓让孩子上职业院校似乎是无奈之举。要发挥职业教育的作用，首先必须增强吸引力，这就必须加强顶层设计，政府、行业、企业、学校及社会各方面要切实履行职责，只有这样才能构建好现代职业教育体系。

浅谈发展职业教育就是发展生产力

人是生产力中起重要作用的因素，人的素质高低意味着生产力水平的高低，亚洲金融危机给了我们一个深刻的教训和认识，这就是：当前世界经济的竞争主要是生产力与技术的竞争，说到底是人才与教育的竞争。江总书记在纪念党的十一届三中全会20周年大会上强调指出：“要十分重视提高劳动者的素质。”教育的功能与本质，归根到底就是为了提高人的整体素质，为了发展生产力。而职业教育是国家教育事业的重要组成部分，它同样担负着提高国民素质，造就“有理想、有道德、有文化、有纪律”的德智体美劳等全面发展的社会主义事业建设者和接班人的根本任务，将教育对象培养成为“学有专长”的各级技术型人才，以适应社会发展和经济建设的需要。职业教育与生产力发展的关系、与经济发展的关系，同其他类别的教育相比，更直接、更密切，它为社会输送了许多初、中、高级技术、管理人员和高素质劳动者，提高了社会生产力水平，为经济建设和各项社会事业的发展发挥了重大的作用。所以，职业学校扮演着技术人才库的角色，发展职教就是发展生产力，就是发展经济。这已被经济发达的国家所证实，我国南方和沿海地区经济腾飞正是依靠了职业教育的事实也为这一观点提供了有力佐证。

中国共产党是先进生产力的代表，我们党和政府十分重视职业教育。1965年，我国的中等专业学校、技工学校、农业高中、职业高中招生数合计达87.2万人，普通高中招生数为45.9万人，各占65.5%和34.5%。1979年职校毕业生约占当年高中毕业生总数的4%，改革开放后，我国的职业教育得到了迅猛的发展。《关于国民经济和社会发展“九五”计划和2010年远景目标纲要的报告》指出：“积极发展多形式、多层次的职业教育和成人教育。优化教育结构，使普通教育与职业教育比例更加合理。”《中共中央国务院关于深化教育改革，全面推进素质教育的决定》指出：“要在确保‘两基’的前提下，积极发展包括普通教育和职业教育在内的高中阶段教育，为初中毕业生提供多种形式的学习机会。”“要大力发展高等职业教育。”教育部《面向21世纪教育振兴行动计划》中指出：“继续实施初中后教育的分流，从各地实际出发，积极发展中等职业教育。”江总书记在第三次全国教育工作会议上指出：“努力办好各级各类职业技术教育，是一篇大文章。”到1998年年底，我国有中专、技校和职高17 106所，在校生1 146.1万人；职业初中1 472所，在校生86.7万人。中职在校生占高中段在校生总数的55%。50年来，仅中等职业教育就为社会培养了近4 000万名劳动者和专门人才。各种职业培训机构和学校培训累计数10亿人次。据国家旅游局统计，全国涉外饭店近几年新增的第一线员工中80%以上是职校的毕业生。职业教育的发展，提高了全民受教育的平均水平，提高了劳动者的素质，1982年我国每年千人中受过高中教育的有66人，2000年已超过100人。劳动者素质的提高，无疑提高了生产力水平，这也成为我国国民经济增长速度一直保持在8%以上且连续多年稳居世界前列的重要因素。

再以苏州为例，改革开放28年来，职业教育的发展为苏州的经济建设和社会事业的发展作出了重大贡献，成为苏州教育百花园中的一朵奇葩。1979年全市只有中等职校6所，占中等学校比例的5.5%，在校生1 338人。1998年全市有中等职校94所，在校生9.24万人，占高中阶段教育比例的56.3%。20多年的职业教育已为社会培养和输送了各类技术、管理人才和较高素质的劳动者近20万人，他们正成为各行各业的主力军。职业教育的发展，明显提高了工人的技术素质，使全市技术工人队伍结构起了可喜的变化。1979年初、中、高级技术工人的比例分别是74%、25%、1%；1989年三者的比例为52%、45%、3%；而1998年调整为40%、53%、7%。职业教育的发展极大地提高了生产力水平，为苏州的经济插上了腾飞的翅膀。改革开放28年来，国内生产总值平均递增率超过20%，外向型经济成为苏州经济发展新的增长点，苏州工业园区等五个国家级开发区和10个省级开发区相继建成，合同利用外资超过300亿美元；2000年国内生产总值超过1 300亿元，财政收入超过90亿元。如果没有改革、开放后职业教育的大发展，就没有这么多的初、中、高级技术、管理人才和高素质的劳动者，就没有先进的生产力，就没有名列世界各国前列的国民经济的增长水平。

职业教育是社会大生产和商品经济的产物，是教育与经济的重要结合部（结合点），它紧紧围绕经济建设这个中心，把人力资源迅速转化为智力优势，把智力优势又迅速转化为现实生产力，培养数以千万计的同我国社会主义现代化建设要求相适应的、具有综合职业能力和全面素质的直接在生产、服务、技术和管理第一线工作的应用型人才。从这个意义上说，发展职业教育就是发展生产力，发展职业教育已关系到一个地区、一个国家经济发展的水平和速度，影响到一个地区、一个国家的经济发展实力和后劲。当今已进入了知识经济时代，知识经济密集型生产方法的发展，对有高度熟练技能工作人员的需求会更大；技术的变革使得就业形势对有熟练技能的工人更具倾向性。面对知识经济的挑战，我们要实现国民经济和各项社会事业可持续的发展，实现中华民族的伟大复兴，就要大力发展中等职业教育和高等职业教育，发挥职教在经济建设和推动社会全面进步中的作用，使我们的生产力水平一直保持先进，作为党和政府，大力发展职业教育，就是具体实践江总书记“三个代表”的重要思想。

（写于2006年）

试论职业教育的科学发展与和谐发展

中共中央在十六届三中全会上提出了科学发展观，在党的十六届四中全会上，胡锦涛总书记又提出了和谐发展观，十六届六中全会又通过了《关于构建社会主义和谐社会若干重大问题的决定》。《决定》指出：“社会要和谐，首先要发展。社会和谐在很大程度上取决于社会生产力的发展水平，取决于发展的协调性。”科学发展观与和谐发展观的核心，就是以人为本，全面、协调、可持续发展。教育涉及千家万户，惠及子孙后代，关系国家长治久安，是一个民族的根本事业，是构建社会主义和谐社会的基石，教育也要坚持科学发展观，既要使学生全面、健康、协调的成长，又要使各类教育全面、协调、可持续发展。在职业教育内部，就是要使高等职业教育、中等职业教育和初等职业教育做到全面、协调、可持续发展。

现代系统科学认为，任何事物都是以系统的方式存在的。任何一个事物，不论其范围大小，在特定的条件下，都可以看成是一个系统。所谓系统，就是由一定数量的相互联系的要素所组成的、具有特定功能的有机整体。系统的性质和功能不是其构成要素的性质和功能的简单相加，而是由系统的整体结构决定的新的性质和功能。系统最显著的特点就是整体性。这一思想运用到实践中就要求我们必须坚持用全面的整体的眼光来看问题。教育是一个大的系统，职业教育是这个大系统中的一个分支；而职业教育这个分支又组成一个系统，它包括高等职业教育、中等职业教育和初等职业教育三个子系统。职业教育要得到全面、协调、可持续发展，就要使高等职业教育、中等职业教育和初等职业教育三个子系统都得到发展。

改革开放后，特别是近两年来，我国的职业教育发展迅猛；2005年教育部出台了《关于加快发展中等职业教育的意见》，国务院召开了全国职业教育工作会议，出台了《关于大力发展职业教育的决定》，职业教育的形势更是大好，相当多的人，包括党政领导，认识到了职业教育的战略地位。这样带来了招生形势的好转。2004年，中等职业教育招生566万人，超过历史最高水平的1998年（530万人），在校生达到1 409万人。2005年，全国中等职业教育（包括普通中专、职业高中、技工学校和成人中专）共有学校 14 466 所，比上一年增加了 12 所。招生 655.66 万人，比上一年增加 89.46 万人；在校生 1 600.05 万人，比上一年增加了 190.81 万人。其中全国普通中等专业学校 3 207 所，比上一年增加 160 所；招生 241.13 万人，比上一年增加 37.29 万人；在校生 629.77 万人，比上一年增加 75.3 万人；毕业生 156.71 万人，比上一年增加 16.13 万人。教职工 33.48 万人，比上一年增加 0.2 万人。专任教师 20.30 万人，比上一年增加 0.59 万人。全国职业高中 5 822 所，比上一年增加 41 所；招生 248.21 万人，比上一年增加 35.55 万人；在校生 582.43 万人，比上一年增加 65.51 万人；毕业生 153.09 万人，比上一年增加 27.53 万人。职业高中教职工 38.93 万人，比上一年增加 1.21 万人；专任教师 28.25 万人，比上一年增加 1.19 万人。职业高中专任教师学历合格率 67.74%，比上一年增长 3.97 个百分点。全国技工学校 2 855 所，比上一年减少 29 所；招生数 118.37 万人，比上一年增加 8.67 万人；在校生 275.3 万人，比上一年增加 40.8 万人；毕业生 69 万人，比上一年增加 15.5 万人。全国成人中等专业学校 2 582 所，比上一年减少 160 所；招生 47.95 万人，比上年增加 7.95 万人；在校生 112.55 万人，比上一年增加 9.2 万人；毕业生 39.39 万人，比上一年减少 0.16 万人。另外，2005 年，全国的职业初中共 601 所，高职（专科）院校 1 091 所。

但是，在职业教育系统的内部，三个子系统的发展在现实中确实有矛盾。一是子系统之间的矛盾，二是子系统内部的矛盾。即各类职业教育之间的发展是不协调的。从上述数字来看，中等职业教育得到了前所未有的重视，可以说是发展突飞猛进；高等职业教育也受到了相当的重视，发展速度很快；而初等职业教育却有势微的可能。另外，全日制的学历教育受到重视，招生数和在校生数增长迅速，而短期培训则增长不快。和谐和发展本身就是一个矛盾统一体。和谐与发展是辩证统一的、不可分割的。二者互为条件，互相促进又相互制约。和谐是发展中的和谐，发展则是和谐的发展。具体来说，一方面和谐是发展的基础和前提，没有和谐的联系难以构成事物的发展，事物发展的真正原因在于事物和谐的联系。事物之间和谐的相互联系和相互作用是运动、发展的源泉和动力，使事物由一种状态转化为另一种状态，由低级形态发展为高级形态。另一方面发展既是和谐的必然结果，又是和谐联系的基础和保障，是各个子系统实现新的更高层次和谐的必要条件。发展之后的和谐则又是实现持续发展的最新平台。如果只有事物间的和谐，没有事物的发展，这种事物间的和谐也是难以维持的。发展因和谐得以实现，而和谐因发展得以升华。和谐发展观强调发展的和谐性和整体性正是唯物辩证法关于普遍联系基本观点的具体运用。

在高中阶段教育逐步走向普及的当今，大力发展中等职业教育是形势的需要。在经济发达地区，初升高已经达到了 90%，甚至 98%；即使在中部地区，一些城市也达到了 85%。前几年，这部分学生 70%以上流向了普通高中；随着职业教育的升温和普职比要在 2008 年前全国达到 1∶1 这一宏观政策的实施，进入中等职业学校的初中生更多，这就要开办更多的中等职业学校。但是，学生接受了九年义务教育，并不是人人都能毕业的，即使按照控制非毕业率以后的情况来看，有部分初中毕业生是难以达到合格的中等职业学校毕业生要求的。即 2%的初中肄业生和 20%左右的初中毕业生按照其学习基础和学习能力，应该接受初等职业教育。如某市 2006 年有初三学生 12 000 人，中考成绩在 550 分以上的约占 35%，520～549 分的约占 16%，480～519 分的约占 18%，400～479 分的约占 14%，300～399 分的约占 11%，200～299 分的约占 4.9%，199 分及其以下的约占 1.1%。其中 6%左右的学生是难以达到毕业要求的（中考总分是 685 分）。所以，至少 16%的学生要接受初等职业教育。

和谐发展观突出强调社会的发展是社会结构各个部分的整体发展，强调在社会发展过程中社会结构各部分之间的相互影响、相互作用。事物是普遍联系的，任何一方面的发展都是与其他方面的发展相联系、相依存的。当前，传统的教育体系结构依然制约着素质教育的推进。现代化建设对人才需求的多样性与人才选拔制度的单一性这一突出矛盾，仍然没有得到有效的解决。职业教育出口不畅、分流的吸引力不强。我们要理顺发展中各方面的关系，把全面发展与可持续发展有机地结合起来。正如《关于构建社会主义和谐社会若干重大问题的决定》所指出的："加快发展城乡职业教育和培训网络，努力使劳动者人人有知识，个个有技能。"我们要努力从当前的中国实际出发，在大力发展中等职业教育和高等职业教育、学历教育的同时，适当发展初等职业教育，使职业教育这个系统得到全面、协调、可持续发展。

（发表于《贵阳学院学报》2007 年第 2 期）

参考文献：

[1] 李江. 和谐发展观的哲学基础 [J]. 党政论坛，2005-7.

[2] 落实科学发展观加快教育事业发展——"十一五"期间教育事业发展和改革的主要成就 [N]. 中国教育报，2005-10-12.

[3] 2005 年全国教育事业发展统计公报 [N]. 中国教育报，2006-7-4.

[4] 续梅. 推进素质教育是一项十分复杂的系统工程 [N]. 中国教育报，2006-11-9.

加快构建系统工程，提高职业教育吸引力

2013年年初，新一届中国职教学会会长、原人大校长纪宝成接受媒体采访时说的有关中国职业教育的一番话激起了公众和媒体的关注和热议。他说：现在几乎没有市委书记、市长与县委书记、县长的孩子上职业院校，就连说职教重要的人的孩子一般都没有上职业院校。很多老百姓的孩子上职业院校是无奈之举。这些反映了职业教育缺乏吸引力。要大力发展现代职业教育，改变职业教育只是“平民教育”、被边缘化、甚至是“失败者聚集的地方”的局面，必须在顶层把提高职业教育吸引力作为系统工程来抓。

要增强职业教育吸引力，构建好系统工程，必须抓好以下工作。

一是从党政领导做起。俗话说：村看村，户看户，群众看干部。榜样的力量是无穷的。党政领导要把重视职业教育真正落实到行动上，也要亲历亲为，做好表率，发挥榜样的作用。喊破嗓子，不如甩开膀子，做出样子。即不仅嘴上说职业教育重要，还要把自己的子女送到职业院校读书学技术。这样率先垂范，传递重视职业教育的正能量，肯定有助于改变传统观念，有助于改变职业教育是“平民教育”、不被认可的局面。

二是要改变评价观，大力宣传职业教育的作用。我们的党政领导，包括教育主管部门的领导经常以升学率对学校、对校长、对教师进行教育质量评价。每年，受到党委、政府和教育行政部门表彰的教师，常常以普通中学教师为主，每年下达的评先评优指标，普通中学明显多于职业中学；对教师贡献的评价，相当多的领导总认为是普通中学教师大于职业学校教师。因而，我们各级、各部门的领导要改变传统的评价观念，要以对社会的贡献度来评价学校、校长、教师，而不以升学率论英雄，对职校教师的评价应与普通中学一视同仁。

三是严格执行劳动就业准入制度。《教育规划纲要》第十七条指出：“完善就业准入制度，执行‘先培训、后就业’‘先培训、后上岗’的规定。”我国也早有劳动就业准入制度，但是，一直都没有认真执行过，工厂、企业里的劳动者，没有经过培训的占很高比例。没有经过培训的劳动者与职业学校毕业生的待遇也没有区别。这对职业教育学校的招生负面影响极大。

四是要落实同工同酬。《教育规划纲要》第十七条指出：“提高技能型人才的社会地位和待遇。”我们职业学校毕业生的社会地位和工资水平都是比较低的。

职业学校的毕业生虽然有技能，与普通大学的毕业生干同样的工作，但工资水平却远远低于普通大学毕业生。社会地位的高低，往往是由经济水平决定的。要增强职业教育的吸引力，必须切实提高职业学校毕业生的工资水平，规定起薪标准和加薪办法。要以从事的岗位、技术性水平来定工资，而不以学历层次定工资。

五是改变招生批次。目前，不管是中等职业学校，还是高等职业院校，招生基本都是在最后批次，所以我国职业教育主要招收在“一考定终身”的选拔考试中被淘汰的学生。这样，我国的职业教育在主流意识中就有好多负效应：职业教育是“二流教育”，职业教育是“差学生”才进去的“收容所”，“中等职业教育成为失败者聚集的地方”（全国人大常委会副委员长、民进中央主席严隽琪语）。要增强职业教育的吸引力，必须改革招生批次，让职业学校与非提前招生批次的学校同台“竞技”、同时招生。

六是要加大立法保障和加大投入。我国应进一步加大和强化对职业教育的立法保障，加快修改和出台新的《职业教育法》，进一步明确政府和企业应承担的发展现代职业教育的责任，建立和完善相应的奖惩机制。同时，要加大财政投入。职业教育是花钱的教育，而且花的钱比普通教育多。我们党委、政府必须清醒地认识到职业教育的特点，在职业教育方面舍得投入，切实执行《教育规划纲要》和有关文件的规定，从而使职业院校都有能满足职业教育发展所必需的设施设备、校舍和师资。

七是尽快构建现代职教体系。职业教育再也不能成为断头教育、终结教育，现代职业教育体系必须尽快构建，职业教育要有数以百万计的本科生，要招数量可观的研究生、博士生。不仅要打通学生的上升通道，而且要使通道很宽阔、很畅通，使毕业生有前途，有未来的发展空间。

八是要真正形成崇尚劳动的氛围。职业院校的毕业生大多是一线的技术技能型工人。全社会必须牢固树立“劳动最光荣，劳动最崇高，劳动最伟大，劳动最美丽的观念”，让劳动者实现体面劳动，全面发展，形成崇尚劳动的良好氛围。

九是要提高职业教育质量，实现职业教育和普通教育有机地整合。职业教育不是“制器的教育”。早在20世纪初，杜威就指出：在发展职业教育的问题上，我们需要更新观念，不能把职业教育仅仅看成是就业教育。在终身教育的理念下，职业教育应该把培养职业人与全面发展的人统一起来。职业教育培养的人不仅要有扎实的技术技能，同时应具有广博的人文情怀，达到技术技能与人文情怀的统一，实现人的全面发展。职业教育要真正把提高质量作为核心，要从当前我国“新四化”——新型工业化、信息化、城镇化、农业现代化的需要出发，顺应世界职业教育发展的潮流，满足人全面发展的需要，摒弃急功近利的“制器式”教育、饭碗教育，既要重视技术技能的教育，又要增强普通知识、人文知识的传授，将职业教育和普通教育有机地整合起来。

十是深化人事制度改革，消除歧视性做法。这一点十分重要。我国的职业院校毕业生不能参加公务员和事业单位招考，在职称评聘上也受到制约。这一漠视公平的歧视性做法，肯定使得市委书记、市长与县委书记、县长的孩子不上职业院校，老百姓的孩子上职业院校也成为无奈之举。所以，要增强职业教育的吸引力，必须消除这一歧视性做法，必须深化人事制度改革，让职业院校毕业生与普通学校毕业生一样能够参加公务员和事业单位招考，能够参加职称评聘。

构建提高职业教育吸引力的系统工程任重道远，涉及中央和地方以及方方面面，必须由顶层来抓。

（发表于《未来导报》2013 年 7 月 5 日）

借鉴新加坡职教经验，促进我国职教又好又快发展

2008 年，笔者到新加坡作短期进修。进修期间，听取了新加坡专家的讲学，对南洋理工学院、义安理工学院、工艺教育学院（简称 ITE，东区）等进行考察、学习。考察、学习中，与这些学院的管理人员和教师进行了座谈和研讨。因为是带着问题去的，所以，这次实地考察和学习、研讨，收获还是明显的。笔者觉得，新加坡 40 多年来，特别是近 20 年来职业教育的做法及其积累的经验给我们的启示是很多的。在我国职业教育规模已经达到外延发展的新高度后，职业教育要实现又好又快发展，就必须大幅度提高职业教育的质量和品质。“他山之石，可以攻玉。”笔者认为，要大幅度提高我国职业教育的质量和品质，应设置入学门槛，提高职业教育的正效应；应创新教学模式，提高实践教学的有效性；应开通师资新途，提高“双师型”教师的质量；应深化课程改革，提高文化课教学的实效性；应继续加大投入，提高全民对职业教育的认识水平；应发挥行家作用，提高职业院校培养人才的适应性。

一、设置入学门槛，提高职业教育的正效应

新加坡的职业教育分为三个层次，一是小学开始分流的智力水平一般的学生

到普通工艺中学接受职业教育。如北烁学校，专收小学会考不及格生。二是中学4年后（相当于我国的初中后）分流的，英语、母语和数学都及格，总分在180分以上的、具有普通教育N水准或O水准文凭、但学术能力较差的25%的学生到工艺教育学院（相当于我们的中等职业学校）接受职业教育，这为学术能力较弱的学生开辟了另一条具有世界级水平的学习管道，让毕业生在就业市场上持续具有实用性的就业竞争力；三是相当于我国大专层次的理工学院。进入理工学院的学生，必须是通过剑桥N水准或O水准考试的中学生，或工艺教育学院毕业后通过考试被录取的学生。因为进入工艺教育学院和理工学院的门槛较高，所以，毕业生质量得到了保证，职业教育有地位。如新加坡工艺教育学院是2005年第一个赢得“新加坡素质奖”的教育机构；2007年，又击败30个国家，赢得美国的“政府创意施政奖”。

我国的职业教育在主流意识中就有好多负效应：职业教育是“二流教育”，职业教育是“差学生”才进去的“收容所”，职业教育是“饭碗教育”，只是为了给“差孩子”找饭碗，职业教育培养出来的仅仅是熟练劳动力而非人才，等等。

新加坡对进入工艺教育学院和理工学院的学生设定一定的门槛，给我们的启示是：职业院校不能成为中考和高考学生的“收容所”，不能把职业教育等同于职业培训，不能把职业教育简单地变成“饭碗教育”。所以，要使我国的职业教育有地位，受到主流意识的肯定，除了政策的支持外，职业教育也必须“男儿当自强”，必须像新加坡那样设定一定的门槛，坚决摒弃把职业院校当做“收容所”，把职业教育简单地变成“饭碗教育”的思想，逐步消除职业教育就是“就业教育”、职业教育是“二流教育”、职业教育只是为了给“差孩子”找饭碗、职业教育培养出来的仅仅是熟练劳动力而非人才等负面的印象，不断强化职业教育的正效应。

二、创新教学模式，提高实践教学的有效性

新加坡的职业教育，不管是工艺教育学院还是理工学院普遍都做到了理实一体化教学，即课室（我国称教室）在实验室、实训工场旁边，或者课室就建在实验室、实训工场，学生可以在学中做、在做中学。特别是新加坡的“教学工场”，与德国的“双元制”模式、英美的能力本位（CBE）模式、澳大利亚的TAFE模式一样，为当今世界普遍推崇的职业教育模式。新加坡教学工场的基本做法是：理工学院的一、二年级学生，工艺教育学院的一年级学生学习基本专业理论课程

和进行基础技能训练；理工学院三年级、工艺教育学院二年级（最后一年）学生依据自己所选的专业方向进入有关“工业项目组”进行实际生产操作。这种“工业项目组”实际上就是由某个或某些社会上的生产厂家与学校联合办的，以教学和技能训练为目的的生产车间。学校从生产厂家承揽工业项目，生产厂家以提供或借用方式在学校装备一个完全与实际工厂一样的生产车间，学生在教师（组织项目并讲课）和师傅或技术人员（不讲课）的指导和训练下，进行实际生产操作。工业项目的取得可由学校统一承揽，也可以由学生自选课题，但都必须是能够充分运用所学的理论知识，通过实际生产能够学会未来上岗必须掌握的基本技能；项目的科技含量达到一定的水平，具有一定难度，但可在训练期间完成。这种模式实际上就是在实现理论与实际结合，学校与企业零距离，实施“做中学”。

职业教育要实现“以服务为宗旨，以就业为导向”，实现学校与企业的无缝对接，就要摆脱理论与实践脱节、两张皮的现象，改变单纯地“从听中学”，做到“从做中学”。

新加坡职教模式创新的经验告诉我们：从注重“教”变为注重“学”、“从听中学”变为“从做中学”已经是职业教育教学模式的发展趋势。要实施“从做中学”，教法方面要改革，可以采用项目教学法、模块化教学和理实一体化教学。

实施“从做中学”，学法方面也要改革，要开足实训课、开设教学实训周和扎扎实实完成计划规定的生产实习。

职业教育的技能教学要实现“从做中学”，给专业教师提出了更高的要求。要求每一位专业教师都是专业水平高、实践能力强的教师，即既精通理论又能实践操作的“双师型”教师。当然，教师也可以根据自己教学中积累的经验为企业提供解决问题的思路和方法。有了专业水平高、实践能力强的专业教师，才能培养出高水平的学生。如果教师只会纸上谈兵，“从做中学”就不会实现，就不会受到学生的欢迎，职业教育就没有希望。

三、开通师资新途，提高“双师型”教师的质量

新加坡职业学校的专业理论和实践课教师，基本上是“双师型”教师，他们不是师范学院（教育学院）的毕业生，而是必须有在工厂 3 年工作经历的技师、工程师。所以，他们既能上理论课，又会上操作课。当前，我国职业学校“双师型”教师的比例还较低，还不能适应社会和经济发展对职业教育的要求。相当多的专业课教师还停留在纸上谈兵的层面。造成这种局面的关键原因是，我国的人

事管理制度使职业学校教师的来源很窄，我国职业学校招聘教师的要求基本上是和普通中学一样的，必须是师范学院（教育学院）的毕业生。由于进入教师系列的限制过多，企业的优秀人才难以进入职业学校；再则，目前中国的职业学校教师的待遇也没有太大的吸引力，企业的优秀人才也没有到职业学校工作的积极性。教育部已经启动了职业学校专业课骨干教师的国家级培训，各省、市、自治区也相应地启动了相关的培训。要提高职业教育的质量，我们一方面要加大对“双师型”教师培养，另一方面，要深入改革人事管理制度，开通职业教育师资的新途径，解除不必要的限制，使专业水平高、实践能力强的“双师型”教师越来越多。

教育部出台了《职业学校兼职教师管理办法》（以下简称《办法》）。该《办法》就建立优秀人才“共有共享”机制，对职业学校聘请兼职教师的条件、管理、身份、经费投入4个核心问题进一步加强了规范。长期以来，职业学校聘请兼职教师很不顺畅。关键就是不知道兼职教师的身份如何确认——是教师身份还是职工身份，即便是教师，是正式进编的教师还是代课教师；即便是职工，是全民职工还是临时工；因为身份无法确认，所以带来了如何管理以及相应的经费等一系列问题上。而这些问题，最终会归结到钱的问题上。对职业学校聘请兼职教师的重要性有清醒认识的领导会在体制规定的范围内解决好上述问题，使职业学校能够根据需要聘请相应的兼职教师，而兼职教师也能够工作安心、热心，发挥应有的作用。相反，如果有关领导对职业学校聘请兼职教师的重要性没有清醒认识，结果就会是要么职业学校不聘请兼职教师，要么兼职教师不能够安心工作，不能够发挥应有的作用，甚至走人。这不利于职业学校的专业建设，不利于职业学校的内涵建设，给职业教育又好又快发展带来了消极影响。

《办法》将选派兼职教师的数量和水平作为考核企业社会责任的重要内容；并提出了建立政府、学校、企事业单位多渠道筹措兼职教师经费的投入机制。笔者认为，教育部对企事业单位没有管辖权，对地方政府特别是省级政府更没有指令权。所以，中国的实际告诉我们，要落实将选派兼职教师的数量和水平作为考核企业社会责任的重要内容、让政府和企事业单位也参与筹措兼职教师经费，必须有更高层出台的《办法》，即由国办出台对政府和企事业单位进行相关要求和考核的文件。

四、深化课程改革，提高文化课教学的实效性

新加坡工艺教育学院的学生，虽然学术课程不是优秀的，而且工艺教育学院

已经不开设像物理、化学、数学、英语等所谓学术课程，但是，学生在阅读、实验、写实验报告、毕业设计时都没有大问题，即基本上都能读懂英语的或母语的材料，比较准确地进行口头的或书面的表达。这主要就是因为他们进入工艺教育学院时英语、母语和数学都及格，还具有普通教育 N 水准或 O 水准文凭。工艺教育学院的学生，不再学物理、化学、数学这些当初没有学优的课程，主要精力是学习技能、技术，用 15%的精力学沟通技巧、思考与解决方案技巧、运动与保健等生活技巧。我们的课程虽然在改革，但是，学术性课程——数学、英语等还是偏难，对于入学这些课程就不及格甚至只有几分的学生来说，只会越学越没劲，越学越差。所以，在目前提高职业教育质量、加强文化课教学的情况下，必须从学生的原有基础出发，深化课程和教材改革，提高文化课教学的实效性，即让绝大多数学生“听得懂”、“学得会”。

五、继续加大投入，提高全民对职业教育的认识水平

新加坡是一个富裕的小国，财力足，所以公立职业院校的投入主要是政府。因为国民奉行实用主义，所以，看重职业教育已是国民的普遍认识。由此，企业也有投入的积极性。所以，新加坡的校企结合表现在两方面：一是与我们中国已经推开的做法一致，即学校培养的学生要与企业需求紧密结合；二是与我们中国刚刚开始的工作一致，即企业要将新设备装备学校，使学生在学习时就接触新技术、新设备，到岗位后，不用再进行熟悉新技术、新设备的培训，立即可以工作。我们在考察中看到，不管是工艺教育学院还是理工学院，它们的设备先进，不再是淘汰产品，而这些先进的设备，大部分是企业无偿提供的。在我国，政府出台了一系列政策以加大投入、强力推进职业教育。但是，企业支持职业教育、参与职业教育的积极性很低，不要说无偿提供设备，就是合作培养企业紧缺的技能人才都不积极。这实际上也与全民对职业教育的认识不到位有关。倒是有一些外资企业在支持、参与我国的职业教育。所以，政府在继续加大投入的同时，要大力宣传职业教育的作用，还要动用必要的杠杆，调动企业支持职业教育、参与职业教育的积极性。同时，校企结合必须抓好两个方面，尤其是第二个方面。

六、发挥行家作用，提高职业院校培养人才的适应性

新加坡职业院校的学生技术上学什么由专业指导委员会说了算。专业指导委员会的成员，大都来自企业，他们对企业发展的走向、技术的革新、新技术的产

生和推广，对企业某个阶段需要什么样的工人，都很熟悉，由他们来确定学生学习的专业技术、专业课程，课程就比较活，这样不仅与市场对接紧密，而且有一定的超前性，就可以避免学校培养的学生成为“明日黄花”。我国的职业院校大都也曾建立专业指导委员会，但是基本上都是有其名无其实。只是在学校要参加什么考评、升格，才会开一次会，甚至会议的形式也没有，只是有些造出来的材料。个中原因是较复杂的：企业对职业教育的认识不到位，参与不积极；学校一厢情愿，“剃头挑子一头热”；当然有的学校也只是把它当做一种形式，也不重视；企业与学校分属不同的“婆婆”；我国的课程是不能随意改变的，企业更不可能来定课程。所以，我们的学生往往与市场需求有一段距离，甚至存在明显的滞后性。培养的目标定位与市场需求脱节，培养的学生与企业的紧缺人才不对口，职业教育就会走下坡路。我们要想使设置的专业与市场对接紧密，而且有一定的超前性，避免学校培养的学生成为“明日黄花”，不仅要建立专业指导委员会，而且必须充分发挥他们的作用，使专业指导委员会名副其实；不仅在设置新专业或调整专业时要召开相关研讨会，就是在平时也要定期、不定期地进行研讨。双方都热起来，多走动，多交流。

（发表于《江苏教育职业教育》2013 年第 9 期）

参考文献：

［1］赵晓展．职业教育不是简单的“饭碗”教育［N］．工人日报，2008-7-17.
［2］邢晖．职业教育需学生市场政府三方认同［N］．中国教育报，2008-7-14.
［3］胡锦涛在全国优秀教师代表座谈会上的讲话．
［4］蒋乃平．中职课改：学得会用得上才是有实效的文化课［N］．中国教育报，2008-7-4.
［5］国家中长期教育改革与发展规划纲要（2010—2020 年）.

切合职业教育特点的改革举措越多越好

近几年，职业教育改革的步伐在不断加大。但是，改革进入到深水区后，在某些方面的改革又显得迟缓。作为在中等职业教育战线工作了 20 年的笔者，认为甘肃省和北京市将要进行的改革是很切合目前职业教育实际的。

据报道，甘肃省教育厅下发了《关于甘肃省普通高等教育对口招收中等职业学校学生招生考试制度改革的通知》，启动了中职生升学考试制度改革。改革要点是，从 2011 年起甘肃省中等职业学校升学考试内容为“文化综合素质测试＋

专业基础知识测试＋专业技能水平测评”，取消了原文化课“语文、数学、英语”单科考试。其中，“文化综合素质测试”包括语文、数学、英语、计算机应用基础、德育课、健康与安全常识，主要测试学生的基本职业素养，突出对中职生的技能和综合素质评价。

北京拟实施职业教育分级制度，形成自下而上的“培养目标和规格”逐级递进、“教育内容和要求”顺畅衔接、“入学制度和形式”开放灵活、“质量保障和评价”科学严谨的职业教育体系，以满足社会不同层次人员的教育需求。职业教育分级制度将原来镶嵌于普通教育、学历教育体系中的职业教育逐步分离出来，打破中职、高职学历概念，按照职业教育特点和规律加以重构，按照从 1 级到 5^{+} 级 6 个级别进行划分，使职业教育逐级直通，各级标准由学校、行业企业、政府部门等共同制定。在学习年限上，1 级、3 级为 1 年，分别采取初中、高中毕业生免试登记入学办法；其他级别则根据受教育者的受教育程度和既往经历选择，其中 2 级、4 级学制为 3 年，5 级为 5 年。此举将在一定程度上从源头上调动了企业参与职业教育的积极性，在标准制定过程中即可吸收企业参与课改。与此同时，在职业教育分级制度引导下，各学校将不再追求专业发展上的大而全，而是倡导办学的精品化。

我们许多地方的职业教育也在改革，但是步子还不大，如教学方面，有的还是按照普通教育的模式在进行，对学生、教师的考核也是照搬普通教育的一套——看学生的考试成绩。有的地方中等职业教育的“立交桥”是开通的，但是语文、数学、英语都是单科考试，占分比重大，课程的难度只是略低于普通高中，而且基本上是大学教授出卷，试卷的难度较大，难度系数在 0.5 左右。学生为了参加普通高校单独招生考试考出好成绩，上一个理想的大学，要花 60％的时间进行语文、数学、英语的学习和复习。还有更多的学生因为文化课没有学好，虽然专业课还可以，也想上大学，但是连参加普通高校单独招生考试报名的资格都没有。这与职业教育发展的要求不一致。

因为中等职业学校依然缺乏吸引力，其生源质量在下降，所以学生入校时的差距很大，文化水平离散度极高。实行差别化教学、分层教学，喊了好多年，但是真正做的不多，这其中固然有师资配备、学生心理承受力的问题，但改革力度小是根本问题。目前，学校对教师的考核，占重要比例的是看学生的考试成绩。这样，对本来就学不好的学生带来的是折磨，而给文化课教师和理工类的专业理论课教师带来的是无穷的苦恼。

甘肃省中等职业学校升学考试取消原文化课语文、数学、英语单科考试，突出了对中职生技能和综合素质的评价，避免了搞普通教育的模式，能够让学生有更多的时间来提高技能；北京实施职业教育分级制度，真正让文化基础不同、兴趣爱好不同的学生接受要求不同、年限不同的培养和教育，既给学生松绑，又给教师松绑，而且让学生不再学原先没有学会、也难以学会的东西，却学到能够学会的东西，切合实际，体现了职业教育的特色，而且为企业等用人单位及时输送专业人员。笔者呼吁多多推出切合职业教育特点的改革举措。

（写于 2011 年秋）

多措并举，保证中职扩招后又好又快发展

2009 年，中等职业教育要在过去几年大发展的基础上继续扩招 50 万人，完成招生规模 860 万人的历史性任务，并保证中等职业教育又好又快地发展，必须多措并举。

一、大力宣传职业教育的作用，破除陈旧观念

因为中国上千年重知轻术的传统，所以人们在思想认识上基本是重脑力劳动、轻体力劳动，重理论知识、轻实践技能，重学历文凭、轻实际能力。在此影响下，社会的某些层面和许多家长仍不能正确看待职业教育，很多家长仍希望孩子通过考高中、上大学，进机关、当白领，拥有干部身份。这也可以说是社会的主流意识。在此意识主导下，中国的职业教育成了不入流的教育或者三流的教育；于是，就有人说：职业学校是三流的学校、三流的教师。地方的党政官员、部门领导看重的是初中学生考取重点高中的比例、普通高中学生的高考录取率，认为这些学校培养的是“精英”，对社会和地方的贡献大；职业学校因为没有培养出“精英”，就没有什么贡献。这样的传统观念、这样的评价标准就导致了职业教育受歧视的结果。要增强职业教育的吸引力，必须改变传统观念；各级党政领导要利用各种媒体，在各种场合大力宣传职业教育对经济与社会又好又快地发展所起的巨大作用，积极宣传职业学校毕业生在经济与社会又好又快地发展中所起的作用；不以升学率论英雄，高考成绩揭晓后，领导不向升学率高的学校发贺信、不表增加奖金的态，媒体不宣传高考状元和升学率。要积极为职业学校造势，大力肯定为社会输送了大量高素质的、掌握了专业技能的建设者的职业学

校，营造一种看重职业教育的氛围，使传统观念和传统的评价方法没有市场。

二、加强职业教育科学研究，规划好专业建设

职业教育与经济建设和社会发展联系最为紧密。经济建设和社会是动态的，所以职业教育与具有较强稳定性的普通教育不同。适应市场需求，就业率和就业质量均高的专业才是有生命力的专业。加强职业教育的科学研究也就显得尤其重要。中等职业教育要落实科学发展观，落实“以服务为宗旨、以就业为导向”的方针，保证又好又快地发展，就要紧贴市场，围绕市场需求，加强职业教育科学研究，规划好专业建设，科学地设置专业，特别是骨干专业。在设置专业前，就要充分地进行调查研究，要研究市场，研究经济和社会改革、发展的形势和走向，研究经济结构调整和转型的情况，研究成果要为科学决策服务。调查研究的视野要宽，要有科学的眼光和发展的眼光，要充分结合地方经济与社会发展的形势，结合省和国家的中长期规划，结合国外形势，从多方面、多角度进行研究，对调查得到的数据要进行科学地分析，对设置的专业进行科学地论证。要杜绝不调查、不研究、不论证、拍脑袋设置专业的现象，还要杜绝短命专业。

骨干（重点）专业建设得如何，在一定程度上决定着学校发展的水平，影响着学校的发展。所以，每一所职业学校都把骨干（重点）专业建设作为学校发展中的重要工作。而把什么专业多长时间内建设成哪一类骨干（重点）专业，也要坚持科学发展观，科学决策。即决定之前，要做必要的调查研究，进行科学的论证，保证所建设的骨干（重点）专业是有生命力的。在建设骨干（重点）专业时，同样要加强调研，与企业加强联系、紧密合作，开展订单式培养，使课程安排、人才培养模式与产业需求相适应，做到无缝对接，使骨干（重点）专业建设取得实效。

三、破除饭碗教育思想，提高毕业生的发展能力

有人一直说职业教育就是就业教育，职业教育就是技能教育，甚至有人说职业教育就是饭碗教育。因而，在饭碗教育思想影响下，职业学校只重视抓学生的技能教学和训练，放松了学生对文化课知识和专业理论的要求。文化知识和专业理论的教学好像可有可无，可以为专业技能训练和考核无条件让路；学生只要拿到中级工、甚至初级工证书就可以毕业——文化知识和专业理论学好学坏都无所谓或者考试、考核是个位数、甚至零分也能够毕业，也能够拿到职业中学毕业文

凭。这就使得毕业生的综合素质下降。

解决就业即解决饭碗，确实是解决一个人生存的重要途径。而掌握一种技能也确实是解决饭碗的重要条件，即要解决饭碗问题没有一技之长不行。所以，职业学校必须把抓技能作为工作的重点。但是，随着社会的发展，社会分工既越来越细又越来越融合，新技术、新工艺层出不穷，科技含量越来越高，对文化知识、专业理论知识的掌握程度要求也越来越高；同时，一个人一生不可能只从事一种职业，因而不是只掌握一种技能就行了。要掌握新技能，就要继续学习；要继续学习、掌握新技能，就要有一定的文化知识、专业理论知识作基础。所以，职业学校还必须紧紧抓住文化知识、专业理论知识的教学，千万放松不得。而在饭碗教育思想的指导下，走上社会的中职学校毕业生的文化知识、专业理论知识并没有学好，距离中职学校所提出的“够用”要求还有很大差距，所以，在社会和科学技术进一步发展后，他们要新学习一门技术，肯定是难上加难，最终还是失业、丢掉饭碗，成为新的就业难点，从而给国家和社会带来众多难题。这些后果已经初显端倪。饭碗教育是目光短浅的短视行为。我们应该未雨绸缪、立足长远、贯彻落实科学发展观，以高校扩招、宽进宽出引起的教育质量下降作为前车之鉴，让职业教育的饭碗教育思想寿终正寝。

四、进一步明确企业责任，深化校企合作

校企合作是为企业培养创新型人才的重要途径。要培养出企业真正需要的人才，没有企业的深度参与是不行的。而当前，校企合作还存在一些问题，“一头热”现象非常突出，很多企业与学校合作的积极性不高。国家要加快修改《职业教育法》，在《职业教育法》中必须具体地明确企业在校企合作的责任和义务，真正建立起校企合作共同参与职业教育的机制即对职业学校提供人才支持、技术支持和资金支持的责任。为避免纸上谈兵或流于形式，要将责任与有关奖惩挂钩。

五、改革招生批次

目前，不管是中等职业学校，还是高等职业院校，招生基本都是在最后的批次，所以我国职业教育主要招收在“一考定终身”的选拔考试中被淘汰的学生。这样，我国的职业教育在主流意识中就有好多负效应：职业教育是“二流教育”；职业教育是“差学生”才进去的“收容所”；职业教育是“饭碗教育”，只是为了

给“穷孩子”、“笨孩子”找饭碗。要保证中等职业教育又好又快地发展，必须改革招生批次。比如招生只分两个批次即提前录取批次和普招批次，让职业学校与非提前招生批次的学校同台“竞技”、同时招生，不根据学校的类别来定参与招生时间的先后，而是根据学生的兴趣和发展方向来定学校。

六、提高职业学校教师的待遇和毕业生的工资水平

同样是受主流意识和评价标准的影响，目前我国中等职业学校教师的待遇普遍低于普通高中。这主要是因为：受到地方党委、政府和教育行政部门表彰的教师，常常以普通中学教师为主；对教师贡献的评价，总是普通中学教师高于职业学校教师；普通中学教师的经济收入高于职业学校教师。所以，要增强职业教育的吸引力，必须提高职业学校教师的政治待遇和经济待遇。

受主流意识的影响，我国职业学校毕业生的工资水平是比较低的。职业学校的毕业生虽然有技能，与普通大学的毕业生干同样的工作，但工资水平却远远低于普通大学毕业生。所以，要增强职业教育的吸引力，必须提高职业学校毕业生的工资水平，从而提高职业学校及其毕业生的地位，体现职业学校及其毕业生的价值，使职业学校毕业生得到更多的尊重。要以从事的岗位、技术性水平来定工资，而不以学历层次定工资。

七、开通师资新途，提高“双师型”教师的质量

我国职业学校“双师型”教师的比例还较低，还不能适应社会和经济发展对职业教育的要求。相当多的专业课教师还停留于在黑板上开机器、修汽车，纸上谈兵。造成这种局面的关键原因是，我国的人事管理制度使职业学校教师的来源很窄。我国职业学校招聘教师的要求基本上是和普通中学一样的，必须是师范学院（教育学院）的毕业生。这些教师是直接从大学过来的，虽然有的人有在企业实习的经历，但时间很短，只有几个月，甚至个把月。由于进入教师行列的限制过多，企业的优秀人才难以进入职业学校；再则，目前中国的职业学校教师待遇也没有太大的吸引力，企业的优秀人才也没有到职业学校工作的积极性。2007年胡锦涛同志在全国优秀教师代表座谈会上的重要讲话指出：“没有高水平的教师队伍，就没有高质量的教育。”一流的职业教育需要一流的教师。教师是教育的第一资源，是学校发展的决定性因素，是办学的主体。我们一方面要加大对“双师型”教师的培养，另一方面要深入改革人事管理制度，开通职业教育师资的新途

径，解除不必要的限制，使专业水平高、实践能力强的“双师型”教师越来越多。

（写于2009年）

抓好保证中职又好又快发展的六个关键

党的十七大报告明确指出：“优先发展教育，建设人力资源强国。”在2010年7月13到14日召开的全国教育工作会议上，胡锦涛同志指出：必须重视教育质量，树立以提高质量为核心的教育发展观，建立以提高质量为导向的管理制度和工作机制，坚持规模和质量的统一，注重教育内涵发展。实施可持续发展战略，关键就是要提高人口素质，实现由人口和人力资源大国向人力资源强国转变。提高人口素质，建设人力资源强国，依靠的是高质量的教育。所以，切实提高教育质量已经成为我国各级各类教育的主要任务。

2010年，全国中等职业学校招生数超过860万，占整个高中阶段教育的半壁江山，普通高中和中等职业教育的规模已经大体相当。伴随着大学和普通高中的扩招，职业教育面临着生源质量的变化以及由此引发的一系列问题。首先，生源从过去的高分学生逐渐变为基础薄弱的学生，甚至出现了总分只有几十分的学生，偏科、偏门的学生数量较多，学生智能水平差异大。许多学生缺乏自信、有挫败感、目标不明确、对学习没有兴趣和动力；其次，生源的变化导致教师难以按照以往的教学方式组织课堂教学，教师的育人能力受到挑战，教师对自己的职业信念产生怀疑，教师的职业激情、职业信心和职业理想不断受到打击。曾经有不少一线的老教师都经历了从“喜欢上课”到“不想上课”再到“恐惧上课”的过程，还有的教师对于曾经热爱的课堂发出了“上课就像上战场”的无奈感慨。

质量和效益是职业教育的生命线，内涵发展、学生发展是职业教育的本质问题。笔者以为，中等职业教育规模扩张后，要保证又好又快地发展，就要落实科学发展观，把提高质量和效益放在首位；要把工夫花在如何提升品牌上，不断优化结构，提高质量与效益，提高办学能力；提高学生的就业能力和发展能力，以适应社会发展和市场的需求。应重点抓好以下六个方面。

一、把提高质量作为中职学校的指导思想

质量是学校的生命，质量是立校之本，质量是学校内涵发展的精髓。2010

年 6 月召开的政治局会议和 7 月召开的全国教育工作会议都把提高质量作为教育发展的核心。党的十七大提出构建终身教育体系和学习型社会的战略目标，并把“建设全民学习、终身学习的学习型社会”作为优先发展教育，建设人力资源强国的重要任务标志着我国经济和社会发展都站在了新的历史起点。中等职业教育不是终结教育，它是终身教育的一个组成部分。各级教育部门、各职业学校领导以及全体教师，要牢固确立提高职业教育质量、落实科学发展观、为学生终身发展奠基的思想。学生就业要靠扎实过硬的技能。提高质量、抓好技能教学是关键。而学生技能的掌握和过硬，离不开一定的文化基础和专业理论基础，所以，在抓好技能教学这一关键的同时，文化课、思想政治课和专业理论课教学也不能放松，保证其教学质量不滑坡，保证中职学生在学校的两年中，能够学习和掌握必要的文化知识和专业理论知识，提高文化素养，实现“人人有知识，个个有技能”的目标，并为学生的终身发展奠基。

二、把提高质量作为中职学校深化教育教学改革的核心

周济在教育部 2008 年度职成工作会议暨中职招生工作会议上指出：“要坚持以服务为宗旨、以就业为导向，不断提高职业教育质量。继续巩固和扩大中等职业教育规模，是以全面提高职业教育质量和保证职业学校办学水平为前提的。质量是方向、是基础、是保证，巩固和提高教育教学质量，始终是包括中等职业教育在内的所有职业教育乃至整个教育工作的根本大计和不懈追求的目标。培养的学生能否顺利就业、是否受社会欢迎，这是衡量职业学校办学质量的重要标准。”职业教育教学改革，就是为了提高质量，提高职业学校毕业生的就业能力和创业能力。要根据陶行知所说的“教的法子要依学的法子，学的法子要依做的法子”，落实“以实践课程为主线，以项目课程为核心”的思想，加快改革我们中等职业教育的课程，加快改革我们中等职业教育的教材，改变学科化的教学方式，大力实施项目教学法、模块化教学、任务驱动模式教学，建立以工作过程为导向，以专业核心课程、专业方向课程、校本特色课程为主体，以综合课程和活动课程为支撑的专业课程体系结构，使我们的课程、教材、教学方式更加适应培养目标的要求，并为培养目标服务好。通过强化实训课程和综合素质课程的教育，加强对学生“上学如上班，上课如上岗”的职业意识、职业行为的养成教育。学校以造就“学以致用”人才为目的，把教学重点放在对学生关键能力的培养上。在设计教学内容和方法时，围绕学生能力制订教学目标，根据职业教育教学特点与学生

不同的智能特点，推广使用以实际操作为中心的多样化教学方法，重点突出学生解决实际问题的能力、实践动手能力与创新精神的培养，并从学生实际能力素质提高的角度衡量课堂教学效果。各个专业都要根据专业特点和教学计划开足实训课，使教学与实践零距离。要加强校企合作、工学结合，安排好学生的生产实习。

三、把育人作为中职学校提高质量的重点

周济指出："要始终把立德树人作为职业教育的根本任务，把学做人和学技能结合起来。这是贯彻党和国家的教育方针、全面实施素质教育的基本要求，也是中国特色社会主义事业对新一代劳动者的迫切需要。"当今时代，一个合格的职业技术人才，必须具备良好的思想品质和职业道德修养，必须具备过硬的专业知识和技能，只有这样，才能受用人单位欢迎，才能胜任岗位工作，才能为单位、为社会作出应有的贡献，才能实现人生的价值。而和谐社会的建设者，必须是有理想、有道德、有文化、有纪律的人。所以，在重视培养学生技能的同时，必须十分重视德育工作，对学生加强思想教育，让学生形成科学的世界观、合理的人生观和正确的价值观，先成人再成材，成为"四有新人"，能够为终身发展奠定坚实的基础。而不能注重了技能教学，就忽视甚至放弃了思想政治课教学，放弃了德育工作。要充分利用好德育课、文化课、专业理论课的教学以及实训、实习和社会实践，对学生进行民族精神教育、理想信念教育、道德品质教育、文明行为教育、遵纪守法教育、职业道德教育以及心理健康教育。要通过我们扎实、细致、科学、有效的德育工作，把学生都培养成为热爱祖国、遵纪守法，具有社会公德和文明行为习惯的公民，进而成为报效祖国、积极进取、诚实守信、敬业乐群、具有社会责任感和创业精神的高素质劳动者。

四、把基础能力建设作为中职学校提高质量的着力点

职业教育要想大发展，必须首先加强职业教育的基础能力建设。只有师资培训过关了，实训条件改善了，才有可能培养出高素质的技能型人才，使职业教育在构建社会主义和谐社会中的作用得到更加充分的发挥。要加强职业教育基础能力建设，就要大力推进国家实施的基础能力建设的五个计划；各级政府就要加大投入，提高中等职业教育经费在教育经费投入中的比例，保证中等职业教育财政性经费、生均经费和生均公用经费相应增长。学校要添置实验实训设备，改善实

训条件，保证每个专业的学生都能用上比较先进的实验实训设备，而不是淘汰的落后设备；做到车间即课堂，学生能够在真实的环境中进行生产实习，以便毕业后马上能够顶岗工作，并受到用人单位的欢迎，实现学校与企业无缝对接，实现职业教育“以人为本”的最高境界。

五、把“双师型”教师建设作为中职学校提高质量的重要抓手

目前，我国的职业教育对教师有效教学和教学改革能力的需求非常迫切，而职业学校“双师型”教师的比例还较低，还不能适应社会和经济发展对职业教育的要求。职业学校技能教学要实现“从做中学”，要求每一位专业教师都是既精通理论、又能实践操作的“双师型”教师。有了专业水平高、实践能力强的“双师型”的专业教师，才能培养出高水平的学生。职业教育的技能教学是关键，所以要把具有先进职教理念和先进教学方法的“双师型”教师队伍建设放在各项工作的首位，将其作为提高质量的重要抓手。专业课教师每年都要下企业参加顶岗实习，或参加定期的培训，一方面强化和提高自己的技能，另一方面了解先进的设备和生产工艺，可以把企业对职业教育的要求和最新的信息带到学校、带到教学中去。

六、把实行分层教学作为中职学校提高质量的切入口

就当前而言，职业教育面对的学生有其特殊性，即主要招收在“一考定终身”的选拔考试中被淘汰的学生。从实际情况看，由于多数学生入学时文化水平比较低，中职教学存在学生“听不懂”、“学不会”，教师“教不会”、“管不住”的问题。一个班级学生的中考成绩相差400多分——一部分500多分，一部分只是100分左右；一门功课成绩也要相差60多分（按百分制）——一部分70多分，一部分只十几分。500多分的和100多分的都来接受中等职业教育，上同样的课，学同样的技术，肯定就有学不会的。这一情况，可以说在全国范围内是普遍存在的。这可以用教育部的一个课题——《中等职业教育对学生文化知识水平和学习能力要求的研究》所得到的调查数据来印证。该课题组以分布在东、中、西部的8个城市（含直辖市、省会城市、地级市三类）82所学校，连续3年（2005－2007年）通过中考招收新生的平均总分、最高分、最低分，折合为百分制，分市进行归纳，得到以下结论：**第一，中职入学新生总体处于不及格水平，而且大半处于50分以下水平。**8个城市中，只有一个城市的中职入学新生中考

总分为 53.82 分，其余 7 个城市大多在 30～49 分之间，还有一个城市仅有 15.02 分。**第二，中职入学新生中考“主科”水平更低。**单科 3 年平均分不但均低于及格线，而且低于 3 年中考总分的平均分。其中，英语得分最低，数学次之，语文稍高。**第三，中职入学新生的文化水平离散度极高。**

我们必须直面现实，抱着科学的态度，对学生的基础进行科学的分析和研究，从而根据学生的实际和培养目标，切实实施分层教学（结合学分制），根据专业培养目标，调整文化课的内容，改革我们的教法，改革我们的评价方法、考试方法。我们可以根据新生入学摸底考试成绩和专业大类，分成 A、B、C 三个层次，根据不同层次的学生基础编制教学计划、设计教学内容；同时改革考试方法，实行多元评价。分层教学虽然难度大，开始时问题也许会一大堆，但是，为了实现我们职业教育的目标，为了职业学校的每一个学生都成人、成才，这样做是值得的。

（写于 2011 年 10 月，获第三届中国教育系统优秀教学成果评选一等奖）

参考文献：

[1] 高举中国特色社会主义伟大旗帜为夺取全面建设小康社会新胜利而奋斗 [C]. 十七大报告.

[2] 教育部 2010 年工作要点.

[3] 中华人民共和国国民经济和社会发展第十一个五年规划纲要.

[4] 周济. 解放思想改革创新，推动中等职业教育又好又快发展——周济在教育部 2008 年度职成工作会议暨中职招生工作会议上的讲话 [N]. 中国教育报，2008-4-3.

[5] 胡锦涛总书记在全国优秀教师代表座谈会上的重要讲话.

[6] 中等职业学校德育大纲（2005 年）.

[7] 蒋乃平. 学得会用得上才是有实效的文化课 [N. 中国教育报，2008-7-4.

[8] 邢晖. 职业教育需要学生市场政府三方认同 [N]. 中国教育报，2008-7-14

[9] 田禾，时晓玲. 多一把尺子衡量职校生同样也精彩 [N]. 中国教育报，2009-6-8.

助推职教战略发展，科研必须跟进

2011 年 2 月份的两则消息说明职业教育科研工作已经在国家层面上被越来越重视。一是 2 月 16 日上午，教育部副部长鲁昕到教育部职业技术教育中心研究所调研并座谈。鲁昕传达了中共中央政治局委员、国务委员刘延东 2 月 10 日在中国科学技术发展战略研究院、中央教育科学研究所考察时的重要讲话精神，就加强职业教育科研工作和教育部职业技术教育中心研究所建设所提出指导意见。二是北京师范大学国家职业教育研究院成立大会暨揭牌仪式的隆重举行。教育部部长袁贵仁向大会发了贺信。教育部副部长鲁昕发表讲话，强调切实加强职业教育的科学研究。这些对职业教育的改革和发展都是个利好的大事，预示着重视职业教育科研的春天到来了。

近年来，我国的职业教育在党中央、国务院的重视下，得到了前所未有的大发展，规模已经基本上与普通高中、普通高校相当，占据了半壁江山。但是，职业教育的科研没有像普通教育那样得到重视，就是在职业教育范围内，也没有像技能竞赛那样得到重视。有人说，职业教育只要抓好技能、在技能竞赛上摘金夺银就好了，教育科研可有可无；有的学校没有把它列入学校内涵发展的重要内容，没有激励机制，没有人员配备。因此，正像鲁昕指出的，与其他教育科研相比，我国职业教育的科学研究还比较薄弱，科研体系布局尽管在全国已经实现，但是还不完善，研究队伍比较小，研究的体制机制还需要创新，科研水平和科研质量与满足全世界最大规模职业教育这样的需求相比还有差距。这实际上是由于职业教育工作者，特别是职业教育的领导对职业教育科研的重要性没有达成共识造成的。

国家职业教育研究院成立大会上，鲁昕在讲话中指出："切实加强职业教育的科学研究是助推国家职业教育战略实施的时代选择。"职业教育改革同样进入了深水区，有许多新情况、新问题需要我们去研究、去解决。如职业学校专业与课程要不断提高与市场需求的吻合度必须根据市场的需求不断调整和变化；职业学校的专业设置与论证、课程改革、教学内容更新、教育教学研究、师资队伍建设等都要依靠教育科研来推进。即便技能竞赛要摘金夺银，也要与科研结缘，而并不只是苦练。总之，职业教育要增强吸引力，实现又好又快发展，离不开教育科研。职业教育也呼唤教育家，不搞科研的人成不了教育家。

职业教育工作者，特别是职业教育的领导对职业教育科研的重要性应该达成共识。每所职业院校，特别是中等职业中学，要像技能竞赛那样更加重视教育科研，要配备专门的人员、建立研究的队伍、建立和完善相应的机制特别是激励机制，不断提高科研水平和科研质量，满足职业教育发展的现实需要。作为职业教育科研工作者，要加强科研能力，要树立大局意识，增强服务职业教育决策的使命感、责任感，积极回应国家的需求、人民的期盼；要加强调查研究，积极创新科学研究方法；要紧密围绕国家需要和国家战略，面向“十二五”期间经济社会发展的主要任务，按照《教育规划纲要》的部署，围绕职业教育改革创新、适应国家需要和战略任务新要求这一主线，努力研究职业教育战略性、全局性、前瞻性的深层次问题，为实现教育现代化、建设学习型社会和人力资源强国作出贡献。

（发表于《中国教育报》2011 年 3 月 15 日）

中国职业教育从“就业导向”转为“价值导向”的思考

“以服务为宗旨，以就业为导向”是中国职业教育发展的方针。近十年来，在这一方针的指导下，中国的职业教育取得了辉煌的成就，人才培养规模与服务经济、社会的能力取得新突破，为我国的经济建设和社会发展作出了重大贡献。但是，这一方针在现实中被执行偏了的情况经常出现，主要表现为把职业教育变成了就业教育，重视招生和技能教育，忽视了对学生的以职业素养为重点的全面素质教育。

2011 年 9 月 22 日，在一年一度的新加坡教育部工作蓝图大会上，新加坡新任教育部部长王瑞杰发表了关于教育变革的演说。王瑞杰在演说中指出：“新加坡未来的教育方向将由‘能力导向’转向‘价值导向’。”他提出此转向的依据是伦敦经济学院一名教授以国民生产总值为基础所做的报告，该报告指出世界经济的重心已经从 1980 年的大西洋移至 2010 年的中东，预期将于 2030 年移至亚洲。经济重心移到亚洲将为新加坡提供无限商机，但中国和印度的崛起也将为新加坡带来沉重的竞争压力。随着新加坡变得越来越发达，家长所受的教育越来越高，他们对孩子的预期将继续改变。王瑞杰指出：“教育必须适合我们独特的背景，将我们的制度变成最适合我们的。”新加坡的教育导向一直随着时代要求不断更新——从 1959 年起的“生存导向”到 1979 年以后的“效率导向”再到 1997 年以后的“能力导向”。“在这次教育部工作蓝图研讨中，我希望强调下一个发展阶段的两个重点。我希望让教育系统变得更加以学生为中心，更加关注全面教育，更加强调价值观和品格发展。我们可以将这个概括为‘学生中心、价值观导向的教育’。”要给予学生自信心和自我意识，培养他们坚忍不拔的意志力，即培养学生的“自我价值”；要培养学生在多元种族、多元文化的社会，尊重、负责、关怀和赏识他人，即培养学生的“道义价值”；要培养学生成为坚强、有毅力、有知识、有见闻，国家有难，能奋起捍卫祖国的好公民，即培养学生的“公民职责价值”。

《中共中央国务院关于深化教育改革，全面推进素质教育的决定》发布十多年来，素质教育在全国开展得轰轰烈烈，“一切为了学生，为了一切学生，为了学生的一切”成为大家耳熟能详的口号。但是，普通学校抓的是升学率，面向的是一部分学生，即成绩优秀的学生；职业学校抓的是技能，文化课甚至专业理论课都被忽视了。普通中学培养的是“考试机器”，考上了重点大学，素养却不一定全是高的。职业学校毕业生，拈轻怕重，经常跳槽，企业颇有微词。这实际上是由把职业教育变成就业教育即片面的理解和执行“以就业为导向”造成的，于是出现了只重视招生和技能教育，而忽视了对学生以职业素养为重点的全面的素质教育。

这几年，我们在抓职业教育发展规模的同时，都注重质量的提高。但是，有的职业学校往往把提高学生的技能水平当作了提高职业教育质量的全部即把提高学生的技能水平等同于提高职业教育质量。这实际上是对提高职业教育质量的误解，是要不得的。在这一错误的思想指导下，学生只要拿到技能等级证书就万事大吉了，思想品德很一般，文化课、专业理论课上不上、考试是几分，甚至零分都不碍事，即不影响拿到双证书——毕业证书、技能等级证书。结果，学生的技能达到了初级、中级甚至高级，但是爱岗敬业、团结合作等职业素养并没有提高。培养出来的学生可能会一时找到饭碗，而从长远来看，是不可能满足经济社会对高素质劳动者和技能型人才的需要的。

中国面临的国际国内形势与新加坡有共同的地方。我们也必须以学生为中心，更加关注学生的全面教育，更加强调价值观和品格发展。职业教育要从“就业为导向”转向“价值观导向”。将文化基础课学习、职业道德教育、技能教育、健康教育、就业创业教育等一起抓，将“自我价值”、“道义价值”、“公民职责价值”的培养一起抓，使学生的素质得到全面提高，让学生爱国家、爱人民、有毅力，具备必要文化基础、良好的职业道德、熟练的职业技能、健康的身心素质和一定的就业创业能力。只有这样，提高职业教育质量才会得到真正落实，职业教育才能真正满足经济社会对高素质劳动者和技能型人才的需要。

我们职业院校现在培养的学生，十多年后就是社会建设的中坚力量，他们的价值观、他们的素养对我国的发展影响巨大。中国的职业教育要应对世界经济的重心将于2030年移至亚洲这一形势带来的机遇和挑战，应该尽快从“就业导向”转为“价值导向”。

（发表于《新课程研究》2012年5月中旬刊）

职业教育应警惕三种倾向

党的十八大报告指出：“加快发展现代职业教育，推动高等教育内涵式发展，积极发展继续教育，完善终身教育体系，建设学习型社会。”“加快发展现代职业教育”是全面建成小康社会赋予职业教育的新使命，是中国特色新型工业化、信息化、城镇化、农业现代化建设赋予职业教育的新任务，体现了党中央对职业教育改革发展的新要求。贯彻落实科学发展观，加快发展现代职业教育应该警惕以下三种倾向。

一、以培养“一技之长”为目标，搞饭碗教育

解决就业，即解决饭碗，确实是解决一个人生存的重要途径。而掌握一种技能，也确实是解决饭碗的重要条件。即要解决饭碗问题，没有一技之长不行。所以，职业学校必须把抓技能作为工作的重点。但是，随着社会的发展，社会分工既越来越细又越来越融合，新技术、新工艺层出不穷，科技含量越来越高，对文化知识、专业理论知识的掌握程度要求也越来越高。同时，一个人一生不可能只从事一种职业，因而不是只掌握一种技能就行了。要掌握新技能，就要继续学习；要继续学习，掌握新技能，就要有一定的文化知识、专业理论知识作基础。所以，职业学校还必须紧紧抓住文化知识、专业理论知识的教学，千万放松不得。而在饭碗教育思想的指导下，走上社会的中职学校毕业生，文化知识、专业理论知识并没有学好，距离中职学校所提出的“够用”的要求还有很大差距。所以，在社会和科学技术进一步发展后，他们要新学习一门技术，肯定是难上加难，最终还是失业，丢掉饭碗。

《国家中长期教育改革和发展规划纲要》指出：“职业教育要面向人人，面向社会，着力培养学生的职业道德、职业技能和就业创业能力。”我们现在培养的高素质劳动者和技能型人才，10年、20年以后同样是社会的中坚力量，到那时，他们同样要承担起与我们国家地位相符的责任，承担起构建一个和谐世界的重任，能够与不同的国家和民族进行很好的对话和交流，并且有能力为

国家参与国际重大事务。教育部副部长鲁昕指出："我的职教梦想是让每一个职教孩子都能写一手好字、画一手好画，让他们拥有独特的个人气质，现代职业教育不能以培养学生拥有'一技之长'为目标，要注重培养学生全面发展，使他们拥有专业的技术技能、文化素质和个人气质。"国家教委原副主任王明达指出："提高质量包括全面提高学生的素质，应使其具有良好的职业道德、必要的文化基础、熟练的职业技能、健康的身心素质。"教育部职业技术教育中心研究所研究员姜大源指出，"职业教育绝不是一种等同于一般职业培训的纯功利性的教育活动"，"不要把技能培养与人的发展对立起来，不要把就业与人的发展对立起来"，要"强调对学生专业能力、方法能力和社会能力的培养"，让学生"掌握技能、掌握知识，学会工作、学会学习、学会共处、学会做人"，"以人为本、全面发展的职业教育尤其强调获得社会能力"，"同样需要适应广义的岗位群或职业群的只有行动的位移"。全国政协委员张榕明、马国湘建议加强职业教育的软实力。要坚持以学生为主体，促进学生的全面发展，科学育人。树立面向职业教育的素质教育观，提升职业教育人才的人文修养和社会责任感。

吉利教育机构独创的"311"教育模式可供借鉴。"311"教育模式的"3"代表语文、英语、计算机等3门以上通用知识和能力课程，两个"1"分别代表专业能力和道德教育。该模式的特点是从社会和岗位需求出发，即以就业为导向，确定学习课程和培养方法，重点提高学生的表达交流能力、就业上岗能力、团队合作能力、批判思维能力和终身学习能力，重视人格教育、品德教育和是非判断力培育，也不是只抓技能教育。

职业教育过分强调专业技能的培养和训练，毕业生在就业过程中虽然"好用"，但却因为其他素质的缺少而缺乏稳定的根基，更缺乏发展的后劲。急功近利的饭碗教育的后果已经初显端倪，我们应该未雨绸缪、立足长远，要以科学发展观为指导、以素质教育为主题，在"培养什么人、怎样培养人"、"办什么样的职业学校、怎样办好职业学校"上统一思想，文化基础课学习、职业道德教育、技能教育、健康教育、就业创业教育等一起抓，重点加强文化素质培养和职业道德教育，全面提高职业学校学生的素质和提高职业教育质量，让学生具备必要的文化基础、良好的职业道德、熟练的职业技能、健康的身心素质和一定的就业创业能力，成为德智体美全面发展的中国特色社会主义合格建设者和可靠接班人。我们要努力办人民满意的有特色的职业学校，塑造家长满意、企业欢迎、社会认可和国家经济社会发展需要的高素质劳动者和技能型人才。

二、技能竞赛白热化，影响正常教学

如今，职业院校越来越看重师生的技能竞赛。各地对参加全国职业院校学生技能竞赛获奖的选手纷纷予以重奖，地方教育主管部门对职业院校的考核评估，在技能竞赛获奖这一块加大了前所未有的权重，甚至和遵纪守法率一样，成为一票否决的硬指标。因而，原先已经有地方竞赛的，组织就更加周密，秋季一开学，就筹划下一学年的技能竞赛，奖励措施也紧紧跟上。参加各级技能竞赛，特别是全国技能竞赛的成绩，本身就是职业学校值得夸耀的闪光点。加大权重的考核更使职业院校不敢有丝毫懈怠，而重奖之下，必有勇夫。各学校纷纷把技能备赛放在首位，甚至当作了职业院校的一切，因而出现了技能备赛走入白热化、干扰正常教育教学的现象。其后果，不能不引起我们的关注；其现象，不能不引起我们的警惕。

所谓技能备赛干扰正常教学，是指因为要组织学生参加某一级（县级、市级、省级）的技能竞赛，而让他们不再上课，其中包括必修的思想政治课、文化课、专业理论课，不再参加顶岗实习，学校为他们提供特殊环境和特殊条件，开小灶，发补贴，全天候地进行某一项目的技能训练。职业院校对参赛学生在仪容仪表、常规纪律、文体活动等方面降低要求、搞特殊化，使他们成了脱离学校常规管理与正常教育活动的特殊小群体，甚至可以不考虑其他学科成绩怎样，哪怕是零分或不参加考试，只要获奖，一切都好说——能够正常毕业。这对参赛学生今后的发展是有很大影响的。从他学的专业来说，他的专业知识结构是畸形的。一个专业并不是只要在一个项目上很强，虽然他靠这个能够找到份好的工作，但是，他的发展就会局限在很小的空间里。对学生本身而言，其生活道路不是越走越窄吗？参赛教师，可以不上课，更不用参加学校的会议，一切为技能竞赛获奖让路。

在历次技能竞赛中获奖的，不管是县里的、市里的，省里的、国家级的，都是那么几个“精英”。为了让这些“精英”得奖牌且万无一失，从学校到地方教育行政部门，集中人力、物力、财力保障他们训练，所以，学校80%以上的设施设备让他们全天候使用，甚至单独使用整个实训室，造成了教育资源的不公平使用。

2009年底，胡锦涛同志在珠海视察时专门来到技工学校，他对学生们说，没有一流的技工，就没有一流的产品。他希望学生们刻苦学习科学文化知识，潜心钻研专业技能，努力成为高素质的技能型人才。这就告诉我们，职业学校学生掌握好技能很重要，但是，必须同时刻苦学习科学文化知识，两者并不是矛盾的，而是统一的。我国科学界的泰斗钱学森，之所以能够取得鲜人能及的成就，与他从小打下的扎实基础是完全分不开的。《走近钱学森》的作者——著名作家叶永烈说："钱学森可以说是走过了一条最正规的循序渐进的学习途径。"职业学校的基础知识课程能够有力地训练一个人的思维能力和学习能力，培养一个人良好的习惯和文化素养，这对于培养高素质人才、高素质的劳动者是至关重要的。学生在学习这些课程和知识的过程中，所受的训练以及由此提高的能力，会使一个人能够更快地接受和掌握新的知识和技巧，更迅速、更准确地把握住事物的关键和本质，从而使他更能适应时代的变化，跟上新事物、新技术出现和变化的步伐。同时，学习能力对于人的职业能力的获得和未来的发展具有十分重要的作用，它是人参与社会和经济生活所必需的基础和终身学习的先决条件。知识和技能的习得可不受年龄限制，但学习能力却须及早培养，重视平时的培养。因此，职业教育在教给学生技能的同时，更要教给学生一种能够获得持续发展的学习能力。要能够获得持续发展的学习能力，必须以一定的文化知识和专业理论知识打底子。

三、校企合作纸上谈兵，局限于浅层次

目前的校企合作大多数还是局限于浅层次。如企业为学校提供一些设备、提供一些兼职教师、设立奖学金，学校实施"订单式培养"，为企业输送员工。学校没有参与企业的研发，没有与企业骨干组成讲师团为企业员工培训。双方也并没有在决策、执行、咨询三层级上形成全面的合作体系，没有建立实体性的校企利益共同体，没有真正做到优势资源互补。政府只有倡导，没有响应的机制和奖惩措施，没有起到约束作用，所以，依然是学校热企业冷。这导致一些校企合作停留于没有多少内涵和约束力，只是评估考核时能够得分一纸协议。

出现上述现象，原因之一是我国行业企业参与职业教育的意识极其薄弱。由于我国市场经济的运行时间不长、现代企业及其制度发展不够完善，企业普遍缺乏参与职业教育的意识，导致校企合作大多是松散型的、低层次的。发达国家的企业一般都有明确的"公民意识"即企业家明确自己的社会责任，所以积极参与职业教育。

原因之二是政府没有起到关键性作用。尽管我国各级政府均建立职业教育发展联席会议制度以协调区域内职业教育发展的问题，但是职业教育改革及发展的政策从动议到执行仍然只是教育行政主管部门在唱独角戏，而教育行政主管部门对行业企业是没有约束、监督权的，这恰恰十分关键，这使得校企合作难以取得实效。

当然，职业院校与企业深入合作的能力也是缺乏的，这是第三个原因。表现在职业院校的科研水平不高、研发能力不强，不能为企业研发新产品、解决技术上的难题，所以对企业帮助不大。这样，即使学校主动找上门去搞合作，企业也没有多少兴趣。

凡是成功的职业教育，都离不开校企深层合作。政府应在促成企业与职业院校深入合作、积极参与职业教育方面实实在在地做好工作，特别是基础性工作。主要是：要迅速制定约束性的法律法规。《教育规划纲要》鼓励制定校企合作的办学法规，从制度上调动行业企业的积极性；要创新校企合作制度，迅速建立政府、企业、学校三方联动的“三元”机制。部分省市也进行了有益尝试，如2008年，宁波市政府出台了《职业教育校企合作促进条例》，宁波市政府通过对支持职教办学的企业给予政策性补助来支持校企合作，实现政府对职教“产品”的变相购买。2012年，苏州市政府出台了《关于校企合作培养高技能人才工作的实施办法（试行）》，这是政府支持校企合作的重要举措。苏州市在“十二五”期间，要投入2 000万元资金推动校企合作，即采用政府“购买”的方式，将以往直接投向企业的资金转向投入职教。而这两地的校企合作水平大大高于全国，成果显著。实践证明，只有从制度层面和顶层设计上进行改革创新，才有可能破解校企合作难题。所以，国家层面应出台职业教育校企合作促进条例。

校企合作制度进一步创新的目标，是明确政府、行业、企事业单位、院校和师生在校企合作中的权利与义务，将由学校主导、以感情联络为主的浅层次合作转变为由校企共同主导、以依法依规办事为主的深度合作，保障职业院校每个学生都能够到对口的企事业单位完成实习任务。

要打破利益格局，保证相关方面的利益。政府要保证企业参与职业教育中获得合理利益，在税收、政策、奖励等方面激发和保护企业的参与积极性；要把企事业单位的学生实习基地建设作为教育事业来办，纳入政府的建设规划和财政预算，其规模应与我国职业院校学生的规模相当。企事业单位接收实习生实习属于公益性事业。其成本不应该由接收实习的企事业单位承担。因此，应建立一种利益相关方合理分摊实习成本的机制。地方政府应制定实习生生均实习成本，成本分摊宜以公共财政支付为主，学生支付为辅。公共财政支付的经费应纳入政府年度财政预算。与此同时，要创建接收实习生的企事业单位资格认证、质量监控和奖惩机制，保证实习的质量。

另外，还要注意培养企业的“公民意识”。通过教育、引导，开展相关活动，让企业明确自己的社会责任，反哺社会，积极参与职业教育的改革和发展。

（写于 2013 年）

参考文献：

[1] 邢晖. 让技能竞赛产生更多积极效应 [J]. 江苏教育（职教版），2010-5.

[2] 忻叶. 技能大赛的制度反思 [J]. 江苏教育（职教版），2010-5.

[3] 孙承斌，邹声. 殷殷南粤情 切切话创新 记胡锦涛总书记在广东珠海考察工作 [N]. 人民日报，2009-12-22.

[4] 叶永烈 . 扎实的学业基础成就尖端科学家 [N]. 中国教育报，2009-12-10.

[5] 经合组织研究报告称职业教育过于专业化有碍就业 [EB/OL].（2010-6-9）
http：//news. xinhuanet. com/edu/2010-06/09/c _ 12199672. htm

[6] 关于职业学校和中小学开展深入学习实践科学发展观活动的指导意见.（2009-9-29）
http：//www. jyb. cn/info/jyzck/200909/t20090929 _ 314242. html

[7] 徐京跃，吴晶. 全国教育工作会议在京举行 [N]. 中国教育报，2010-7-15.

[8] 国家中长期教育改革和发展规划纲要（2010—2020 年）[N]. 人民日报，2010-7-30.

[9] 钟伟. 寻求校企在教学层面上深度合作 [N]. 中国教育报，2013-7-2.

[10] 梁国胜，何星洁. 职教“中国梦”：技术技能强国 [N]. 中国青年报，2013-4-8.

[11] 王寿斌. 技能大赛应避免成为“精英赛事”[J]. 江苏教育（职教版），2013-6.

我 看 职 教

通过对我国职教发展现状的思考，联系社会发展的要求，笔者以为，职教要持续、健康地发展，必须抓好以下几个方面工作。

一、全社会重视职教，真正把职教放在重要的地位

社会主义现代化建设事业的成功、中华民族伟大复兴的实现需要数以千万计的人才和数以亿计的高素质建设者，这些人才和建设者的培养离不开职业教育。

但是，当今中国社会对职教的态度有些暧昧，既不能说不重视，也不能说重视。第三次全教会、全国职教会、党的十六大、九届全国人大政府工作报告等会议的决定和报告都把加快发展职业教育作为重要的内容，1996 年颁布并实施了《职业教育法》，所以，说不重视职业教育不客观；但是，对职教的投入不如普高，更不如重点普高；师资队伍的配置不如普高重视。生源的分配不如普高有优惠等，所以有“三流教师、三流学生”的说法；社会各阶层更有一种似乎是天生的歧视职教的思想，万不得已才将子女送到职业学校，即便子女在职校学习成绩好，并参加高考，但与普高高考那种送考场面的相比，显得十分冷清。因此，让社会各方面及绝大部分成员重视职教、对职教有正确的认识，要经过一场十几年、甚至几十年观念上的大革命。

二、积极利用舆论工具，宣传职教

要使全社会的广大成员真正认识到发展职业教育对社会发展的重大作用，从而真正重视职业教育，并发展职业教育，必须充分利用现代传媒，大力宣传职业教育，既要宣传党和国家关于发展职业教育的方针、政策和法律法规，更要宣传发展职业技术教育在地方和国家 GDP 增长中起的作用，在提高国民素质、促进社会进步、提高综合国力方面发挥的作用。既要有职业学校去宣传，也要有地方的知名企业去宣传，更要有各级党和政府的领导人为发展职业教育宣传、呐喊。而学校和企业的宣传内容，就是职业学校优秀毕业生的事迹，宣传这些毕业生在企业中发挥的重要作用；各级领导要宣传的是职业技术教育在地方经济发展、社会进步方面所起的作用，特别是 GDP 的增长。让优秀的毕业生现身说法也是重要的方法。通过这些宣传，让社会各界及社会成员认识到职业教育是国家教育大业中不可缺少的重要部分，是经济发展、社会发展、国民素质提高、综合国力增强所不缺少的，从而重视职业教育、支持职业教育。

三、落实因材施教

我国职业教育学校中受教育者的特殊性，决定了教育的特殊性。我国职业类学校的受教育者绝大多数是中考成绩中下等者，而且他们的分数悬殊，这些人的基础不同，必须采用不同的教学方法即因材施教。如果用同一种标准要求分数相差 200 左右的学生，是不会有理想效果的。而 20 多年的职业教育经验也证明：用同一种难度的教材要求基础不同的学生掌握，导致学习基础差的学生厌学和辍学。苏州市自1994年起实行职业学校文化课合格考试，数学的平均分和及格率连年下滑，特别是1997年后，随着高中阶段教育的普及，数学平均分经常在45分上下，及格率在30%左右。学生的现实基础，要求我们实行学分制。采取分层教学和弹性学制，让学习基础好、有志于升入高一级学校学习的学生接受较高要求、较难的知识，在3年内修完规定的学分；让学习基础差，对于学习诸如英语、数学等学科有困难的学生，放低要求，并且让他们选修感兴趣的课程来修满学分，或者要延长学习年限。再则从专业特点出发，开设课程。比如，烹饪专业、旅游管理专业的学生，80%以上是要直接就业的，而这两种专业技能并没有涉及几何、函数之类的内容，学习了这些内容也不代表其素质的提高；再则，绝大多数学生也听不懂、掌握不了。与其让学生听不懂、学了又对专业技能掌握没什么大帮助，不如让学生选学其他感兴趣的又对学习专业有帮助的课程；如把餐饮成本核算作为烹饪、旅游专业学习数学的替代课程，以服务英语800句或实用旅游英语作为学习英语的替代课程。

四、实现校本管理

职业教育要在竞争中求得发展、壮大，而专业的设置也要由竞争的结果、由市场来说了算，学校是决策的主体，决策应在学校范围内作出；教育主管部门的作用在于帮助学校开发其自身资源和专长以进行有效的教学活动，而不是政府或行政管理部门说了算。参与市场竞争的是学校，特别是学校培养的人才，而不是地方政府或教育行政部门，学校的专业设置应由学校根据本身的条件和市场需求来决定，要扩大学校的自主权，少些计划经济时代的行政干预，教育行政部门只是提供客观上的参考意见。

五、全面质量管理

对一所学校进行评价，主要看它的办学质量、办学效益。而要取得好的办学质量、办学效益，必须进行教学的全面质量管理。使教师不至于成为三流的教师，而要成为一流的教师；学生也不再是三流的学生，而是成为用人单位抢手的人才、社会主义现代化建设事业所不可缺少的建设者。

学校要进行教学的全面质量管理，要遵循以下规律。

首先，学校的工作重点必须围绕学生、家长、社会、政府，致力于满足他们当前和长远的需求。因为学校教学质量的高低不能由学校说了算，也不能只由预先设定的标准说了算，而应由学生、家长、社会、政府、高一级学校和劳动市场这些学校服务的顾客说了算。要让这些顾客认同我们的职业教学质量、办学效益，就必须根据顾客的要求来不断提高我们的质量标准，保证我们职业学校不断追求高的教学质量。

其次，实施教学全面质量管理，必须以人为本、全员参与。在影响教学质量的诸因素中，人的因素是首要的。提高教学质量的根本途径在于提高学校全体教职工特别是教师的素质，充分调动和发挥人的积极性和创造性。学校领导、中层干部和全体教职工都要转变观念，树立强烈的质量意识，转变观念，以质量求生存、以质量求发展，要对教学质量和工作质量永不满足，以零缺点为目标。要达到这一目标，必须明确每个人的质量责任，将质量职能细化为具体的任务，分配落实到各个部门和人员，使其承担相应的质量责任。当然，要授予责任人相应的权力。同时，学校上下左右各部门方面的力量都要相互配合、相互沟通、相互支持，不能把实行教学的全面质量管理当作只是教务部门、教研组的事。

再次，要加强过程管理。职业学校要把教学工作以及构成影响教学工作的资源和活动都作为过程管理，以便更高效地收到预期的结果。对于教学计划及其实施、督促和检查教学、教学结果的处理，都要加强管理。

最后，要把好“出口”关。毕业生的质量或者说含金量对于职业学校有重大影响。好比企业生产的产品质量好坏对企业的发展有很大影响。社会上有种较流行的说法：到职业中学坐上三年、两年，就可以混张毕业证书，成绩好坏不要紧。当然议论的这种现象确实存在，在职业学校招生形势不乐观的这几年，这种现象尤其明显。但这种做法却大大影响了职业学校的声誉。我们要像企业抓产品质量、抓名牌效应那样，抓好“出口”。要让每个毕业生都是真正合格的，是含金量十足的。在他们在校期间，要利用多种方式方法督促、激励他们学习，调动他们的学习积极性，培养其学习兴趣，发挥其主观能动性，使他们学习好，修完规定的课程或学分，掌握相当的文化和至少一门技能，成为社会的有用之才。

我国的职业教育前景是光明的，但任重而道远，要做的工作很多很多。

（写于 2006 年）

谈谈中等职业教育与成人教育发展的协调与整合

近几年来，我国的职业教育与成人教育都得到了长足的发展，基本形成了普教、职教、成教互相沟通、共同发展的格局。党的十五大提出，“要培养同现代化建设相适应的数以亿计的高素质的劳动者和数以千万计的专门人才”。这意味着职业教育与成人教育必须进一步发展。但是，不可回避的是，在教育事业发展中，既存在着普教与职教的矛盾，特别是中等职教与乡镇成教校之间的矛盾。前两者已是有目共睹，如普高热、职教冷，导致职高生源不足和生源质量下滑；要求升入高校的人数多而高校招生不是很多。后者的矛盾似乎还没有挑明。目前的乡镇成教校大多数在搞中等职业教育，只有极少数在搞真正意义上的成人教育。笔者认为：中等职业教育与基层成教矛盾的焦点也在争夺生源上。如苏南某县级市，共 26 个乡（镇），每年的初中毕业生在 8 000 人上下，普高要招 3 300 人左右，省属中专及中师要招 400 人左右，余下的 4 300 人左右就是职高和乡镇成教校争夺的生源。该市有独立设置的职中 10 所（教育部门办的 9 所，非教育部门办的 1 所），附设职高班、职业中专班的普高、初中学校 8 所，其他部门办的职高班、职业中专班学校 6 所；成教中心校（成教学校）镇镇都有，参与招收初中毕业生、设有职高班、职业中专班的学校 6 所。这么多的学校参加暑期招生，势必会形成一场争夺生源的大战，同时又引发了下列几方面的问题：

一、职业教育学校形不成发展规模，导致教育资源的浪费

上述某市 30 所招收初中毕业生进行中等职教的职中、普中及成教学校，争夺 4 300 个生源，平均只能招到 143 人，而实际升学率不可能达到 100%；即使以升学率 90%计算，平均只能招到 129 人。该市暑期招生结果，虽然职中好于成教校，但职中也只能完成计划的 70%左右，不理想的职中可能只有 50%左右。有的学校一个班只招收到十几个人，成教校有，职中也有。为了不影响专业的连续性和下学年的招生，也只能勉强开班上课。这样的职教、成教布局，使相当部分职业学校形不成发展规模。有的学校建造的校舍及相关的教学设施，在校生应在 1 500 人以上才能达到最好的运行状态，发挥最好的办学效益。而实际在校生不到 1 000 人，造成了教育设备的闲置、教育资源的浪费，形成粗放式办学局面。

二、招生制度混乱，生源质量得不到保证，影响中等职教和成教的声誉

中等职业教育的招生理应遵守招生制度，遵循严格规范的操作程序。但在激烈的招生大战中，大家都想招到足额的学生，便有学校开始违章操作。有的许诺只要愿进他们的学校，分数可以降低，可以不考虑以前的操行；培养费可以降低，可以不受填报志愿的约束，可以不要档案，等等。有的学校在中考结束招生工作开始前，就到处发录取通知。于是政策放宽的学校招到了学生，而遵守招生制度、关口把得较严、办学条件好、教学质量好的学校却招不到足额的学生。这种招生大战造成的负面影响不容低估，它使一些人认为，中等职业教育是乱搞搞的，在那里读书是混混的；只要出钱，无论哪个都可以进职中拿一张毕业证书。

三、引起教育质量的下滑，加大学校管理的难度

达到中等职业学校录取分数线的学生，大多数是初中毕业生中的三、四类苗，他们在3年时间内，既要学习相当于高中文化程度的文化基础课，还要学好专业理论课，掌握至少一门专业技能——这就要求他们在教师的辛勤教育下，还必须付出主观努力，否则很难成为一个合格的职高毕业生。这些职高生积极进取的固然不少，但是有的因中考没有考上普高而把它当做一次失败，由此带来自卑心理；再加上社会上对读职高的偏见，造成了他们的心理障碍，从而使学习成绩不理想。有的学习目的不端正，把职业学校当做避风港、混日子的安乐窝，以致学习成绩一团糟，常常惹是生非，影响他人的学习。要保证98%的巩固率和95%以上的毕业率（如今相当多的地方职高也讲究巩固率及跟踪毕业率，并把它们作为评估职校办学水平的刚性指标）已属不易，学校管理上的难度很大，工作繁琐。如果再招进一些未能达线的学生，特别是双差生，中等职业教育的质量就难以保证。管理上即使没有丝毫懈怠，漏洞也时有。而教育质量的下滑，就会影响职业教育的健康、可持续发展。

四、造成专业的重复建设及教育资源的进一步浪费

因为职教和成教缺少协调，职教本身布点较多，所以哪个专业热门，相当多的学校都争相开设该专业；专业开设后，就要有专业教师和实习实训设备。在某年的招生中，烹饪专业有四所学校招生，有一所职校的烹饪专业班报到的学生不

到 10 人，该校只得咬牙作出牺牲——该专业停办一年。该校投资 10 万元左右的烹饪实习实训设备就只有一个班使用，3 个专业教师也就只任一个班的课，无形中造成了人、财、物的浪费。如果该市只有两所学校开设该专业（这可以说是较优的专业布点），那么两所学校都可能招到足额的学生，实习实训设施设备的利用率较高，就发挥了最大的效益，教师的工作量就足，另两所学校就可将这方面的钱用在其他专业的建设上。再如机电专业，也是热门专业，该市职教、成教校共 6 所（两所成教校）设置该专业，某年，该市机电专业招生计划共 8 个班，320 人，其中职业中专 2 班，80 人，其余为职高班。招生结果好一点的中专班每班 35 人左右，职高班 30 人左右，差一点的一个班只有 20 人。

有的成人教育学校是各部门办的学校，一共只有两三个班，在校生不到 100 人，甚至有的不到 70 人；但是，也要有一套教学管理人员、后勤人员，有各种常规的教学设备，这样每年要付多少人头费、办公费？当年的基建费、征地费等又要花多少？这些投入的效益又有多少？

笔者认为，造成上述诸多问题的原因，有下列两个。

一是职教与成教没有协调发展。职业技术教育属非义务教育，政策允许学校向学生收取学杂费和相当于培养成本 60%～70%的培养费；而相当部分达不到普高录取线又无法进普高的人想继续学习；再则当前就业形势吃紧，无业可就；即便有业可就，它们的年龄还小，大多是独生子女，父母也舍不得，所以做父母的愿花一笔钱送他们进职高，学一门技术，得一张文凭。由此，一些人就把搞中等职业教育看成是一块肥肉，以致在经济发达和较发达地区，几乎每个镇和相当多的部门都搞中等职业技术教育；不仅职业中学搞，县、乡的成人学校也搞，普高、初中也搞。

二是职责不清。中等职业技术教育主要以初中应用届毕业生为培养对象，进行高中段的职业技术教育，为社会培养应用型人才。成人教育主要以成人为教育对象，进行大专、本科等学历教育和在岗、下岗人员的职业技术教育、培训，而不是与中等职业技术教育的对象相同。当然，在中等职业学校少、不能满足未升入普高的广大初中毕业生接受职业教育愿望的地方，成人教育学校发展职业教育，作为中等职业学校的补充，甚至可能是填补空缺，是必要的；如果在经济发达及较发达、中等职业学校分布广、生源已显不足的地区，成人教育也还在大力发展中等职业教育，就分明是与中等职校“争食”，就会造成上面几个问题。

为了使中等职业技术教育与成人教育协调、健康、可持续地发展，为我们民族整体素质的提高做贡献，笔者认为，必须对中等职业教育与成人教育的发展予以协调与整合。一是在中等职教已相当发展的地区，应给中等职教和成教划分"势力范围"，明确各自职责范围，不至于这两大块发生混战。《面向21世纪教育振兴行动计划》中说："依据《教育法》和《职业教育法》，要努力建立符合我国国情特点的职前与职后教育培训相互贯通的体系，使初等、中等职业教育与培训相互衔接，并与普通教育、成人教育相互沟通和协调发展。""继续实施初中后教育的分流，从各地实际出发，积极发展中等职业教育。""成人教育要以岗位培训和继续教育为重点，通过建立现代企业教育制度和职业资格证书制度，采取灵活多样的办学形式，使各类下岗和转岗人员都能接受不同层次和年限的职业教训或正规教育，为再就业工程服务，并使之规范化。积极为企业经营管理和财务管理人员进行在职培训。"二是根据《行动计划》，在可能的范围内，职教与成教要实现优势互补、相互沟通、相互结合。如一个镇或几个镇的职教与成教结合成联合体或集团，既进行中等职业技术教育，又进行成人的学历教育和在岗、下岗、转岗人员的职业技术教育与培训以及成人高考、自学考试的辅导。三是中等职业教育布点的优化，形成中等职教的集约化发展趋势。根据辖区内初中毕业生数量的变动情况，注意调整布点，同一块的整合，走上集约化、规模化发展之路。

教育部部长陈至立在教育部1999年度工作会议上指出："统筹职业教育和成人教育资源，积极推进结构、布局调整，进一步提高办学效益。"五指方能成拳，航空母舰才能抗击大风大浪。所以，在中等职教和成人教育发生矛盾的地区，必须从提高办学效益使教育健康、可持续发展的前提出发，优化结构、布局，优化资源配置，要有壮士断腕的决心，对规模小、效益低的学校（职教和成教）予以撤并，组建职教集团、成教集团或成职教集团，多种方式办学，实现规模效益，使职教与成教协调、可持续发展，做到优势互补、资源共享、充分利用，以质量求数量，以质量求发展，形成良好的社会形象，成为能抗击各种风浪的航空母舰。

（发表于《中国职业技术教育》2000年12期）

第二辑　立德树人

党的十八大报告指出："全面贯彻党的教育方针，坚持教育为社会主义现代化建设服务、为人民服务，把立德树人作为教育的根本任务，培养德智体美全面发展的社会主义建设者和接班人。全面实施素质教育，深化教育领域综合改革，着力提高教育质量，培养学生社会责任感、创新精神、实践能力。"职业教育是民族振兴和社会进步基石的重要组成部分，是实现"中国梦"的重要途径之一。职业院校培养的是社会生产、管理和建设一线的高素质技能技术型人才，应该"德技双馨"。职业院校应该根据学生实际和用人单位要求，立足于科学发展观和人的终身发展，把立德树人作为教育的根本任务，做到德育为首，育人为本；与时俱进，不断改进和创新德育工作，引进优秀企业文化，营造教育的真实情境，既加强技能技术教育，又加强思想教育；要把社会主义核心价值观融入教育教学的全过程，强本固基，培养学生良好的行为习惯，使每一个学生都具有现代社会所要求的文明素养和职业素养；另外，要反对应景式教育和运动式、创建式德育。

学生在学校学什么

学生在学校学什么？这好像不应该成为问题，但是，现实告诉我们，这还是个不得不思考的问题。

学生在学校学什么？这实际是教育的本质问题。教育的本质涉及教育是什么、学校是什么、学生是什么三个层面。

相当多的普通中学毕业生，除了考试能力较强外，洗衣、做饭都不会，与人交流也遇到尴尬。在我们的学校里，个别学生说谎成为常态，被指出后，下次还说谎；抄作业成为常态，被发现后脸不会红，甚至下次照旧抄；考试作弊成为常态，被抓到了，还是无所谓；讲吃讲穿，爱慕虚荣……在我们的学校里，向学生灌输的是知识、教会的是做题、传授的是考试技巧。学生常常是三点一线，甚至是两点一线，除了做题还是做题，天天如此，月月如此，年年如此，学生成为了应试的机器，没有了活力，没有了创新意识。

香港大学前校长金耀基对大学的理解是："学生在大学里，实际上是学四种东西：一是学怎样读书；二是学怎样做事；三是学怎样与人相处；最后是学怎样做人。"金耀基的见解同样适合中学，即学生在中学里，同样要学怎样读书、怎样做事、怎样与人相处、怎样做人。朱永新说："教育是一个培养人的事业，是一个通过培养人，让人类不断走向崇高、生活得更加美好的事业。因此，教育最重要的任务是塑造美好的人性，培养美好的人格，使学生真正拥有美好的人生。"林崇德说："学生学什么？就是学习生活的知识，学习生存的本领，学习生命的意义。"学校要教会学生读书的方法，不是死读书、读死书；要加强社会主义荣辱观教育，教学生如何做人，如何待人接物，如何懂得感恩、报恩，如何成为社会有用的人，培养学生健全的人格，具备正确的是非观和科学的世界观、价值观、人生观。总之，就是要让学生先成人再成才。

教育的最重要目标就是引导学生的思维，这也是教育最令人欢欣的目标。要教给学生思维的方法，教他们学会独立而正确地分析问题、解决问题，教他们面对复杂的问题、复杂的局面，能够冷静对待，找到解决的办法，而不迷失方向，不人云亦云。学生终究要走上社会，要工作，要独立地生活，所以，还要教学生生活的技能和生存的本领。

叶圣陶曾说过：教育就是培养习惯。这里的习惯是指要培养学生良好的行为习惯，包括良好的卫生习惯、良好的饮食起居习惯、良好的工作习惯、良好的学习习惯，等等。

学生在学校要学的东西太多太多，而不只是做题和考试；要读的书也很多很多，不只是数理化和英语，要读有字的各种书，还要读无字的社会这本大书。我们的教育，要像朱永新教授所说地那样回到它的原点来。

（发表于《中国教育报》2008年4月15日第5版）

千教万教，让职校生具备文明生活的基本素养

《中共中央国务院关于进一步加强和改进未成年人思想道德建设的若干意见》指出："从规范行为习惯做起，培养良好道德品质和文明行为。""懂得为人处世的基本道理，具备文明生活的基本素养，学会处理人与人、人与社会、人与自然等基本关系。""从提高基本素质做起，促进未成年人的全面发展。"陶行知说："千教万教，教人求真；千学万学，学做真人。"职业学校的学生，大部分属于未成年人，他们中有相当一部分缺少学习动力，学习兴趣不浓，学习习惯不好。思想影响行动，态度决定一切，习惯影响一生。我们为学生的终身发展考虑，为社会发展考虑，抓好学生的思想道德建设靠我们的千教万教，使他们树立科学的世界观、人生观、价值观，养成良好的行为习惯，提高基本素质；激发学习的兴趣，形成良好的学风，学好科学文化知识、掌握专业技能，使他们从现在起就具备文明生活的基本素养，从而为社会输送更多的高素质建设者，提高办学的效益。

一、加强德育队伍建设，建立健全规章制度

抓好未成年人的思想道德建设，让职校生具备文明生活的基本素养，就要以德为先，办体现宗旨的教育；以人为本，培养服务社会的新人理念，就要加强德育队伍建设，建立和健全规章制度，在管理理念、机构设置、制度建设、队伍培养和特色打造等涉及德育领域的各个方面都与时俱进，这样才能使学校德育工作在面上不断拓展，在点上不断深化。

（一）建立组织网络，狠抓队伍建设

要有效地整合学校德育工作力量，形成全员育人的"大德育"体系，要成立以校长为组长的德育工作领导小组，把校级领导、中层干部、党团负责人、教研组长、班主任、政治教师、校外辅导员等力量整合于领导小组中。德育工作在网

络构建上要形成“两轨并行”、“三方参与”的格局。“两轨并行”指的是管理链（校长室—德育处—班主任—学生—家长）和教育链（党支部—工会—妇委会—团委—社会德育基地）的有机配合；“三方参与”指的是学校、家庭和社会三方的齐抓共管。

在注重德育领导机构力量配备的同时，还要十分重视德育基础力量和一线管理队伍的建设，尤其是加强“三支队伍”建设：即在过程管理中始终紧紧依靠并不断强化班主任队伍、学生会干部队伍和舍务管理队伍等“三支队伍”的力量和作用。只有充分调动并全面激活这三支队伍的积极性，持久地发挥他们的能动作用，才能赢得平稳、和谐的德育工作局面；反之，则可能导致负责德育工作的领导和老师很有可能成天忙于“救火”，疲于应付。

（二）健全规章制度，规范过程管理

新颁布的《中学生守则》、《中学生日常行为规范》、《公民道德建设实施纲要》和《中共中央国务院关于进一步加强和改进未成年人思想道德建设的若干意见》是对学生进行教育，促使他们养成良好的行为习惯、提高基本素质的重要规章。学校还可依据这些规章，结合学校和学生实际，从规范化和人性化的角度，制定相应的细则。不同的管理制度分别从不同的角度有重点地对广大学生、班主任老师、学校行政人员赋予了具体的常规性工作。比如在对学生一日的常规学习、生活所涉及的各个方面，我们制定了能够与之基本全面配套的“十项评比”制度。它包括“勤学、清卫、公物保管、自行车排放、两操、板报、舍务、就餐、礼仪”等内容。每一项内容的下面还进一步细化。就“公物保管”一项为例，可细化为：①桌凳、门窗玻璃、三机一幕的保管；②卫生包管区公物、生活区设施设备、绿化护理区花草的管护；③教室、宿舍电源和门窗的按时关锁；④“无人灯”、“晴日灯”、“长流水”现象的杜绝；⑤公物保管情况，等等。再如，为了改变不少学生生活不拘小节、言行随便的不良习惯。我们从学生日常生活的点滴之处着手，主要以“卫生”和“物品”两项内容为载体，以“教室”和“宿舍”两个基地为重点，强化了内务管理。卫生方面，无论教室宿舍还是包干区，必须全天候保洁，做到室外无漂浮物，室内地面无纸屑、墙壁无污渍；无论是玻璃、窗台、阳台面砖还是扶手栏杆，必须做到一尘不染。物品方面，教室内，桌凳要求按地面划定的直线横向排平、竖向排直；学生课本要求整齐地排放于课桌的左（右）上角。要通过阶段性的评比活动来展示成果，使学生有成就感，享受成功的喜悦。如我校每学期都分阶段开展卫生宿舍、文化宿舍和星级宿舍的评比

活动，评比后马上进行表彰，组织参观学习，激发了学生的积极性，促使他们能自觉地养成良好的行为习惯。这样的管理制度与管理方法有机结合、互益互补，从宏观处着想，从微观处着手，做到了“把虚事做实、把实事做细、把细事做好”。

（三）突出管理重点，杜绝管理真空

有些时间段，学生就不注意小节，行为习惯显得散漫；有些学生因为某种原因，行为习惯的养成方面存在困难。这些时间段和这些对象，如果不予以重视，就可能出现管理的真空。比如从时间上讲，主要是课余饭后、夜间以及双休日、节假日等特殊的时间段，因为纪律上的松懈，出格现象往往会在此时发生。从对象上讲，后进学生、寄宿生、实习生、特困生、特殊家庭学生等群体需要我们像陶行知那样“捧着一颗心来，不带半根草去”，把特别的爱心献给特别的他们。我们通过苏州市网上家长学校、班主任家访、家校联系卡等多种形式提醒和指导所有家长强化对子女离校后的教育和管理。在寄宿生管理方面，每天有一名行政人员、一名班主任住在学生宿舍区；夜间，他们要与学校保安、宿舍管理人员不定期地进行巡查，发现问题，立即解决。在特殊对象的管理上特别花力气、下工夫，比如我校一直把后进生的管理作为重点，坚持沿用行之有效的行政人员与后进学生《结对帮教制度》。每一位行政人员都与三名后进学生结成对子，经常与他们谈心，了解他们的思想、学习、生活等情况，及时帮他们排忧解难，若学习和行为习惯上有了小小的进步就予以肯定。

（四）抓好“形象工程”，发挥其育人功能

在学校众多直观可感的人、事、物中，堪称校园风景线的莫过于卫生状况、自行车排放、广播操水平、就餐秩序和宿舍内务等方面。这些管理领域中所表现的形态是“此处无声胜有声”的语言，是学校德育工作的“形象工程”，是养成学生良好行为习惯的重要途径。我们应重视它们的育人功能，全力打造这些形象工程的“景观效果”。

二、以实施“五名工程”为抓手，以活动带动教育

（一）大力实施“五名工程”，增加学生的文化底蕴

职业学校的毕业生是我国未来社会主义现代化建设生力军的重要组成。他们的文化素养、专业技能水平都直接影响他们的终身发展，直接影响他们今后在工

作岗位上所作出的成绩，直接影响社会主义现代化建设的水平。所以，加强对职业学校学生文化素养和专业技能的培养，显得同样重要。实施“五名工程”（读名著、诵名诗、唱名曲、赏名画、看名片）就是为着学生的终身发展考虑，为社会主义现代化建设的长远目标考虑。我校把大力实施“五名工程”作为进行德育教育、激发学生学习兴趣、培养学生良好学习习惯的重要载体。语文教师利用中午时间和夜自修时间，组织学生读名著、背诗词；美术教师指导学生欣赏名画；音乐教师指导学生唱名曲、欣赏名曲；利用学校广播，在中午和晚自修前，播放名曲。我们要求寄宿生在文化宿舍建设中，把名诗、名画体现在宿舍布置中，并把它作为考评文化宿舍的要求；在各班开展以实施“五名工程”为主题的黑板报评比活动，以“五名工程”为主题的电脑小报制作活动；我们结合纪念“一二·九运动”，在各班开展了唱国歌、唱校歌比赛，各班全员参与，气氛热烈，积极性高，取得了很好的效果。广大学生在活动中受到了极大的教育——情感得到了陶冶，素养得到了培养，认识得到了提高，学习习惯得到了改进。

（二）开展主题活动，活跃学生的身心

主题教育活动，不但能够陶冶学生的情操、浓郁学风、提高他们的综合素质，而且能凝聚班级人心、推进班集体建设、促进良好的班风、校风建设，促使学生良好行为习惯的养成。我们围绕培养学生良好的行为习惯，提高学生的综合素质这一主旨，定期开展各类主题教育活动，特别注重利用重大纪念日、节假日的契机，结合学生的专业特点，开展各类专题教育活动，如学雷锋为民服务、五四艺术周、读书节、体育节、纪念“一二·九”等活动。此外，我们还通过组织学生观看电教片、参观展览、聘请校外辅导员和邀请有关专家开设讲座等形式，加强了法制教育、青春期教育和心理健康知识等专题教育。在开展这些活动时，很多情况下我们都坚持“学校掌舵、学生划桨”的工作思路，让学生自主地参与活动、组织活动、管理活动，充分调动了广大学生的积极性，使他们在丰富多彩的活动中得到陶冶、提高素质、养成习惯、增长才干、增进团结。

（三）繁荣校园文化，发挥“三风”育人的功能

校园文化和学校的“三风”有重大的育人功能，在学生良好行为习惯的养成方面起着不可忽视的作用。我们十分重视校园文化建设，发挥环境育人的功能。我们投巨资大力改变校容校貌，精心规划新建和改建项目，校园物质文化环境得到了根本改观。净化、绿化、美化、亮化了的校园新环境发挥了潜在的育人功

能。在精神领域上，我们加强了“三风”的教育和渗透，如学风被印制到校园各类宣传广告、学生手册、奖励证书中。此外，我们还充分利用校园广播站、国旗下讲话、宣传橱窗、黑板报和校史陈列室等宣传阵地加强教育，宣传上做到了全覆盖，弘扬了先进，树立了正气。在主流文化和良好的学风、校风熏陶下，学生的行为习惯变好了。

三、抓好学科教学和考风建设，促进良好学风的形成

良好的行为习惯包括良好的学习习惯，学习习惯对学风建设影响很大。我们认为应从学科教学中注意德育渗透和强化考风考纪教育两方面来抓良好学习习惯的养成。

（一）挖掘学科教学的潜力，进行德育渗透

学校要在学科教学中注意进行德育的渗透教育。如数学课，讲任意角三角函数的定义时，教师可介绍一下这个定义的创造者——著名数学家欧拉，可讲讲欧拉艰难的一生及对数学的热情与追求，由此教导学生不要因为现实的不如意而放弃自己的追求，鼓励学生好好学习，培养良好的学习习惯，为自己的理想而努力奋斗。还有通过讲述中国古代的数学家祖冲之对数学作出的卓越贡献，激发学生对中国古代数学家的敬仰、对祖国灿烂悠久文化的热爱。实践证明：数学课上开展一些数学知识竞赛，讲讲一些数学家的故事，都可以激发学生的学习兴趣，形成良好的学习习惯和学习氛围，达到很好的德育教育目的。

（二）加强考风考纪教育，以良好的考风促学风

学校组织的各次考试，要把强化考风考纪教育放在首位，让每个老师和学生明确：比考试成绩更重要的是学风、诚信。考前召开以诚信教育为主题的班会，进行考风考纪教育。对考试作弊的学生，予以批评教育，将情况记录在“学生成长记录卡”上；对情节严重的，在教育的基础上，予以严肃处理。良好的考风带动了良好学风的形成。

由于我们抓好了未成年人的思想道德建设，所以办学成绩显著，学生的基本素质得到了很大提高。近 5 年，我们多次为张家港市德育工作提供观摩现场；2004 年初我校被评为苏州市德育先进学校，2004 年又创建成国家级重点职业中学，2006 年成为苏州市德育示范学校，2007 年成为教育部命名的全国首批中等职业教育德育工作实验基地，2008 年被江苏省职教学会德育工作委员会命名为

省德育特色学校；学校代表队参加张家港市学生技能竞赛，连续3年荣获银杯奖；学生参加苏州市和张家港市职业学校文化课和专业课统一考试，各项成绩指标名列前茅，参加苏州市和张家港市职业学校学生技能等竞赛，多次获得团体一、二等奖；毕业生就业率在99%以上；学校连续10年获得张家港市职业学校办学质量综合评估一等奖，连续11年被评为张家港市文明单位。

（写于2008年）

谈谈适应时代发展要求的职业中学德育工作的方法及其实践

《中共中央办公厅、国务院办公厅关于适应新形势进一步加强和改进中小学德育工作的意见》中指出："当前我国正处在改革的攻坚阶段和发展的关键时期，社会情况发生了复杂而深刻的变化，影响着青少年学生的价值取向；国际国内意识形态领域的矛盾和斗争更加复杂，尤其是国际敌对势力加紧对我国青少年一代进行思想文化渗透；个人主义、拜金主义、享乐主义等消极腐朽思想给青少年学生带来了消极影响。""面对国内外形势的新变化、教育改革与发展的新任务和青少年思想教育工作的新情况，中小学德育工作还很不适应。突出表现在：德育工作不适应青少年学生身心发展的特点，不适应社会生活的新变化，不适应全面推进素质教育的要求，方法与手段滞后，针对性和实效性不强；重课堂教学轻社会实践，重校内教育轻校外教育的倾向比较严重。"2004年教育部颁发的《中等职业学校德育大纲》指出："中等职业学校德育，要体现时代感，增强针对性和实效性。中等职业学校德育应遵循以下原则：与时俱进，继承和创新的原则；贴近实际、贴近生活、贴近学生的原则；知与行相统一的原则；教育与管理相结合的原则；教育与自我教育相结合的原则。"

职业中学的学生大多正值十七八岁，是人生历程的第二个"断乳期"（也有人把这一年龄段称作青少年成长的"危险期"），当今社会青少年犯罪率居高不下的情况也佐证了这一点。如何帮助青少年学生顺利地度过这一危险期，使他们在世界观形成的关键时期，能够沐浴在健康社会的阳光里茁壮成长，使他们极具可塑性的人格锻造朝向正确的人生观、价值观的方向发展，是学校德育的中心课题。要做好这一课题，必须改革我们传统的德育工作方法，努力采用适应时代要求和学生实际、针对性和有效性更强的新方法、新举措。

一、当前学校德育所面临的问题和困惑

（一）中国市场经济发展对中小学德育的冲击

在由计划经济向市场经济转轨的过程中，必然会有一个“无序”向“有序”的发展过程，人们的道德观念也必然产生冲突、相悖的情况。唯利是图、金钱至上、尔虞我诈等极端利己主义思想的蔓延，赌博吸毒、卖淫嫖娼等丑恶现象的沉渣泛起，所有这些，不可能不影响到我们的青少年一代。学校德育的正面教育和社会负面的不良影响之间存在着严重的反差。学校德育与学生认识社会的二律背反现象必然会使学生的思维结构、价值取向、行为模式产生裂痕，带来困惑，步入误区。

（二）职业中学德育工作面临的困惑

1. 学生道德认知与道德行为的背离。
2. 中华民族传统美德与市场经济的矛盾。
3. 社会环境、文化市场对学生品德养成的消极影响。
4. 传统教育方法的封闭单一和改革开放大背景的矛盾。
5. 信息网络的发展对中学德育工作的负面影响。

二、德育工作要有适应时代要求的新方法

（一）德育理念要推陈出新，德育实践要拓展新路

新的社会环境和德育形式要求改变一些已经过时的德育观念，拓展新的德育实践途径。学校要用先进的德育理念武装全体德育工作者，定期编发最新教育教学资料，每月至少召开一次班主任例会；要组织教师到先进学校学习取经，不断进行德育理论培训和方法指导。如今，学生的自我意识增强，和谐社会建设倡导以人为本，所以，要依据当代学生心理承受能力的实际情况，进一步采取宽严相融、束放相合的、体现人性化的管理要求，使民主平等意识和爱心育人的观念得到有效的渗透。此外，在德育实践上要努力拓展新路。如我们在张家港市所有学校中率先实行了对学生丢弃的废旧品（易拉罐、饮料瓶、旧练习本、旧书）进行分类回收的举措，既有效地维持了校园环境常态下的高水准，又有效地培养了学生良好的卫生行为习惯和节约意识，而且每年近两万元的卖废旧品所得，汇入学校的爱心基金。

（二）借助先进的网络媒介开展互动式教育

以单向说教为主的德育，学生易产生逆反心理，教育的效果不能尽如人意；而互动式教育（包括师生之间、学生之间、学校和家长之间、学校、学生和社区、实践基地之间的互动）就改变了过去德育被动的局面，取得了良好的德育效果。我们通过召开家长会和网上家长学校，宣传家教方面的理论和成功的做法，通报教育成功和失败方面的案例。我校寄宿生占到近90%，所以通过这一互动，使家长及时了解子女在校的学习情况和表现，了解子女的生理和心理发展规律，掌握家教的规律和方法，提高家长的家教水平，特别是家庭德育水平，并了解学校管理的措施和目的，担当起家长在教育子女方面的责任，进而配合学校的教育工作，形成家校齐抓共管的良好局面。

计算机专业是我校的苏州市级示范专业。为了提高德育工作的针对性、实效性，我们充分利用计算机课程，给学生讲解如何预防网络上的不良信息，如何安全上网、获取网上的有用信息，如何预防非法网站的侵犯。另外，我们组织学生观看网络不良信息和沉迷于网上游戏造成危害的图片展览。我们通过这些做法，来加强对学生的道德、意志教育，提高学生的法制意识、责任意识、自律意识、安全意识，促使他们形成健全的人格和高尚的情操，树立良好的网络道德。我们每个学期都要结合德育活动，组织学生利用网络制作电脑小报，并予以展示和评比。学生都动脑、动手，积极参与，在活动中受到了教育。每学期电脑小报的制作、展示、评比，已经成为我校德育工作的一个重要载体，而且成为一道亮丽的风景，受到上级领导和各方来宾的高度肯定。

（三）将德育与心育有机融合，打造温馨宜人的德育环境

我校在突破传统德育框架的同时，将心理健康教育和德育教育有机结合。我们通过对学生进行心理调查与测试，了解他们的人格、人际交往、意志力、学习动机等心理状况，使班主任和任课教师做到心中有数，有的放矢；我们设立心理咨询室，对心中有烦恼的学生进行个别辅导，解开他们的心结；以课堂教学和实训教学为主阵地，对学生的学习意志、学习动机、健康人格、学习方法进行辅导；我们有计划地进行团体辅导，并把它纳入班会课计划。实践证明：所有这些措施都收到了非常良好的效果。

（四）把实习教学作为德育的重要战场

《中等职业学校德育大纲》指出：“实习教学是职业教育重要的和基本的教学

组织形式，是教育与生产劳动相结合的重要途径。”当今时代，一个合格的职业技术人才，既应该具备过硬的专业知识和技能，还必须具备良好的思想品质和职业道德修养，只有这样，才能受用人单位欢迎，才能胜任岗位工作，才能为企业、为社会做贡献。否则，轻则不能胜任企业的工作，重则给企业、给社会带来危害。我校十分重视实习教学，重视对学生进行职业道德教育。学生实习前，我校各班级开设《职业道德与创业就业》课，组织就业指导、创业指导，并请企业家和优秀毕业生来校作报告，使学生了解企业的用人要求，了解企业的规章制度，明确职业道德的重要性。实习中，学校相关部门的老师和班主任到企业走访，了解学生的实习情况；学生每两个月回校汇报一次，教师利用这一时机进一步加强职业道德教育。所以，我们把职业道德教育贯穿于学生实习的全过程，让学生加深职业道德情感，磨炼职业道德意志，坚定职业道德信念，养成职业道德习惯，确立岗位成才目标。

（五）注重德育渗透，形成多种力量指向一个目标的德育合力

适应时代发展要求的德育，应该是与时俱进的德育，是创新的德育，是全员的德育。我校注重德育渗透，形成德育的合力。

1. 渗透于各科教学中

各学科的教学，不光要有知识技能、习惯养成方面的目标，还要努力挖掘其德育培养目标，根据学科教学内容与学习活动的特点渗透相应的德育内容。学科教学应体现“六有”：一是有意，即有德育意识，这是德育渗透的前提；二是有机，即将德育内容和教学内容有机结合，这是德育渗透的基础；三是有情，即进行情感交流，这是德育渗透的媒介；四是有序，即有计划地开展德育工作，这是德育渗透的保证；五是有恒，即持之以恒的渗透德育，这是德育渗透的关键；六是有效，即抓出德育效果，这是德育渗透的核心。

2. 渗透于日常行为规范中

学校依据《中学生守则》、《中学生日常行为规范》和《公民道德建设实施纲要》，结合学校的学生实际，制定相应的规则，对学生的日常行为规范作细致、具体的要求，为学生养成良好的行为习惯、具备文明社会成员应有的素质打基础。如宿舍内，对物品可提出三点要求：全、齐、净。全，即个人的生活用品要配全；齐，即物品摆放要统一标准整齐一致，如牙膏牙刷必须摆放在指定位置且各自的方向必须一致；净，即要求保持物品干净整洁。

3. 渗透于环境课程中

“环境能够造就人”，美好的环境能给人以愉悦的感受，能够让学生在潜移默

化中提高自身的思想道德品质。学校要通过改善校容校貌，来让学生感受校园的美，培养学生积极向上的生活乐趣；要积极营造校园文化，让每面墙壁都起到育人的作用。

4. 渗透于各部门工作中

学校各部门从自身的特点出发，通过严格的管理，树立人人都是德育工作者的观念。

俗话说：铁打的营盘，流水的兵。时代在不断发展变化，学生也在不断地变化。职业学校德育工作的方法应该随着时代和学生的变化实际，不断更新，即与时俱进，不断探索出与教育对象相适应的方法，使我们的德育工作取得更好的效果。

（写于 2008 年）

对青年人进行“淑女”之类的教育，正当其时

日前，武汉科技学院高职学院开设“淑女班”的举措引发了广泛的讨论。如果了解用人单位对求职者的素养要求，就不会责难此做法。而如果知道湖北一名女大学生乘公交车时，因抢座位用脚踢孕妇肚子这一事件，就更能体会对大学生进行“淑女”之类教育的迫切性。

2008 年，山东人才网对 200 家用人单位的人事主管调查发现，他们在挑选大学毕业生时，看重的因素有责任感、团队协作精神、进取心、灵活应变能力、表达能力、独立性、自信心、承受压力能力、待人接物能力、在专业领域的特殊才智。当前，我们大学所重视的主要还是专业知识和专业技能的教授，对学生的表达、独立性、自信心、承受压力、待人接物等能力的培养，还没有予以足够的关注。而这些能力，对于个人的发展及企业的发展是相当重要的，企业对此也是相当重视的。事实告诉我们，光学习知识和技能并不等于解决了所有问题，一个人的人文素养、言谈举止等对其就业有很重要的影响。“淑女班”之类的教育，从某种意义上来说，是属于人文素养等方面的教育。那位与孕妇抢座位、并用脚踢孕妇肚子的狠毒女大学生，就是缺乏道德修养，是人文素养极差的典型。如果不对他们进行“淑女”之类的教育，可能还会出现第二个、第三个，甚至第 N 个。

该高职学院党委副书记袁卫华解释说，“淑女班”教育“可以让她们在人文熏陶中泡出点‘味道’来”，“通过学习让学生受到潜移默化的影响，提高学生的人文素质和内在气质。只要参与和经历过这些培训，就会有收获。”据袁卫华介

绍，近几天，已有多家企业给学院打来电话，询问现在能否与淑女班学员签订定向培养协议，毕业后直接工作。武汉大学社会学系教授周运清说得好，在文明社会中，衡量一个人的着眼点首先就是其谈吐举止和待人接物，建立在传统美德基础上又不失现代文化价值的“淑女教育”，能为学生提供学习的机会，营造学习的氛围。厦门大学教授、中国高等教育学会顾问潘懋元在“海峡两岸高校人文素质通识教育”论坛的报告中指出：“必须以对金融危机深层次的反思为契机，将加强人文素质教育、职业道德教育作为中国高等教育的当务之急。对于高等职业技术院校来说，应根据培养目标，以职业人文素质教育为核心，除一般人文素质要求外，着重加强职业精神、职业道德和综合素质的教育，将人文素质教育、职业道德教育渗透于专业课程教学和技能实训中，使学生在环境熏陶中自然形成良好的人文素质，在耳濡目染中形成良好的职业道德。”

中等职业学校学生的行为习惯普遍较差，这是不争的事实。笔者 2008 年参加了教育部关于“用人单位对中职德育要求的调查”，从中了解到，企业对中职毕业生的责任感、团队协作精神、进取心、灵活应变能力、表达能力、独立性、自信心、承受压力能力、待人接物能力等不够满意，评价不高。袁卫华说，“大学教育在学生为人处世、社交礼仪等方面做得很不够，其实在学生踏入社会之前，对她们进行这方面的教育很有必要，淑女班受到学生和社会的欢迎就是最好的佐证。”所以，在职业院校毕业生就业情况较乐观的时候，着眼于科学发展、长远发展，更有必要对他们加强人文素养、言谈举止的培养，进行“淑女”之类的教育。职业院校要教技能，更要教做人。相当多的普通中学学生，除了考试能力较强外，人文素养不是很高，言谈举止不是很文明，成为大学生后，就有了虐猫的、用硫酸泼熊的、与孕妇抢座位并用脚踢孕妇肚子的……据《中国教育报》报道，我国的大专院校已经注意并开始加强人文素养教育；那么，在金融危机还没有见底、就业困难的形势下，对青年人进行“淑女”之类的教育，就正当其时。

（写于 2009 年）

加强以德育为核心的素质教育，提升职校生的综合素质

育人为本、德育为首，是素质教育的重要内涵。要提升职校生的综合素质，使我们培养的职校生成为真正满足经济社会对高素质劳动者和技能型人才的需要，就必须加强以德育为核心的素质教育。

美国的一项研究表明，在员工被企业开除的原因中，列在前10位的无一涉及能力，却都与职业道德有关，如服务态度、责任心、敬业精神等。我国的绝大多数企业十分看重员工的职业道德素质，并把人品、敬业、责任感作为聘用员工的先决条件。据上海市教育科学研究院职业教育与成人教育研究所对该市近百家企业的问卷调查反映，在企业选择录用中职毕业生的标准中，排列在前三位的是“认真负责”、“敬业诚信”、“团结合作”。上海的另一项调查数据显示，近年来，在“企业需要什么样的中职生”调查中，“有良好的职业道德”已超过“岗位技术能力”位居榜首。上海市教卫党委副书记、市教委主任薛明扬认为，中职学校毕业生的思想道德状况直接关系到从业人员队伍的整体水平，必须给予高度重视。企业家说：“德才兼备重点使用，有德无才培养使用，有才无德坚决不用。”

“不能养德，终归末技。”耶鲁大学法学院院长在迎新辞中说，“永远别让你的技巧胜过你的品德”。如果职业学校学生职业道德素养一般，甚至较差，会引发职业道德风险，它不仅给个人带来就业方面的风险，还会给企业发展带来风险，甚至给社会文明和安定带来风险。职业学校必须加强学生的职业道德教育，提高他们的职业道德素养，降低和缓解他们的职业道德风险。就中等职业学校来说，要不要提高学生素养关系到“培养什么人、怎样培养人”和“办什么样的职业学校、怎样办好职业学校”的问题，也就关系到中等职业学校能不能科学发展即又好又快发展的问题。而“提升学生职业素质，适应经济社会发展”是中等职业学校开展学习实践科学发展观活动的主题。

加强素质教育工程建设、深化构建德育体系、创新德育载体、强化文明素质教育、形成三全育人的局面贯穿于教育教学的全过程，须根据学生在校的不同阶段，进行针对性教育。新生入学，开展入学教育、专业教育、军训；在校期间，开展以主题班会、第二课堂、职业生涯以及日常行为养成教育；实习前，开展安全教育、诚信教育、敬业教育。学校加强学生会建设，组织各类社团活动，通过学生会进行自我教育、自我管理、自我服务、自我约束。通过文化艺术周活动进行人文艺术教育，全面提升学生的心理素质和综合素养。职业生涯实施“三步走”，即规划、实践、落实。入学初，教师对学生进行职业生涯辅导，学生再对自己的职业生涯进行规划；二年级填写“职业生涯设计书”，教师辅导学生进行实践；三年级，学生进一步努力实现自己的职业生涯规划。

（写于2010年）

职业学校的学生也要思考的两个问题

1936年秋季，刚刚上任的竺可桢在新生入学典礼上发表演讲时说，“诸位在校，有两个问题应该问问自己：第一，到浙大来做什么？第二，将来毕业后要做什么样的人？”时间虽然过去了74年，但竺可桢提出的这两个著名问题，还是有现实意义的，还是值得学生思考的。当然，不只是大学生要思考，职业学校的学生也要思考。

搜狐教育—麦可思—2009级大学新生月度调查显示，进入大学以来，仅10%的2009级新生不存在问题，有一半新生遇到了学习、人际关系、经济或生活中某一方面问题，40%的新生存在两种及以上的问题。学习是2009级大学新生进入大学以来面临的首要问题，近六成新生“缺乏学习动力”，且比例呈上升趋势。“缺乏学习动力”的新生，在高中阶段也应该是学习成绩好的学生，而一旦考入了大学，实现了十年寒窗的奋斗目标，而且认为进入了保险箱。逃课的有之，通宵上网的有之，考试几门不及格的有之……出现这种情况，实际上反映了这些大学生进入大学时，根本没有思考过竺可桢74年前提出的两个问题，当然，也可能没有人（辅导员、校长）要求他们去思考。

能够考上大学的人，在高中阶段学习习惯一般不会怎么差。他们成为大学生后，会出现“缺乏学习动力”、混日子的情况，那么，学习和行为习惯大多数更不尽如人意的职业学校学生，更是缺乏学习动力，浑浑噩噩，连做一天和尚撞一天钟都不合格——连抄作业都不愿意、上课就睡觉。所以，对这样的学生，更需要在他们入学时，对其进行学习目的性教育，让他们思考：到职业学校来做什么？将来毕业后要做什么样的人？

笔者可以大胆地说，我们的大多数大学没有做到像竺可桢那样让进入大学的学生思考那两个问题，就更不会有职业学校让他们的学生来思考那两个问题了！

（写于2010年）

知行合一，在企业化环境中进行职业道德教育的思考

2009年6月30日至7月1日，新中国成立以来的第一次全国中等职业学校德育工作会议在天津召开。会议由教育部、中宣部、中央文明办、人力资源和社会保障部、共青团中央、全国妇联联合召开。中共中央政治局委员、国务委员刘

延东在向大会的致信中强调，要切实加强和改进中职学生思想道德教育工作，贯彻落实科学发展观，希望各地把这项工作纳入未成年人思想道德建设的整体规划中，加强领导，各负其责，综合协调，标本兼治，强化队伍建设，完善保障机制，加强科研与评估，努力把中职学生思想道德教育工作提高到一个新水平。目前，我国在校中职学生已达到2 000多万人，他们中的绝大多数毕业后将直接跨进社会，步入职业生涯。他们的思想道德状况如何，直接关系到我国产业大军的素质，关系到国家和民族的未来。加强和改进中职学生思想道德教育，提高中职学生思想道德素质，对于全面实施科教兴国战略和人才强国战略、提高劳动者素质、培养中国特色社会主义事业合格建设者和可靠接班人，具有重大而深远的战略意义。

职业道德教育是职业教育的重要组成部分，是中等职业学校德育工作的重要内容，也是职业学校教育的难点之一。任何一家用人单位，都要求应聘者、员工有良好的职业道德。学生的职业道德如何，对其就业和今后的发展，都至关重要。所以，随着科技和经济的发展，单纯的技能型人才已越来越不能适应社会的需要，各行各业对从业人员道德素养的要求都在显著提高。

陶行知先生说过："社会即学校"，"在生活里找教育，为生活而教育"[1]。相对于中等职业学校来说，企业就是学校，或者说车间就是学校。"行是知之始，知是行之成。"[2] 所以，中等职业学校学生良好的职业道德，一方面要在常规的教育教学活动中培养，另一方面要在企业化的环境中培养。只有两者结合，"知行合一"，中等职业学校职业道德教育才会更具有针对性、实效性、时代性、吸引力。

我们现在中等职业学校的职业道德教育存在两种问题。一个是重视了技能教学，对职业道德教育重视不够，职业道德教育只是写在纸上，没有具体的教育内容，流于空泛；以试卷上的分数来代替对学生职业道德的评价。另一个是缺少企业化环境，学生没有亲身体会的环境，教育效果大打折扣。学校没有必备的实训设施设备，更没有工厂式的车间和企业管理氛围、文化氛围，而是整天关在教室里、关在校园里学习理论，或黑板上开机器。职业学校的学生厌倦理论学习，厌倦封闭、盲目地学习，厌倦单纯书本、课堂式学习；但是喜欢技能，喜欢表现和被认可，喜欢参与探究和体验。他们的聪明才智被传统的教学方法埋没了。职业学校如果像普通高中一样教学，学生缺少仿真的环境，缺少对就业要求、创业情

---

[1] 胡晓凤等．陶行知教育文集［M］．成都：四川教育出版社，2007：301.
[2] 胡晓凤等．陶行知教育文集［M］．成都：四川教育出版社，2007：220.

境的真实体验，对校园内教师所讲的生产实习要求、就业要求、创业要求难以信服；因而上课对什么都不感兴趣，除了聊天就是睡觉。因而，企业对中等职业学校学生的责任意识和文明素养都颇有微词。

进行职业道德教育，重在抓责任意识教育和文明素养教育。教育的起点可以低一点，从小事做起。“后来新学制颁布，我进一步主张：事怎样做就怎样学，怎样学就怎样教；教的法子要根据学的法子，学的法子要根据做的法子。”[1] 如责任意识教育，就是要结合企业对工人责任感的要求，让每个学生牢固确立为自己找到工作负责任，为自己一生负责任；文明素养教育，就是让学生养成文明习惯，谈吐文明，举止文明，会待人接物，尊敬师长。2008 年年底，北京市海淀区外语电子职业高中在开展创业培训之前，计算机专业二年级的许多学生觉得学什么都没用，上课对什么都不感兴趣，除了聊天就是睡觉。然而，在模拟应聘的过程中，来自真实企业的模拟招聘人员对学生的询问和评价，使学生大开了眼界，使他们感到作为一个职业人综合素质的重要性。从此，这些学生不仅上课认真做笔记，积极参与课堂讨论，还主动改变了留长发的习惯。在创业培训中，该校和企业创设真实环境下的模拟实训，使很多学生体验了做人的准则、学习的重要，端正了学习态度。进而，学校把创业教育的精神和方法，引入到常规教学领域，教学改革取得了突破性进展，教学效果也立竿见影。

学校和企业要加强合作，结成利益共同体。在学校内进行职业道德教育时，学校就要营造企业化环境；同时，按照半工半读、工学交替的原则，要多安排学生到企业参观、学习，顶岗实习，把企业、把车间变成学校，让学生在企业、在车间学习技能，并亲身体验养成良好的职业道德。2008 年年底以来，江西民办高职校——先锋软件学院的大专生曹晓洁因为同时被日本富士通、印度 Infosys 和 IBM 三家跨国公司录用，而被媒体和网友热捧为“史上最牛大专女生”。在 2009 年的全国“两会”上，“曹晓洁现象”成为代表、委员热议的话题。对于曹晓洁的成功，全国人大代表、武汉大学校长顾海良教授认为，“除了曹晓洁自身的努力，她所在学校与 IBM 等世界级大公司合建实训基地等人才培养模式为学生成为具有实战经验的复合型人才创造了条件。”先锋软件学院在 2007 年引进了 IBM 公司，与南昌市政府在该学院合作共建 IBM 先锋服务外包人才实训基地，招募江西省内各大高校的大三、大四学生，通过封闭式的外语训练、模拟的公司运营环境和完全真实的项目实训，大批量的培养对日软件外包和对欧美软件外包

[1] 胡晓风等．陶行知教育文集［M］．成都：四川教育出版社，2007：232.

人才。在仿真的实训环境里零距离感受公司运营与企业文化，从而顺利地被三家跨国公司同时录用，完成了从学生到企业员工的完美转身。而恰恰是在这种创新型的培养模式下，一个又一个“曹晓洁”式的人物从江西先锋软件职业技术学院走出来，2008 年，该学院有数百名毕业生进入到印度 Infosys、Tata、日本富士通、电装、美国 HP、DELL 以及国内的华为、用友等国内外知名 IT 企业工作，形成了服务外包人才培养领域一枝独秀的教育模式。

大量的事实证明：知、行必须合一，做、学必须合一。敬业、合作、勤奋等基本职业素质，讲得再多，也比不上学生的亲身体会来得实在。亲身感受和实实在在的例子能够起到事半功倍的效果。学生在企业化环境中实训，或在企业实习，一段时间后，他们就亲身体会到不敬业、没有责任意识和精益求精的精神，产品就做不好；没有团结协作精神，工作就完不成；没有进取心、不勤奋，就会一事无成。职业院校的学生只有在真实的工作环境中学习和实习，才能锤炼出良好的职业技能、敬业的工作态度和责任意识，并最终实现学生、学校和企业三方共赢。

（以《企业即学校，车间即学校》为题发表于《特色教育探索》2010 年第 1 期）

参考文献：

[1] 宗河．教育部等六部门出台加强和改进中等职业学校学生思想道德教育的意见 [N]．中国教育报，2009-7-2.

[2] 潘光．海淀区外语电子职高创业实训推动教学改革 [N]．中国教育报，2008-12-30.

[3] 徐光明，黄新忠．从“曹晓洁现象”到“先锋模式” [N]．中国教育报，2009-6-11.

孩子怎样成长，全看我们成人营造一个什么环境

不久前，一名身穿黑色吊袜的女高中生在网络上被热炒，网友冠之以“黑丝女”。网友认为：这种被称为“情趣”吊袜的服装让人很容易浮想联翩，对于生理和心理尚未发育成熟的高中生来讲极具诱导作用。如此穿着与学生身份极不相衬。批评声音中，网友多半指向学校美育、德育教育的失败。

其实，学校美育、德育教育的失败，社会有一份责任，成人也有一份责任。上个世纪末，就有教育家提出“5＋2＝0”的概念，即在学校受的 5 天教育被两天在家（社会）受的影响（教育）抵消了。笔者不想对此做任何解释。钱钟书先生在《读〈伊索语寓言〉》一文中说过：“小孩子该不该读寓言，全看我们成年人在造成一个什么世界、一个什么社会，给小孩子长大了来过活。”君不见，我们

的现实生活中，时髦的女子穿着都很少、很暴露吗？而我们生活中的低俗现象，其始作俑者往往就是穿着过于暴露的女主持人和女演员！君不见，我们现在的各种演出，女演员大多要露出大腿、肚脐和酥胸，而这并不是节目内容的需要！主要是想以穿着的暴露、以低俗之风吸引眼球、招徕观众！君不见，我们的娱乐类节目主持人，也基本上是露出酥胸（乳沟）、大腿，甚至上身只穿个胸衣，下身只穿个迷你裙或者迷你短裤；不仅如此，有的严肃晚会——如庆祝国庆晚会，女主持人和女演员也是如此装扮。这种过于暴露的穿着不低俗吗？和互联网上低俗的图片、低俗的视频有什么两样！可以毫不夸张地说，我们可以天天在电视里看到女主持人、女歌星影星袒胸露乳，一味追求性感，甚至搔首弄姿；又时常看到穿着暴露的女子招摇过市；也常读到女演员一脱成名的花边新闻，看到女星们被狗仔拍到的走光照片；还更多地读到以此炒作而“名声大震”的报道。似乎不十分的性感、不袒胸露乳，就不是明星的样子，就失去了明星的气派。数不清的杂志封面、数不清的广告——有关的无关的，都会有袒胸露乳的性感女星。中小学生在正规书店、报亭和不正规的地摊上买的、孜孜不倦看着的，可能就是以袒胸露乳、搔首弄姿的性感女星作封面或插图的书报杂志。懵懂的中小学生看到这些封面或插图，不想入非非才怪，不影响学习才怪。即使是成年人，也会在耳濡目染中受到影响。穿着虽然是个人的事，但是走出家门，就不仅仅是个人的事，而是涉及社会风化的事情。主持人和女演员应该属于社会公众人物，她们的举动影响不可小视。或者说，这些主持人和女演员可是引导着潮流的，她们不仅影响着粉丝们，也影响着其他许多的观众，包括大量的未成年人！孩子进入青春期后，模仿性强，喜欢标新立异，他们的生理心理处于剧烈的变化之中，他们的“自我防御能力”很弱，容易相信媒体提供的形象和价值判断，对影视里显现的东西深信不疑，这个时期形成的认识有时会伴随终身。而追求时尚、思想活跃、处于叛逆期的青少年是影视明星的忠实粉丝，所以，明星们的穿着打扮，在较短的时间内就会被模仿，并形成风潮。这股风潮的势力不可小觑，它像是寒潮或强台风席卷全国各地，影响成千上万的普通人，包括学生。

三年前，一部叫《虹猫蓝兔七侠传》动画片因为有“暴力文化”倾向，引起人们甚至是全国人大代表的关注，可以说这是前所未有的。实际上，单就影视方面来说，对孩子有负面影响的何止是这一部动画片。如今，打打杀杀镜头和床上激情镜头已经成为影视的一种调味剂，许多影视少了它们好像就不行，你只要打开电视，一个晚上，这种镜头可以看到好多，而且会出现在黄金时段。另外，相当多的影视片中，不仅成年人的头发五颜六色，而且未成年人也是如此，特别是动画片。这是与教育部新修订的《小学生日常行为规范》和《中学生日常行为规范》的要求在唱反调。《小学生日常行为规范》第8条指出："爱惜粮食和学习、生活用品。节约水电，不比吃穿，不乱花钱。"《中学生日常行为规范》第2条指出："穿戴整洁、朴素大方，不烫发，不染发，不化妆，不佩戴首饰，男生不留长发，女生不穿高跟鞋。"染一次发，少则近百元，多则几百元。中小学生是消费者，对他们进行节约教育和如何审美教育是非常重要的。中小学生的追星热情是很高的，而且是追星族的主要分子，且影视中的形象常常成为他们模仿的对象。他们会想既然公开播放的影视中的未成年人（中小学生）可以染发，那么我怎么不可以呢？不仅影视中有未成年人（中小学生）染发的，而且现在出版的面向中小学生的报纸杂志上也有这种插图，漫画类的更多。教育工作者和所有关心教育工作的人士都为"5＋2＝0"而痛心疾首，探索高效的育人方法也在呼吁社会各个方面形成育人的合力。而影视制作者、报刊编辑有没有想到这一层呢？

最后，再说一个看似题外的话。近些年，星座与人的命运话题很时髦，也很吸引年轻人的眼球。报刊上常常见到相关的内容。这不，2011年3月25日的《扬子晚报》就有《十二星座，看看你如何"撞桃花运"》；更有像《苏州日报》这样的党报，也登出了《十二星座男人如何看美女》的文章。科学已经证明，星座与人的命运根本无关，报刊却还要今天登载、明天登载，"豆腐干"不算，还要半版。这不是在给青少年灌迷魂汤吗？刚刚还在批评身穿黑色吊袜的女高中生、批评学校美育、德育教育的失败，却马上登载了星座与人命运的文章。自己的宣传导向是什么呀！

育人是全社会的事。学校美育、德育教育的失败，社会有一份责任，我们的媒体有一份责任，我们的成人也有一份责任。要让学校美育、德育教育不失败，我们的学校、我们的社会、我们的媒体、我们的成人都要承担起责任，给学生（未成年人）营造一个良好的环境。

（发表于《东西南北教育观察》2012年第2期）

提高学校服务能力，立德树人是根本

党的十八大报告指出："把立德树人作为教育的根本任务，培养德智体美全面发展的社会主义建设者和接班人。"《教育规划纲要》指出："着力提高学生服务国家、服务人民的社会责任感，用于探索的创新精神和善于解决问题的实践能力。"陶行知在《平民教育下乡》一文中这样说过："学校是为社会设立的。学校若没有改造社会的能力，简直可以关门。”而当前教育过分功利化，中学生甚至大学生有知识、却没有是非判断力，有技术却没有良知，为琐事投毒、动刀，患有人类文明缺乏症、人文素养缺乏症、公民素养缺乏症，如此，我们的学校培养的人素质不高，就不能够发挥改造社会的作用，不能够发挥服务社会、服务人民的作用，甚至反过来遗害社会。所以，必须抓住立德树人这个根本，培养高素质的社会人。

一、学校服务社会、服务人民能力的弱化

当今，社会处在转型期，人心浮躁，物欲横流，用刘墉的话说，这是一个“不能及时成功就是失败”的时代。教育也急功近利，过分功利化，只关注眼前不关注长远，培育的学生质量不高使得学校改造环境、服务社会、服务人民的作用弱化。这样的例子很多。

学生在学校五天，接受正确的世界观、人生观、价值观教育，接受科学文化教育。但是，接下来的双休日，他们接触到的可能是唯利是图、损人利己，甚至黄、赌、毒。有的学生在学校阳奉阴违，甚至就拉帮结派、打架斗殴、敲诈勒索。所以就有了 5＋2＝0。这说明学生被社会的负面东西改造了，即在学校学习的正能量被社会的负能量中和了。

1999 年，中共中央、国务院印发了《关于深化教育改革 全面推进素质教育的决定》（9 号文件）；2001 年，国务院印发了《关于基础教育改革与发展的决定》（21 号文件）；2001 年，教育部印发了《基础教育课程改革刚要（试行）》（17 号文件），这些文件的主旨都是实行课程改革，实施素质教育。从 21 世纪初开始，各省、市、自治区确实先后开始了课程改革，简称新课改，编辑出版了体现新课改理念，即素质教育理念的新教材，降低了教学的难度，试图减轻学生的学业负担。但是，“素质教育轰轰烈烈，应试教育扎扎实实”是大家熟知的现实。这是由社会评价导向决定的结果。因为我们的社会，包括党政领导依然用学校的升学率来评价学校的教育质量，评价校长的管理成效和教师的教学效果。一旦学校的升学率比去年下降了，那就是一票否决，不管其他方面做得如何。只要地方政府不满意，学生家长不满意，社会不满意，校长可能要挪位子，教师晋升职称和评先评优可能都没戏，绩效工资要降等次……不抓升学率，校长难，教师难。

各地各职业院校越来越看重师生的技能竞赛，拼命抓参赛选手的技能训练。各地对参加全国职业院校学生技能竞赛获奖的选手纷纷予以重奖，地方教育主管部门对职业院校的考核评估，在技能竞赛获奖这一块加大了前所未有的权重，甚至和遵纪守法一样，成为一票否决的硬指标。对参赛学生在常规纪律、文体活动等方面降

低要求搞特殊化，使他们成了脱离学校常规管理与正常教育活动的特殊小群体。

诸如此类的，学校不仅没有发挥改造社会的作用，似乎反而被社会改造了。

二、要提高学校服务的能力，必须抓好立德树人这个根本

学校服务社会、服务人民的能力、作用，常常是通过服务社会的能力来体现的。学校服务社会、服务人民的能力强，是通过教育质量的高来表现的。或者说，学校服务社会、服务人民能力的强弱又是通过所培养的人发挥服务社会的作用来体现的。学校培养的是高素质的社会人，是高素质的社会发展需要的人，那么，学校的教育质量高，服务社会的作用肯定大。《教育规划纲要》指出："坚持育人为本，以改革创新为动力，以促进公平为重点，以提高质量为核心，全面实施素质教育，推动教育事业在新的历史起点上科学发展，加快从教育大国向教育强国、从人力资源大国向人力资源强国迈进，为中华民族伟大复兴和人类文明进步作出更大贡献。""把提高质量作为教育改革发展的核心任务。树立科学的质量观，把促进人的全面发展、适应社会需要作为衡量教育质量的根本标准。树立以提高质量为核心的教育发展观，注重教育内涵发展，鼓励学校办出特色、办出水平，出名师，育英才。"

学校教育质量高不高，很大程度上是由培养对象的"德"来体现的。学校的德育教育是素质教育的重要组成部分，它对于学生形成良好的思想品德和修养、塑造完美健康的人格起着至关重要的作用。2013年1月9日召开的全国教育工作会议，把德育作为2013年重点要抓的七件事之一，即坚持立德树人，促进学生德智体美全面发展。把社会主义核心价值体系融入国民教育全过程，增强德育工作的针对性、实效性。教育的本质是把人培养成社会人，让受教育者身心都得到健康发展。我们应该以"培养什么样的人"、"怎样培养人"为抓手，办对时代发展、民族复兴、人类文明、社会和谐负责任的教育，把"自我价值"、"道义价值"、"公民职责价值"的培养一起抓，彻底转变德育思路，凝练德育精髓，创新德育方式方法，施展教育工作的法宝，铲除运动式、创建式德育产生的土壤，大力推行务实之风，切实把社会主义核心价值体系融入国民教育全过程，增强德育工作的针对性、实效性，切实开展适合学生和时代特点的德育，使我们的德育取得实实在在的、长久的效果，真正使学生的素质得到全面提高，让学生爱国家、爱人民、有毅力，成为有理想、有道德、有文化、有纪律、有责任意识的社会主义建设者和接班人。

人都有自然属性和社会属性。高素质的人应该是社会属性大于自然属性。高

素质的社会人应该是有思想、人格健全、科学文化知识扎实、有一技之长、富有人文精神、有强烈的社会责任感、有强烈的关心他人的意识、有对人生价值追求的思考和对人类文化价值的理解。

目前，要提高教育质量，提高学校改造社会、服务社会、服务人民的能力，把人培养成高素质的社会人，必须切实贯彻落实党的教育方针和“中长期教育改革与发展规划纲要”，扎扎实实推进素质教育，树立科学的质量观和评价观，初中和普通高中学校，不能培养只会考试做题而四体不勤的考试机器，即不能只抓升学率、考什么就只教什么；职业院校不能培养只是技能过关而人文素养基本缺失的技能机器，即不能只抓技能训练、甚至只抓参赛选手的技能训练而其他课程都不管；大学不能培养像廖天野、马加爵那样有知识没人性的“宠儿”、“骄子”，就是不能因为大学生是成人了就放任自流、放松思想政治教育和不进行做人的教育。

相信随着进一步把立德树人作为教育的根本任务，人文素养教育和素质教育的切实得到落实，现代学校制度的建设、管理体制的改革、教育质量评价和人才评价制度的改革，政府及职能部门不必要的行政干预减少了，构建起了政府、学校、社会之间新型关系，不再仅仅用学校的升学率来评价学校的教育质量、评价校长的管理成效和教师的教学效果，领导的一句话不再成为左右学校教学、甚至办学方向的“重要指示”，学校和教师坚持应有的教育理念与教育情怀、尊重生命、培养能力、提升素养、关注学生的可持续发展；又关注学生现实生存的需要。营造了学生成长、教师和学校发展的良好环境，我们实施在学生身上的教育才会成为学校要求、家长渴求、学生需求、自身追求的综合体，从而一起促进学校的健康发展，一起承担培养教育学生的重任；学校充分行使了办学自主权，“自由之思想，独立之精神”回来了，那么，学校改造社会、服务社会、服务人民的能力肯定是提高了。

（写于 2012 年）

学雷锋要力除应景

3 月 5 日已经过去 80 多天了，快要进入 6 月，“时间永是流逝，街市依旧太平”，有的人快要忘记学雷锋了。“雷锋 3 月里来 4 月里走”在有的地方又要应验了。

2012 年是雷锋因公殉职 50 周年，毛泽东等老一辈无产阶级革命家为雷锋同志题词 49 周年。2012 年 3 月 1 日，中共中央办公厅印发了《关于深入开展学雷锋活动的意见》（以下简称“意见”）；当天，中宣部、中央文明办在北京召开视讯会议，研究部署“弘扬雷锋精神、开展志愿服务”工作；次日，中央精神文明建设指导委员会在北京召开深入开展学雷锋活动座谈会。中共中央政治局常委、中央精神文明建设指导委员会主任李长春出席座谈会并讲话。这体现了中央对学雷锋活动前所未有的重视，反映了时代的迫切要求。

“意见”指出：“新形势下深入开展学雷锋活动，大力弘扬雷锋精神，对于激发人们思想道德建设热情，倡导文明新风，匡正道德失范，矫正诚信缺失，提升社会道德水平，引导人们做中华民族传统美德的传承者、社会主义道德规范的实践者、良好社会风尚的创造者；对于弘扬民族精神和时代精神，促进社会主义核心价值体系建设，形成全民族奋发向上的精神力量；对于凝聚干部群众的意志和力量，全面建设小康社会，实现中华民族伟大复兴，具有十分重要的意义。”党的十七届六中全会提出，要深入开展学雷锋活动，采取措施推动学习活动常态化。3月5日，教育部全面启动了全国中小学生学雷锋“六个一”活动，活动要求广大中小学生将通过读一本书、讲一个故事了解雷锋事迹，通过开一次班会、写一篇心得感受雷锋精神，通过做一件好事、参加一次志愿服务开展学雷锋实践。

2月，北京市雷锋小学、天津市雷锋小学、辽宁省抚顺市望花区雷锋小学、湖南省长沙市雷锋学校等联合发出倡议书，号召全国中小学认真组织学雷锋“六个一”活动、全国中小学生积极参加学雷锋“六个一”活动。倡议书号召广大中小学生，学习传承雷锋热爱党、热爱祖国、热爱社会主义的崇高理想和坚定信念，立志做中国特色社会主义合格建设者和可靠接班人；学习传承雷锋服务人民、助人为乐的奉献精神，争做关心他人、关心社会的合格公民；学习传承雷锋干一行爱一行、专一行精一行的敬业精神，争做勤奋学习、刻苦钻研的好学生；学习传承雷锋锐意进取、自强不息的创新精神，争做不怕困难、积极上进的好少年；学习传承雷锋艰苦奋斗、勤俭节约的创业精神，争做实现民族复兴、国家强盛的栋梁之才。

自2012年2月底以来，各报刊都用专门的版面，登载雷锋的战友、亲人、当年受其帮助过的学生和工人、农民以及他的家乡、他当兵地方的领导回忆文章。同时，也有大量的对新时代雷锋精神传人的事迹报道，在全国各地又兴起了新一轮学习雷锋的热潮。

但是，我们也要看到，在一些地方、一些单位，甚至一些学校，还是把学雷锋活动作为应景行为。3月3日、4日是双休日，不组织学雷锋活动，到了5日，停止了工作、停止了上课，而且冒着雨组织学雷锋活动——涌到福利院、敬老院或者社区孤寡老人家，做好事、献爱心，搞得福利院、敬老院人满为患，接待不是，不接待也不是。但是到了6日就无声无息了。笔者听某所学校的国旗下讲话，该讲话人始终没有提到今年是雷锋因公殉职50周年、毛泽东等老一辈党和国家领导人为雷锋同志题词49周年、中共中央办公厅印发的《关于深入开展学雷锋活动的意见》以及教育部统一部署的全国中小学生学雷锋“六个一”活动等这些与学雷锋活动有关的重大决策和部署。这实际上就是很好地反映了某些学校的领导也没有重视学雷锋活动。在这样的单位（学校），不把学雷锋活动搞成应景行为才怪呢！

学校是教育人、培养人最重要的场所。2011年底，教育部决定让社会主义核心价值体系融入到中小学教育，融入到学校教育教学管理全过程。要真正落实中办的“意见”和党的十七届六中全会精神，把学雷锋“六个一”活动开展好，把学雷锋活动做到常态化，让社会主义核心价值体系融入到中小学教育，融入到学校教育教学管理全过程，进而推进社会主义核心价值体系建设，提升全社会文明程度，必须力除应景，必须建立长效机制和相应的考核机制。而且，考核必须采用“飞检”模式。

（发表于求是理论网2012年3月16日）

运动式、创建式德育该休矣

学校的德育教育是素质教育的重要组成部分，它对于学生形成良好的思想品德和修养、塑造完美健康的人格起着至关重要的作用。党的十八大报告指出：“把立德树人作为教育的根本任务，培养德智体美全面发展的社会主义建设者和接班人。”2013年1月9日召开的全国教育工作会议，把德育作为2013年重点要抓的七件事之一，即坚持立德树人，促进学生德智体美全面发展。把社会主义核心价值体系融入国民教育全过程，增强德育工作的针对性、实效性。毋庸讳言，我们的学校德育效果不理想，而其中很大程度上是由我们的运动式、创建式德育造成的。

运动式，就是搞运动，德育活动不是融入日常教育教学中，不是生活化，常常搞应景的、短时间的、一阵风的运动。比如三月学雷锋一阵风，四月扫墓、革命历史教育一阵风，五月纪念五四运动一阵风……每年的3月，敬老院、福利院等场所，学生摩肩接踵，争着学雷锋、做好事，甚至3月5日一过，难得再见这种场面。这已经是媒体批评多年的现象。但是，今年3月是如此，明年3月是如此，以后许多年还是如此。不改变运动式德育，这种现象就不会改变。

创建式德育，就是为了创建某个名目——德育特色、校园文化建设先进、德育先进学校——而搞德育。申报了某个名目，于是就搞一些德育活动，拍些照片、影像，做些文字材料。验收通过，牌子拿到了，就烟消云散。到各个中小学去走一走，就会发现存在这种情况。当然，中小学教师对此更有体会。中小学的德育创建年年有，名目很多；学校挂的牌子多，领导脸上有光彩，有成就感，而且成为升迁的基础，所以，领导喜欢创建式德育。只要有产生的土壤和环境，存在的“合理性”，估计创建式德育也不会绝迹。

教育本来就是慢的事业。德育同样是慢的。德育要靠人们日常的言传身教，靠日积月累。用这些言传身教来默默影响学生，学生才能养成好的德行，而不是靠一阵风式的运动，靠创建式德育。运动式德育、创建式德育追求形式热闹，不追求长久效果；务虚不务实，入耳不能入脑，教化不能内化；无实事求是之意，有哗众取宠之心；是墙上芦苇、山间竹笋，效果很小、危害很大。

成功的德育教育会对学生今后适应社会有着直接的影响。新的中央领导集体大力推行务实之风，开了好的局。我们应该真正“把立德树人作为教育的根本任务”，彻底转变德育思路，凝练德育精髓，创新德育方式方法，施展教育工作的法宝，铲除运动式、创建式德育产生的土壤，大力推行务实之风，把社会主义核心价值体系融入国民教育全过程，增强德育工作的针对性、实效性，切实开展适合学生和时代特点的德育，使我们的德育取得实实在在的长久效果。

另外，全社会都需要以身作则，给学生（广大青少年）营造一个良好的成长环境，德育效果才能更好。

（发表于《教育参考》2013 年第 3 期）

强本固基，抓好职校学生职业素养教育

一、职业学校学生素养现状

目前，职业学校学生的素养，主要是职业道德不尽如人意。美国有一项研究表明，在员工被企业开除的原因中，列在前十位的无一涉及能力，却都与职业道德有关，如服务态度、责任心、敬业精神等。笔者选取某市大中型企业进行了问卷调查，问卷调查结果反映，企业认为毕业于中等职业学校的员工服务态度好的约占 22%（不保留小数，下同），一般的约占 69%，差的约占 9%。餐饮类企业的评价要好于第二产业（本校没有涉及第一产业的专业），分别是在 46%、53%、1%左右。对责任心的评价，认为强的约占 14%，一般的约占 65%，差的约占21%。对敬业精神的评价与对责任心的评价结果很接近，认为强的约占13%，一般的约占67%，差的约占20%。而绝大多数企业十分看重员工的职业道德素质，并把人品、敬业、责任感作为聘用员工的先决条件。据上海市教育科学研究院职业教育与成人教育研究所对该市近百家企业的问卷调查反映，在企业选择录用中职毕业生的标准中，排列在前三位的是“认真负责”、“敬业诚信”、“团结合作”，这都与德育直接相关，而“专业知识”、“职业技能”、“双证书”等因素则位居后列。企业招收职业学校毕业生，其目的是为各种职业岗位寻找适用的技能操作型或技术应用型劳动者，合理地配置整个企业的人力资源。因此，企业需要的是职业思想稳定的爱岗敬业者。而有的职业学校毕业生，上岗后不但不安心工作，还漠视职业岗位的规范、要求，这无疑造成了企业用人上的职业道德风险。在企业的发展过程中，由于员工的职业道德缺陷而带来风险事故发生频率的增加，对企业的利益或形象造成的损害是最大的。现在，一些企业对于录用职业学校毕业生心存疑虑，一方面担心职业学校毕业生只考虑个人自我发展而缺乏踏实工作的精神，另一方面担心职业学校没有为其打下良好的职业道德基础。

职业技能相当于一个人的硬件，职业素养就相当于一个人的软件。“硬件”与“软件”共同决定一个人的市场竞争力。一个人的可培养性决定于他的职业素养。职业学校学生素养主要是职业道德素养。职业道德建设是一个国家经济发展和社会文明进步的重要标志之一。《公民道德建设实施纲要》指出：“职业道德是所有从业人员在职业活动中应该遵循的行为准则，涵盖了从业人员与服务对象、职业与职工、职业与职业之间的关系。随着现代社会分工的发展和专业化程度的增强，市场竞争日趋激烈，整个社会对从业人员职业道德观念、职业态度、职业技能、职业纪律和职业作风的要求越来越高。要大力提倡以爱岗敬业、诚实守信、办事公道、服务群众、奉献社会为主要内容的职业道德，鼓励人们在工作中做一个好建设者。”中等职业学校学生职业道德素养一般，甚至较差，会引发职业道德风险，它不仅给个人带来就业方面的风险，还会给企业发展带来风险，甚至给社会安定和文明带来风险。加强中等职业学校学生的职业道德教育，提高他们的职业道德素养，降低和缓解他们的职业道德风险，不仅是他们个人的问题，也不仅是用人单位的问题，而是关系到整个社会道德风尚提高的问题。

二、培养途径

职业学校正在深入开展学习实践科学发展观活动，就是要创新职业教育理念，改革教育教学模式，提升学生职业素质，适应经济社会发展。就是要以素质教育为主题，在“培养什么人、怎样培养人”、“办什么样的职业学校、怎样办好职业学校”上统一思想，在加强职业技能培养的同时，重点加强职业道德教育，培养德智体美全面发展的中国特色社会主义合格建设者和可靠接班人，努力办人民满意的有特色的职业学校，塑造家长满意、企业欢迎、社会认可和国家经济社会发展需要的高素质劳动者和技能型人才。提高职业学校学生素养，主要是职业道德素养，可以从以下四方面入手。

（一）以人为本，加强德育工作的有效性

职业素养教育乃至整个德育，要彻底改变过去的说教式、灌输式的教育方法，不能再以开个主题班会、上几节德育课和就业、创业指导课、出张试卷考一考来代替职业素养教育。职业学校的德育一要立足于培养高素质的劳动者、立足于学生就业。要通过德育，让学生树立正确的职业理想、职业观、择业观、创业观，逐步形成良好的道德意识，养成良好的行为习惯，增强法制观念，成为有文化、有理想、有纪律、有道德、有一定职业素养的好公民。二要针对用人单位的现实需要。职业学校在抓好技能教学的同时，要把责任意识教育、诚信教育、团结合作教育放在德育工作的重要位置，尤其要抓责任心教育，因为责任心是职业素养中最基础的要素。另外，还要进行质量意识、成本意识、市场意识、创新意识和服务意识教育，既让学生获得对职业道德的认知，更让学生获得职业道德的情感体验，并将其内化为自觉的行动。

（二）校企合作，营造职场化的教育环境

学校在了解了企业的用人标准后，应引入相应的课程，将职业素养这种无形的“软件”变成有形的各种训练课程或活动。职业学校与企业要紧密合作，营造职场化的教育环境，防止教育局限于书本、局限在校园里，使学生在职场化的教育环境中受到更有效的教育。学校即车间，车间即学校，让学生在企业化的文化氛围、管理氛围中，走入真实的职业环境，感悟职业道德，知道一个受企业欢迎的员工应该具备的素养，促使他们认真学习、自觉养成，实现从学生到职业人的转变。

（三）各司其职，三类课程齐抓

德育无处不在。德育必须贯穿于职业学校的文化课、专业理论课，特别是专业实习实训课。三类课程要围绕提高学生职业素养，按照社会和企业的需求，构建一个活动性的课程体系。活动性课程主要包括思想道德素质模块、科学文化素质模块

和专业技能素质模块。思想道德素质模块可以包括军训、文化艺术周、感恩教育、诚信教育、职业道德教育、责任意识教育、思想政治课、行为规范教育、法制教育、系列纪念活动、心理健康活动等；科学文化素质模块包括文化课、科技节、推普周、阅读经典工程——五名工程（读名著、诵名诗、听名曲、赏名画、观名片）等；专业技能素质模块可以包括我爱我的专业论坛、创业论坛、创新作品竞赛、专业技能展示和竞赛、专业社会实践、竞争与合作论坛、企业文化节、模拟面试等。三个模块结合，成为提高学生职业素养的“营养套餐”。每一个模块，都要以“以人为本、活动导向、任务驱动”为原则，在教师的指导下，学生亲身实践体验，自我践行，进行自评和互评，实现知行合一和素质的提高。要明确三类课程教师，特别是要明确专业课和实训课教师在培养学生职业素养方面的职责，形成教育合力，共同承担起培养具有较高素养的、受社会欢迎的技能人才的重任。

（四）变革学校的评价机制，与企业接轨

职业学校要认真研究企业对员工职业素养的要求，引进企业的评价机制，变革原先的评价机制，使学校的评价机制与企业接轨，不能再以试卷上的分数来代替对学生职业素养教育乃至思想品德的评价，改变职业道德教育与技能训练两张皮的现象，注意践行，注重职业素养教育的有效性。要把企业化的真实情景用到教育中，加强职业道德教育与技能训练之间的融合，使职业道德教育渗透于专业教学中，渗透于实习实训中，实现课堂与车间对接、学生与职工对接；设立职业道德学分，把职业道德作为学生品德评价的重要内容，把学生的职业道德表现与学生的评先评优、毕业、推荐就业等紧密地联系起来。

惩戒的最终目的是教育

连日来，随州二中有多名学生及家长向有关媒体反映，称该校教学楼边的大屏幕上，滚动播放着一些学生在考试期间作弊过程的视频，伤害了学生的自尊，侵犯了隐私权。有律师认为，学校的做法侵犯了学生的人格、尊严的权力，显然不合适，学校应该立即停止。笔者认为，诚信同样关乎人格。考试作弊是不诚信的重要表现，是人格的缺失。

孔子说过：人言而无信，不知其可。社会转型期，一些为了追求利益，不惜牺牲诚信，于是乎假冒伪劣产品，甚至毒米、毒油、毒水、毒菜等纷纷出现，毒害人们的身体，毒害社会风气。人们大声疾呼，要严厉惩处制造假冒伪劣产品者和有毒

食品者，呼唤诚信回归。可以说，诚信关乎一个国家、一个民族的未来。对全民进行诚信教育十分重要。而中学生正处在世界观、人生观、价值观形成的重要阶段，尤其要加强诚信教育。有了诚信，也就为成功的人生奠定了坚实的基石。

现在，我们的学校组织重大考试前，都要求学生在诚信《考试承诺书》上签名。教育部颁布的《中学生守则》规定“诚实守信”；《中学生日常行为规范》规定“诚实守信，言行一致”“考试不作弊”。学校对学生考试作弊都有相关的处分规定。报道中的高一学生对学校的规章制度和学生守则的规定都应该是清楚的，所以，考试时作弊就是明知故犯，是极不诚信，也是对自己人格的不尊重。自己的人格尊严是否得到尊重，是以自己是否遵守了相关制度为前提。对不尊重自己人格和制度的学生，教育者要加强诚信教育，启迪他们回到诚信，回到自重之路上来。

学校在校内有权对作弊学生进行公开处理，公开的大屏幕是一种选择。这样确实能够严肃考风考纪，让其他学生引以为戒，不再犯错。

当然，作弊学生的姓名是否公开以及是否长时间在电子屏上滚动播出，可以商榷。高一学生毕竟还是未成年人，为让其今后的学习不要有过多的包袱、过大的压力，学校采取得当的处理措施就相当重要。学校可以不公开作弊者的姓名，教师或学生处可以单独找当事人，一方面严肃指出违纪的性质和作弊的危害；另一方面，指出改正的方法和措施，并给以信心。这样，既达到了批评、教育的效果，又保护了当事人的“隐私”和尊严；使当事人明其理、改其错，明确与其生气，不如争气；与其发火，不如发愤！

（发表于《中国教育报》2013 年 5 月 1 日）

社会主义核心价值体系融入国民教育要下真工夫

党的十八大报告指出：“把立德树人作为教育的根本任务，培养德智体美全面发展的社会主义建设者和接班人。”“教育部 2013 年工作要点”也指出，要重点“推进党的十八大精神进教材进课堂进头脑，把社会主义核心价值体系融入国民教育全过程，培育和践行社会主义核心价值观”。要深入开展社会主义核心价值体系学习教育，用社会主义核心价值体系引领社会思潮、凝聚社会共识。要倡导富强、民主、文明、和谐，倡导自由、平等、公正、法治，倡导爱国、敬业、诚信、友善，积极培育和践行社会主义核心价值观。

基础教育阶段，学生处在世界观、价值观、人生观形成的重要时期，价值观是人生观和世界观的核心与基础，在当今价值观多样化、文化多元化的社会转型期间，在基础教育阶段旗帜鲜明地倡导社会主义核心价值观，能够更深层次地影响青少年的思想认知与行为方式，有利于青少年的身心健康成长，为学生全面发展和终身发展奠定良好的思想道德基础，对培养德智体美全面发展的社会主义建设者和接班人意义重大而深远。

2011年底，由《中国教育报》、中国教育电视台联合主办、浙江宁波华茂集团协办的“2011年全国十大教育新闻”评选揭晓，其中“党的十七届六中全会提出社会主义核心价值体系融入国民教育”在列。但是，反观我们中小学的动作，笔者觉得太慢，甚至动作不明显。所以，要做到让社会主义核心价值体系融入国民教育，必须得下真功夫。

党的十七届六中全会提出，社会主义核心价值体系是兴国之魂，是社会主义先进文化的精髓，决定着中国特色社会主义发展方向。要把社会主义核心价值体系融入国民教育、精神文明建设和党的建设全过程。

让社会主义核心价值体系融入国民教育，首先是融入中小学教育。融入中小学教育，是个大课题，需要全方位进行。具体来说，就是要融入学校教育教学管理全过程，就是要融入各门课程、社会实践、校园文化以及班主任工作、学校日常管理等具体环节。课堂教学是社会主义核心价值体系教育的主渠道，要把各门课程蕴含的社会主义核心价值体系教育资源充分开发出来，把各门课程中社会主义核心价值体系的育人功能充分地发挥出来，使学生在课堂学习的过程中受到教育。就课堂教学这个主渠道中怎么实现融入的问题，教育部基础教育一司司长高洪在接受《中国教育报》记者采访时曾指出：“一是教师对待所教学科的态度，传达的是对工作的态度、对事业的态度、对科学的态度。二是对待不同学生的态度，传达的是对人的尊重、对人的情感、对教育的情感。三是教学内容本身资源更丰富了，德育课要在家庭生活、学校生活、社会生活和大自然生活中讲清做人做事的基本道理，引导学生学习处理人与人、人与社会、人与自然、人与自我的关系，逐步培养正确的世界观、人生观和价值观。”

然而，我们的中小学，大多把考试科目——小学是语文、数学、英语，初中和高中再加上数理化生，职业学校把有技能竞赛的课程（项目）——作为主课，把宣传社会主义核心价值体系的课程作为副科。学校这么做的原因是：我们的社会和领导看重的是升学率，即以升学率或者说考上重点高中、一本的比例来考核学校、评价学校。

基础教育阶段的社会主义核心价值教育常常结合德育活动来开展，而我们在开展这些活动时，会出现运动式、创建式的德育活动。运动式德育，就是搞运动，德育活动没有融入日常教育教学中，没有生活化，常常搞应景的、短时间的、一阵风的运动。比如3月学雷锋一阵风，4月扫墓、革命历史教育一阵风，5月纪念五四运动一阵风……每年的3月，敬老院、福利院等场所，学生摩肩接踵，争着学雷锋、做好事，甚至3月5日一过，难得再见这种场面。这已经是媒体多年批评的现象了。但是，今年3月是如此，明年3月是如此，以后许多年还是如此。不改变运动式德育，这种现象就不会改变。创建式德育，就是为了创建某个名目——德育特色、校园文化建设先进、德育先进学校——而搞德育。申报了某个名目，于是就搞一些德育活动，拍些照片、影像，做些文字材料。验收通过，牌子拿到，就烟消云散。到各个中小学去走一走，就会发现这种情况的普遍存在。当然，中小学教师对此更有体会。中小学的德育创建年年有，名目很多；学校挂的牌子多，领导脸上有光彩，有成就感，而且成为升迁的基础，所以，领导喜欢创建式德育。只要有产生的土壤和环境及存在的“合理性”，估计创建式德育也不会绝迹。

运动式德育、创建式德育追求形式热闹，不追求长久效果；务虚不务实，入耳不能入脑，教化不能内化；无实事求是之意，有哗众取宠之心；是墙上芦苇、山间竹笋，效果很小、危害很大。

要做到让社会主义核心价值体系融入国民教育，融入中小学教育，得下真工夫，就要从转变依然火爆地追求升学率倾向抓起，也就是要从转变地方党政领导和部门评价学校的标准抓起。要以“培养什么样的人，怎样培养人”的标准来对学校进行评价，即以培养具有社会主义核心价值观的学生的成效来评价学校。

教育的本质是把人培养成社会人，让受教育者身心都得到健康发展。我们应该以“培养什么样的人”、“怎样培养人”为抓手，办对时代发展、民族复兴、人类文明、社会和谐负责任的教育，把“自我价值”、“道义价值”、“公民职责价值”的培养一起抓，彻底转变德育思路，凝练德育精髓，创新德育方式方法，施展教育工作的法宝，铲除运动式、创建式德育产生的土壤，铲除形式主义产生的土壤，大力推行务实之风，切实把社会主义核心价值体系融入国民教育全过程，增强德育工作的针对性、实效性，切实开展适合学生和时代特点的德育，使我们的德育取得实实在在的、长久的效果，真正使学生的素质得到全面提高，让学生爱国家、爱人民、有毅力，成为有理想 、有道德、有文化、有纪律、有责任意识的社会主义建设者和接班人。

（写于2013年春）

第三辑　教学研究

无论是从教师本身的发展来看，还是从搞好教学、提高教学质量来看，都应该加强职业教育的教学研究。只有认真研究，才能做到既备好教材，又备好学生，教学能够从学生基础的实际出发，从专业要求和用人单位要求出发，因材施教，因需施教，改革教法，并且对教材或相关教学内容进行改革，实施分层教学或分级教学，实施中学、教学合一，激发学生学习兴趣，使文化课与专业理论课、专业技能课的教学效果大大提高。职业教育涉及的专业和课程很多，有的专业是传统的还有生命力的专业，有的是逐渐失去生命力的专业，有的是新兴专业；有的课程内容陈旧，有的课程内容过难。我们要不断研究市场、研究社会发展，特别是研究目前经济转型升级以及新型工业化、农业现代化、城镇化和信息化建设这个“新四化”对职业教育发展的新要求，不断兴办适应需要的专业，淘汰没有生命力的专业，改革课程和教材，做到教、学、研有机结合，不能把教学研究当做是与己无关的事。

陶行知的"生活即教育"给技能教学的启示

一、"生活即教育"理论与职业教育技能教学的关系

80多年前，陶行知提出了"生活即教育"的命题。陶行知认为，"行是知之始，知是行之成"，先"行"而后"知"，生活是知识的来源，他强调"从做中学"。他说："从学习的原则看起来，事怎样做，就须怎样学。譬如游泳要在水里游，学游泳就须在水里学。若不下水，只管在岸上读游泳的书籍，做游泳的动作，纵然学了一世，到了下水的时候，还是要沉下去的。"❶"怎样教？教的法子要根据学的法子；学的法子要根据做的法子。教法，学法，做法是应当合一的。"❷"先生拿做来教，乃是真教；学生拿做来学，乃是实学。不在做上用功夫，教不成教；学也不成学。"❸

职业教育技能教学注重"从做中学"的成功模式有德国的"双元制"模式、英美的能力本位（CBE）模式、澳大利亚的TAFE模式以及新加坡的教学工厂。在德国"双元制"教育体系中，学生只有1/3的时间在学校接受以演绎和训练为主的课程教学，2/3的时间均在工厂的实训车间从事实际职业活动。事实证明，这是成功的职业教育教学模式。英美盛行的CBE模式的实质就是重视能力中心的实践教学模式。其特点是：①以综合职业能力为实践教学的培养目标和评价标准；②以能力而不是学历或学术知识体系作为实践教学的基础；③强调学生自我实践学习和自我评价能力的培养。CBE模式以DUCUM（职业能力分析表）分析课程开发为途径设计的实践教学计划的特点是：①重点培养技术能力；②重视操作能力的培养；③课程设置适当综合化。英国的职业教育与培训已发展为CBET模式。在这种模式下，"国家职业资格"强调在干中学，进行职业教育实践教学也必然是在干中学。一个人要学习某种职业知识和技能，可以根据自身现有的工作实际情况，设计若干改善实际工作的项目，然后，在考评员的亲自指导下，按照职业的国家资格标准来实施这些项目。当项目完成后，职业能力和知识

❶ 陶行知．学生自治问题之研究［M］//陶行知．陶行知文集．南京：江苏教育出版社，2008：19.
❷ 陶行知．中国师范教育建设论［M］//陶行知．陶行知文集．南京：江苏教育出版社，2008：135.
❸ 陶行知．湘湖教学做讨论会记［M］//陶行知．陶行知文集．南京：江苏教育出版社，2008：214.

的学习过程也就完成了。澳大利亚的 TAFE 模式实行模块化教学。例如机械制图，模块制职业教育将该门课程分为三个模块：工程绘图 1、工程绘图 2 和工程绘图 3。“工程绘图 1”介绍绘图的基本概念及三视图，“工程绘图 2”主要练习各种零件图绘制并标注公差配合，“工程绘图 3”绘制装配图并介绍各种形位公差。一般来说，模块比课程的内容含量少。模块又分核心模块和自选模块。核心模块是澳大利亚政府规定必须学习的模块，主要是安全和权利保护等教育，自选模块可从行业模块目录中挑选。每一种技术证书由若干核心模块和自选模块构成，例如工程机械证书由 24 个模块组成，其中有 6 个核心模块，10 个协商模块和 8 个自选模块。每一模块 40 学时，总的理论教学时数为 24×40＝960 学时。

从注重“教”变为注重“学”、“从听中学”变为“从做中学”已经是职业教育教学模式的发展趋势。

二、职业教育技能教学的教法与学法

（一）教法

要实施“从做中学”，教法方面有项目教学法、模块化教学和理实一体化教学。

1. 项目教学法

项目教学法就是对现实生活中的某一事物进行深入、直接的了解、观察，从亲身经历中获得经验和学习的一种以学生为本的教育活动。学生结合自己的兴趣和爱好进行选择，选择相应的岗位工种，由学校进行针对性的技能训练和专业的理论知识学习。这样真正做到了学校教育与企业的“零距离”，使学生下得去、用得上、留得住。项目教学法，培养了学生的多种能力，增强了学生的适应性。

2. 模块化教学

模块化教学是课程综合化的产物，它弱化了过深、过繁的理论推导，强调从技能教学的程序化、规范化为基本出发点；它根据技能形成规律和学生身心特点，来确立学习和训练的内容和过程，充分体现了学生为主体的教学观，极大地提高了技能教学的效果。

3. 理实一体化教学

理实一体化教学就是理论和实践的一体化教学。模块化教学的实施带来了专业课教学的重大变化，即实施理实一体化教学；这样进而又决定了教案的重大变革，即改变过去的理论和实践脱节、两张皮的现象，实现了理论和实践一体化教案。这使得学生在学习了理论的同时，又进行了实际操作，及时巩固了理论知识、掌握了技能。理实一体化教学，极大地提高了学生的学习兴趣和效果，技能抽测与技能等级考试合格率也得到了逐步提高。

（二）学法

实施“从做中学”，学法方面有开足实训课、开设教学实训周和进行为期一年的生产实习。

1. 开足实训课

实训操作的内容当然是要在专门的场所进行学习和巩固，而理论课上学习的，也要通过实习、训练来巩固和提高。各个专业都要根据专业特点和教学计划开足实训课。比如汉字录入，理论课上讲了录入的步骤、注意点，如果不接着去做上机练习，到了第二天，绝大部分学生忘记得该差不多了。而如果接着练习，那么，结果就是相反的——绝大部分学生掌握了操作步骤。实施理实一体化教学，能够解决这一问题。

2. 开设教学实训周

根据专业特点和专业教学计划，开设教学实训周，让学生了解专业、熟悉专业，进而热爱专业。第一学期一般是一周，主要是让学生了解专业；第二学期，有的专业两周，有的专业可能是4周；主要是让学生熟悉专业；第三、四学期，教学实训周为4～6周。一般，工科类专业的实训周要多一点。通过开设教学实训周，学生可以比较系统地掌握一种技术的某个环节或某些技术要点。

3. 安排生产实习

教学实训周一般是在学校内部的实训场所进行，实行“双元制”教学模式的学校，教学实训在企业进行，企业扮演专业培训的主要角色。学生学习了两年后，要安排进一年的生产实习。生产实习主要在企业进行。通过一年的生产实习，学生掌握某项技术的全部要领，熟悉某个产品的生产、加工、检验的全过程，同时学到优秀工人的长处，适应企业的管理，为将来就业以及创业打下基础。

三、实施“从做中学”对职业学校教师提出的要求

职业教育的技能教学要实现“从做中学”，给专业教师提出了更高的要求。要求每一位专业教师都是专业水平高、实践能力强的教师，即既精通理论、又能实践操作的“双师型”教师。如果教师只会纸上谈兵，“做中学”就不会实现，学生就不会受欢迎，职业教育就没有希望。

当前，我国职业学校“双师型”教师的比例还较低，还不能适应社会和经济发展对职业教育的要求。相当多的专业课教师还停留在纸上谈兵。教育部已经启动了职业学校专业课骨干教师的国家级培训，各省、市、自治区也相应地启动了相关的培训。我们相信：随着我们对“双师型”教师培养的注重，随着从中央到地方各级相关培训的进行，专业教师会成为专业水平高、实践能力强的“双师型”教师的，强调“做中学”的职业教育技能教学一定会取得丰硕的成果。

（发表于《苏州教育研究与实践》2008年第5期）

从听不懂陈寅恪课的国学院学生说起

《教育参考》2008年第4期发表了周勇的文章《导师陈寅恪的名、学问与人格》，其中说到清华国学院有相当多的学生听不懂陈寅恪老师讲课的情况。文章说，之所以清华国学院有相当多的学生听不懂陈寅恪老师讲课，原因是陈寅恪讲得太深，而这些学生的学问底子还较浅。好就好在这些学生没有把他轰出课堂，让他“下课”；清华国学院也没有说他什么，更没有叫他“下课”。我们为陈寅恪有这样的宽松环境感到欣慰，为他有吴宓这样一位既是清华国学院院长、又是知己的朋友感到欣慰。放在如今的教学环境中，如此不因材施教，“对牛弹琴”，恐怕不被学生轰出课堂，也早就因学生、领导评课不合格而被学校“末位淘汰”了。

现如今，教得不好、学生听不懂，都是教师的事情，与学生学习基础、学习方法无关。不是有这样一句经典的话吗——“没有教不好的学生，只有不会教的先生”。在月考、周考中，如果你班上或学校的平均分低于年级或同类学校，名次靠后了，就会被挂起来，年级组长、分管校长和校长就会给你脸色看，两次、三次考试，名次都靠后，家长也要求把你换下来；到了暑假，你就可能要自己去

找饭碗了。当然，这并不是年级组长、分管校长和校长一定要和你过不去，而是他们也有压力，不如此就不能向学生交代、向人民交代、向上级领导们交代。

但是，在我们这样一个有着“重学识、轻技能”悠久传统的国家，中等职业学校学生的文化素质与行为习惯越来越差。笔者在普通高中工作了 6 年、又在中等职业学校工作了 17 年、现在忝列苏南一所中等职业学校领导，感受是非常深刻的。可以说，目前中国中等职业学校学生中，80%以上是属于学习习惯差、行为习惯和自控能力也差的，他们不会像我们想象得那么纯正，有人形象地说，我们的中等职业学校是中考落榜生的收容所。有学生听课像听天书，要睡觉；学汉字录入，背不出五笔、也不会拼音，一分钟录不了几个字；加工零件误差太大，等等，不都是很正常吗？领导、专家可不这么看，甚至家长也不这么看，理由就是“没有教不好的学生，只有不会教的先生”。

听不懂陈寅恪老师课的清华国学院学生们，不是埋怨陈寅恪讲得深、讲得广，而是反思自己，觉得自己根底浅、知识面窄，所以他们没有怨气，也就不可能把怨气往陈寅恪老师身上撒，他们刻苦学习，与导师探讨，扎实了根底，学到了陈寅恪“一流的治学精神与方法”，“导师辛勤著述，学生也刻苦钻研，而且也拿出了一流的论文与著作，例如，吴其昌的《宋代学生干政运动考》、周传儒的《十五年来中国教育的回顾》、谢国桢的《寒食清明考》、陆侃如的《中国诗史》、杨鸿烈的《中国法律史》等等”。现如今，在中等职业学校，对于上课要睡觉，技能学习无法达到要求的学生，你做教师要批评他们，语气还不能够重了，如果语气重了，学生说你是变相体罚，举报到教育局长那里，甚至寻死觅活，那你就吃不了兜着走，准备挨通报批评、扣考核奖，甚至下岗吧！

笔者是上个世纪 80 年代初考上本科的，教了 20 多年书，只觉得这 10 年的水平不升反降。刚工作时任教普通高中，学生素质虽与自己的想象有一定差距，但半个学期下来还是有点得心应手的感觉；20 个世纪 90 年代初，到了中等职业学校，当时我们苏南的初中毕业生升学率在 70%以内，中考 400 分以下的学生极少能进入中等职业学校的，所以，学生学得也可以，我与学生的配合也说得过去，自己的教学水平和业绩都有所提高。到了 21 世纪初，我们这里（苏南）的初中毕业生升学率超过了 90%即严格意义上不能毕业的初中生也进入了中等职业学校；2004 年后超过了 98%即中考成绩不到 100 分、甚至没有参加中考的学生也进入了中等职业学校。虽然职业教育就是就业教育，就业靠的是扎实过硬的技能。但文化课底子太差事实上也极大地影响了技能的学习，同样做一个零件，文化基础好的学生在规定的一个单位时间内就能完成，而文化基础差的学生可能要用两个，甚至三个、四个单位时间才能完成。中等职业学校的一线教师都有这样的感觉。现在，中国生产的设备虽然在技术含量上有了很大的提高，但是相当多的设备精密度不如德国制造，与我们职工的素质有很大关系，与我们对待职业教育的态度也有很大关系。中等职业教育不是终结教育，它是终身教育的一个组成部分。中等职业教育要落实科学发展观，为学生的终身发展奠基，就不能够只抓技能，还要抓文化课教学及思想政治课教学；不能只讲生源的数量而不讲生源的质量。笔者以为，中等职业学校的相当部分学生处于大部分功课基本上听不懂的状态，这是大力发展中等职业教育不得不正视的一个重大问题。

（发表于《教育参考》2008 年第 6 期）

“备学生”要“目见耳闻”

宋代著名文学家苏轼的《石钟山记》一文，通过探访石钟山，他了解了石钟山得名的缘由，最后写道：“事不目见耳闻，而臆断其有无，可乎？”他告诉我们：下结论、做推断之前，都先要对有关的对象来个目见耳闻，而不能凭主观臆断。我 2006 年 11 月初的一次借班上课就正是因为没有对施教班级的学生来个“目见耳闻”，仅凭主观臆断，导致没有很好地实现教学目标。

2006 年 11 月 8 日，我作为张家港市级骨干教师，向全市开设了一堂公开课。施教班级是一所乡镇的职业中学，在上课的前 3 天，我听说该学校所安排的是 2006 年参加江苏省高校单独招生考试的班级。我就想，自己教过 7 年的这种班级，对学生的学习情况和教学进度都是了然于胸的。于是就没有提前去该学校与学生见面，甚至也没有问一问他们的教学进度、学生情况，而是按照我的教学设想备课。讲课当天，我到该学校是上第二节课。虽然离上课还有 20 多分钟，但我只是在校园中溜达，而没有利用这一机会问问原任课教师该班学生情况。上课了，我按照预设导入，交代课题——文言倒装句式。因为学生看到的是来借班上课的新面孔，而且本节课要复习的内容又与高考相干，所以，学生的反映还可以。但是，当我把“教案学案一体化”的讲义发下去没多久，下面就有了惊讶声。我不知就里，仍然按照预设，先根据从课文内选出的例句，分析这些例句的特点，从而总结出几类文言倒装句式的规律，再由掌握的规律来解决问题。但是，学生在看例句时就卡壳了，他们说对例句中相当多的句子不熟悉。我才想起问学生，学生说了之后，我这才如梦中人被惊醒，知道该班学生是普通高中班级升高三时被“杀”下来的，根本没有学过职业高中的语文教材。而且，到 12 月了，刚学了职业高中语文教材的一二两册。所以，我只能引导学生对例句进行分析。分析完例句，学生马马虎虎知道了五类文言倒装句式的规律，但是一节课已经过去了 35 分钟，比我的预设多出了 15 分钟。而讲义上还有我从职业高中语文教材的 4 册上（职业高中语文教材共 4 册）精心选出的、包括了五类文言倒装句式的练习题。于是，我只能让学生匆匆忙忙地做讲义上的练习。离下课还有 3 分钟，在学生还没有都做完的情况下，我就让学生回答了。结果自然是不理想，正确率达到 70％的学生不到一半。

所以，不管是公开教学，还是平时教学，都要既备教材，又备学生，备学生时要对学生实际来个“目见耳闻”，到学生中间去，了解他们的学习基础、学习意愿。否则，预设再好，也不可能实现。

（写于 2006 年）

中职分层教学与课程、教材的量身定做

一、受社会主流意识影响，中等职业教育生源质量在下降

近几年，我国职业教育发展势头良好。2007 年，全国中等职业学校招生数达到 810 万人，在校生接近 2 000 万人，中等职业教育和普通高中的规模已经大体相当，职业教育发展规模达到外延发展的新高度；办学条件进一步改善，涌现出了一批强校名校，政府行为和国家责任取得了显著效果。但是，生源质量却在下降。生源质量下降与我们传统的人才培养和使用观念有关。重脑力劳动轻体力劳动，重理论知识轻实践技能，重学历文凭轻实际能力，是我们的传统。在此影响下，社会的某些层面和许多家长仍不能正确看待职业教育，家长仍希望孩子通过考高中、上大学，进机关、当白领，拥有干部身份。这也可以说是社会的主流意识。中科院院士杨福家讲过这样一个故事：一名美国中学生，凭成绩可以进哈

佛，却选择了一所烹饪学院。这所学院的录取率和哈佛一样低，学费比哈佛贵。原因很简单，一是这所学院产生过许多世界级的大师，二是家长很尊重孩子的意愿。而如果在中国，这肯定是不可能的。

所以，就当前而言，职业教育面对的学生有其特殊性，即主要招收在“一考定终身”的选拔考试中被淘汰的学生。由于多数学生入学时文化水平比较低，中职教学存在学生“听不懂”“学不会”、教师“教不会”“管不住”的问题。

要让基础差距极大的学生在我们的中等职业学校都能够学得进、学得会、就业有门，必须落实科学发展观，坚持以学生为本，深化职业教育教学改革，对我们现有的课程和教材进行改革和整合，改革职业教育课程模式、结构和内容，加强课程实施、评价和管理，构建以职业实践为主线、以项目课程为主体的模块化专业课程体系，课程和教材必须“量身定做”。

二、把握学生基础，有针对性的实施分层教学

虽然对职业教育来说，技能教学是关键，但是劳动者文化水平的高低，既是民族素质的重要标志，也是衡量劳动者素质高低的标准之一。提高一线岗位从业者的文化水平既是经济社会可持续发展的需要，也是劳动者自身发展的需要。开设文化课是职业学校教育与职业培训的重要区别之一。既然文化课教学不是可有可无，不能弱化，而且还要让学生在原有基础上有所提高，我们必须直面现实，抱着科学的态度，对学生的基础进行科学的分析和研究，要贯彻因材施教原则，积极实施分层教学，努力体现职业教育特色。根据不同专业学生的实际和培养目标以及学习者不同的兴趣、个性发展和终身学习需要，大力开发具有学校特色的选修课程，积极探索并实施分层教学；不断改进教学方式，指导并帮助学习者增强学习信心，培养学习兴趣，激发学习热情；不断改进学习行为、习惯和方式，使学习者想学、会学、乐学。中等职业学校文化课教学，必须正视入学新生的实际文化水平，实事求是地让学生在原有的基础上有所提高，才能真正发挥中等职业学校开设文化课的预期作用。

学生接受哪一个层次的教学，由其基础决定。所以，在实施分层教学前，我们首先得把握学生的学习基础。有其他地区生源的，可以先对新生进行摸底考试，来把握学生的基础；没有其他地区生源的，通过中考成绩来把握学生的基础。然后根据新生入学摸底考试成绩（中考成绩）和专业大类，进行必要的分析

和研究，科学地把他们分成A、B、C三个层次，A代表基础好的，B代表基础一般的，C代表基础较差的。不同的层次应该有不同的教学要求，有不同的教学内容。学校要组织人员，根据不同层次学生基础，科学地编制教学计划、设计教学内容。A层次的教学要求应该高一些，难度大一点，内容丰富一些，可以参照江苏省普通高校单独招生考试的要求和难度；C层次的教学要求应该低一些，难度也低一点，内容尽可能少一些，略高于初中二、三年级的学习要求和难度；B层次的教学要求、难度、内容应该介于A和C之间。河南机电学校是实行分层教学的成功例子。该校3年来就业率连续达100%，很重要的一点就是实行分层教学。事实证明，实行分层教学，可以使学生上课不再睡觉，不再难以忍受，而且还都有所提高。在实行分层教学的同时，要根据专业培养目标，改革我们的教法，改革我们的评价方法、考试方法，实行多元评价。分层教学，难度虽然大，开始时问题也会一大堆，但是，为了实现我们职业教育的目标，为了职业学校的每一个学生都成人、成才，这样做是值得的。

三、课程和教材必须“量身定做”

专业设置要围绕市场转，课程和教材必须根据专业特点，围绕学生的基础转。随着分层教学的实施，得根据文化基础课程的基础性、应用性和发展性功能定位和不同类型、不同层次、不同专业的需求以及不同学习者的学习状况，课程和教材必须根据学生的基础和专业特点来“量身定做”，而不是所有的专业都开设某种课程、不同基础的学生都使用同样的教材。

先说课程的开设和要求。如文秘专业与烹饪专业，语文课程都要开设，但是要求肯定不一样，文秘专业的语文课程要求肯定高于烹饪专业，特别是这门课程里的文言文与写作要求，相差就更大一点。文秘专业的英语课程要求也肯定高于烹饪专业。烹饪专业学生只要掌握简单的日常英语用语，知道菜肴的英文说法；而文秘专业学生就要达到相当于大学英语四级水平。对这两个专业来说，数学课程似乎都没有开设的必要，烹饪专业有门课程叫做“成本核算”，所以该专业的学生就可以通过学习“成本核算”来掌握菜肴的恰当定价。计算机课程，这两个专业都要开设，但要求就如同语文和英语两门课程。文秘专业学生要能够较熟练地使用各种常见的计算机程序和软件，中英文录入速度和准确率要达到一定要求；而烹饪专业学生，只要会中英文录入，会使用互联网就可以了。再比如计算机专业网络技术方向，B层次的学生，应该学习微机基础与文字处理、数据库技术、计算机语言、微机原理及应用、计算机网络基础、网络管理技术；而A层次的学生，除了学习以上课程外，还应该学习网页设计、网站建设与维护、网络安全、常见操作系统、C语言程序设计、Linux等；C层次的，学习一下微机基础与文字处理、数据库技术、计算机网络基础，特别是学会中英文录入、学会上网查找和下载资料的方法等即可。

再说教材。还是以文秘专业与烹饪专业为例。对于语文课程，文秘专业除了使用人教版或苏教版语文教材，还可以有写作教材、语文读本等，而烹饪专业只要语文教材。同样是语文课程，文秘专业所学篇目肯定要多于烹饪专业，不管是文言文还是现代文。如果是校本教材，烹饪专业不妨选录一些介绍美食的文章——现代的、古代的。英语课程，文秘专业的学生要学完人教版或苏教版的一套英语教材，而烹饪专业学生可以用《常用英语会话800句》或者自编的校本教材，如《常见菜肴的英汉对译》等。要鼓励学校根据专业和学生基础，编写校本教材。专业课教材，A层次的学生，除了学习中职的，还可以把高职高专的教材内容穿插进来，加大难度，让这些学生吃得饱；B层次的就单采用中职的即可；C层次的则需在中职的难度上还要降低一点，使他们能够消化得了。

从学生学习基础的实际出发，实施分层教学，课程和教材都“量身定做”，就能够使各种层次的学生听得懂、学得进、学得会，今后用得上，都能够有获得成功的体验，也不会再有一到上课就睡觉，见到课本就难以忍受的情况。教师也不再会“教不会”“管不住”，陷入无尽的苦恼。文化课要实施分层教学，那么，专业课也应该实施分层教学。

（发表于《苏州教育研究与实践》2009年第3期）

参考文献：

[1] 陈强．就业率何以三年连续达100%［N］．中国教育报，2008-7-3.

[2] 江苏省职业教育课程改革行动计划.

职业中学实施分级教育和分层教学的思考

一、实施分级教育、分层教学的现实要求

近几年，职业中学都实行敞门入学，即学生入学没有分数限制，只要自己想要来职业中学就读；甚至自己不想读书了，职业学校动员学生来读书，所以中考成绩几十分的都能进入职业学校就读。同时，为了保证规模和承担退伍军人、农民工、下岗工人的培训工作，目前职业学校的招生没有学历限制。

职业教育的人才供给有两类：一类为增量供给，指的是初中或高中阶段毕业的处于学龄阶段的学生，经过培养后成为新职业人；另一类为变量供给，指的是有教育需求的社会劳动者，对这类人群加以培养，可有效缓解结构性失业或摩擦性失业。从工作技能发展的角度看，我国已经建立了国家职业资格制度，国家职业资格分为5级，自低到高依次为5级、4级、3级、2级、1级，分别对应于初级工、中级工、高级工、技师和高级技师。从工作职位发展的角度看，现代企业或社会组织在职位设置上也具有比较典型的层次规律和分级特征，或者按照技能水平的高低，或者按照管理责任的大小，或者按照管理和技术技能要求的相融合。

因此，从我国国情出发，从现有的职业中学学生的学情出发，职业中学亟须采用分级教育和分层教学。

二、分级教育

现代化建设对于技能型人才需求的层次性、专业性和发展性，构成了职业教育分级的客观基础。职业教育应当按照职业活动规律和职业能力要求来建立层次结构和教育标准，以培养人的职业胜任能力为重点。根据社会分工的复杂性和用人结构的层次性对职业人才应当具备的职业素养、技能水平和文化知识的具体要求，职业中学一般应该培养初级工、中级工、高级工，暂且设定为1级、2级和3级。

1级和2级属“基础性职业教育”，培养具有一定技能水平的初、中级劳动者，对应的是初级工、中级工。职业教育1级主要为义务教育阶段之后的职业准

备教育，目的是帮助社会新增劳动力达到基本的职业资格准入条件，培养具有必要的职业素养和基本技能的初级劳动者，可以从事非技术类岗位或简单技能型岗位工作。职业中学 40％的学生属于这类对象。他们的学习习惯和行为习惯一般都较差，中考成绩一般在后 20％、处于当地中考平均总分的 55％以下，基本上各门课程都是不及格，中考成绩有属于个位数的科目，甚至这样的科目占总科目的一半以上。对他们进行的文化课教育和专业理论教育已经无法正常开展，只能进行简单的技能培训和必要的职业素养教育。学制可以是两年，甚至是一年，即只要他们初级工技能考核合格，就可以到企业工作。对于其中少部分学有余力，能够接受 2 级教育的，则继续在学校学习。

职业教育 2 级相当于现行制度下的中等职业教育，主要为生产、服务一线培养具有一定职业素养和技能水平的中级劳动者，可以从事一般技能型岗位工作。职业中学又有约 40％的学生属于这类对象。他们的学习习惯和行为习惯不够好，中考成绩一般在后 35％到后 20％之间、处于当地中考平均总分的 80％以下，他们有多门课程不及格，对于学习职业中学的文化课和专业理论，大部分有一定基础。对他们就要按照中级工的要求，进行正常的文化课教学、专业理论教学和较高水准的技能培训。学制一般就是三年，其中一年为顶岗实习，强化技能。对于部分学有余力，能够接受 3 级教育的，则在在校学习的第二年就要有意识地进行 3 级教育。

职业教育 3 级属“提高性职业教育”，对应的是高级工，即培养实用型、应用性、具有较好职业素养和一定管理能力的技能型劳动者，可以从事一般复杂程度的技能型岗位和辅助管理岗位工作。职业中学约 20％的学生属于这类对象。他们的学习习惯和行为习惯尚好，中考成绩一般在后 50％到后 35％之间、处于在当地中考平均总分上下。对于学习职业中学的文化课、专业理论和技能，大部分有较好的基础。对他们就要按照高级工的要求，进行正常的文化课教学、专业理论教学和高水准的技能培训。学制一般就是三年，其中一年为顶岗实习，强化技能。对于部分学有余力，能够接受高等职业教育的，则要有意识的引导他们强化文化课、专业理论课学习，为将来接受高等教育和 4 级、5 级教育打下基础。

在教育模式上，职业中学要根据学生的知识、能力基础，按照 1 级到 3 级这三个不同级别培养目标（标准）设计教学方案，以模块化教学和学分制管理为特点，形成柔性化人才培养模式；同时，还要为学生提供职业生涯全过程指导。

三、实施实施分层教学、学分制的设想

实施分层教学、学分制，本已经是老问题了。2000 年江苏省就出台了《江苏省职业学校试行学分制的原则意见》。2005 年的《关于在职业学校进一步推行学分制的若干意见》指出：“积极实施分层教学，适应不同学生的学习需求。实行学分制的学校应积极实施分层教学，将难以达到统一要求的文化基础课和少数专业课分层次进行教学和考核。将实践课分为多个层次，鼓励学生掌握更多、更高的技能。”但是，2005 年前后，因为初中毕业生较多，江苏省中等职业教育发展处于高峰，教师紧张，教室也紧张，所以，实施学分制、广泛开设选修课因为没有教师而实际处于停滞状态。《教育规划纲要》指出：“注重因材施教。关注学生不同特点和个性差异，发展每一个学生的优势潜能。推进分层教学、走班制、学分制、导师制等教学管理制度改革。”这两年生源减少，职业院校招生数量不足，教师不再紧张，甚至出现富余，学生基础参差不齐，实施学分制和选修课的条件具备。

虽然是老问题，但是，在操作层面上，笔者还想赘述一下。

学校要根据学生的中考数学成绩，结合教材、专业和学生学习的可能性，在充分尊重学生、理解学生的前提下，按照“教学大纲”所要达到的教学要求，将一个班的学生分成 ABC 三类，A 代表基础好的，B 代表基础一般的，C 代表基础较差的。不同的层次应该有不同的学习目标，有不同的教学要求，有不同的教学内容。A 层次的教学要求应该高一些，难度大一点，内容丰富一些，可以参照江苏省普通高校单独招生考试的要求和难度；C 层次的教学要求应该低一些，难度也低一点，内容尽可能少一些，略高于初中二、三年级的教学要求和难度；B 层次的教学要求、难度、内容应该介于 A 和 C 之间。

如数学，80%以上的学生基础差，感到头疼，他们在数学上所产生的挫败感强烈，由此产生的畏惧和厌学情绪也普遍比较严重。学校就要针对这个实际，实施分层教学。同样一个教学内容，C 类学生以了解、会运算为目标，B 类学生在此基础上还要会应用，A 类学生要会解应用题进行综合运用。同时，要依照学生的发展情况，鼓励各层次之间的学生进行流动。这样，通过实施分层教学、因材施教，通过数学故事、学生参与数学游戏，调动学生学习数学课的积极性、主动性，提高学生学习数学的兴趣，让每个学生都在原有的水平上，数学能力有所提高，逐步缩小学

生之间的差距，提高全体学生的素质，这才是我们想要的理想结果。

《中等职业教育改革创新行动计划（2010－2012年）》指出："以提高学生综合职业能力和服务终身发展为目标，贴近岗位实际工作过程，对接职业标准，更新课程内容、调整课程结构、创新教学方式，构建适应经济社会发展要求、有利于和高等职业教育、继续教育相衔接的课程体系。"要根据学生专业学习的需要，整合教学内容，彰显专业特色。要大刀阔斧地重整现有教材，对课程进行改革，建设校本教材，使教材和教法适合学生基础。比如数学，要按照专业特点教授数学基础知识。将现行的教材内容划分为"基础知识＋选修知识＋延伸知识"。基础知识是高中阶段学生必须要掌握的基础类数学知识，是所有专业都要学习的内容，这部分内容难度不必过大，对知识点学习也不必太深入，需要学生掌握的是最基本的内容，让绝大部分学生能学得会，用得上；选修知识就是根据不同专业的特点和要求，在基础知识的基础上有所侧重，要求不同专业的学生深入学习和应用。一年级可以以初中内容复习提高为主，二年级可以设置专业模块进行教学。具体到专业，机械机电专业，需要对立体几何、平面向量、解析几何、三角函数的图像和性质有所侧重；电子电工专业侧重于三角函数和复数内容；财会专业对排列、组合、统计、数列有所侧重；而计算机专业，则对集合、数列、矩阵等要深入学习；旅游和烹饪专业则对利润计算和最优化规划有要求。最后还有一部分延伸知识则是适用于有参加普通高校对口高考需要的学生，他们有继续学习的需求，需要在前面两块知识的基础上有更深层次的学习。如此，根据不同的专业特色，对教学内容进行有效的筛选和重组，能够更好地为专业服务，具有更好的针对性和实效性。

事实证明，职业学校的学生，只有真正对课程感兴趣，觉得所学内容有用，才会用心去学，并获得优异的成绩，幸福自信地走出校门。实行分层教学和学分制，推行选修课、文化课与专业学习相结合，可以使学生上课不再睡觉，不再难以忍受，而且还都有所提高。在实行分层教学、学分制和选修课的同时，要根据专业培养目标，改革我们的教法，改革我们的评价方法、考试方法，实行多元评价。实施分层教学、学分制，推行选修课，难度虽然大，开始时问题也会一大堆，但是，为了实现我们职业教育的目标，为了职业学校的每一个学生都成人、成才，这样做是值得的。

（发表于《教师教育研究》2011年第5期）

参考文献：

[1] 翟帆. 北京试水职业教育分级制改革 [N]. 中国教育报，2011-9-17.

[2] 中等职业教育改革创新行动计划（2010－2012 年）.

[3] 中等职业教育对学生文化知识水平和学习能力要求的研究（教育部职业教育“十一五”专项研究课题）.

[4] 江苏省职业学校试行学分制的原则意见.

[5] 于在职业学校进一步推行学分制的若干意见.

[6] 国家中长期教育改革和发展规划纲要（2010—2020 年）.

“通用技术”纳入高中课程以后

2010 年秋季，重庆将正式启动普通高中新课程。据悉，新课改的一个显著变化就是在普通高中引入一门全新课程——“通用技术”，课程教学内容包括修马桶、做凳子、换灯泡等生活常用技能，并且是会考科目，任何学生都不得免考。有媒体对此纷纷叫好，说这是“生动的教育进步”。

其实，普通高中引入的“通用技术”不是一门全新的课程，因为几年前，新课改的学校就已经开设过该门课程；而且，当初也是好评如潮，报道说普通高中真正抓素质教育了，而不是拼命追求升学率了。但是，一个学期，甚至仅一个月之后，就无声无息了，因为这些地方的“通用技术”已被高考科目取代了，有的还写在课表上，以应付上级检查；有的在课表里也销声匿迹了，上级检查发现后，也睁只眼闭只眼，知道大家都是为了高考升学率。

从新课程实施几年来的情况看，高中阶段的一年级新生都开始学习新课程的教材，包括“通用技术”，但是，相当部分，甚至是绝大多数学校走的依然是应试教育老路。我们在每年的六月底，都可以听到这样的消息：某高中在今年的高考中，取得突出成绩，达到本科线的人数创了历史新高，在地区高中中也名列前茅，受到地方政府和教育行政部门的表彰。

2005 年，某省高中实施新课程。在秋季开学前，高中学校的校长和分管教学的副校长、教导主任都参加了省级的新课程教材的学习、培训，其他教学骨干参加了市级培训，应该都掌握或至少是了解了新课程理念、新课程教材的使用要求及 2008 年的高考要求。第一个月应该是活学活用最有效的，但是，他们第一个月的教学工作，无论从哪个角度来说，都与新课程理念无关，与新课改无关，而与应试教育有关。所以，若以为使用了新课程的教材，把“通用技术”纳入了会考科目，就是落实了素质教育、走上了新课改之路，就是“生动的教育进步”，那就太天真了。

要想不出现旧瓶装新酒、使用新课程教材而走应试教育老路的现象，真正要做的事还很多，要走的路还很长。而最主要的，就是要改变地方政府、社会和教育行政主管部门现行的对学校的考核和评价制度，其次是要改变人们根深蒂固的错误成才观，再次是改变校长和教师的绩效观。

所以，现在我们也且慢为重庆“换灯泡纳入考试”叫好，等到重庆坚持了一年之后再来叫好也不迟。

（发表于《光明日报》2010年1月21日）

创新与效果都要兼顾

新课改开始后，教师在教学上不断求创新，教学方式不断推陈出新。但是，有的教师在追求创新的时候，却忘记或忽视教学效果。为新而新，只顾以新来吸引眼球。

近日，在我省某四星级职业学校听了一节语文示范课。该课的课题是《鸿门宴》，是第二教时。教师设计了一张棋盘，将项羽、刘邦双方的人员设计成棋盘的棋子。随着情节的变化，棋子在变化，即人物在活动、位置在变化。教师根据人物所代表的不同阵营和身份，用了不同的颜色，很醒目。另外，该教师还播放了有关樊哙闯帐的电影片段，将这片段与文本对比。所以，这节课形式较新颖，有一定的创新性。但是，存在的问题也很明显。

节选自《史记·项羽本纪》的《鸿门宴》，历来是传统名篇，文章比较长，有2 000多字。中学生一怕周树人，二怕写作文，三怕文言文。本文的文言文学习知识点多，重点、难点多。像这样长的文言文，叫四星级普通高中的学生学会、学好，起码得3个课时。根据笔者在普通高中工作过的经验，3个课时80%的时间都要用在疏通和翻译上。花了3个课时疏通和翻译后，可能还要花一节课做课堂练习，来检测和巩固学习效果。学生能够翻译这篇课文，对情节就较容易掌握。反过来，倒并不成立。即学生对情节即使有所了解，但并不一定能掌握重点、突破难点，真正学好。

所以，四星级普通高中的学生要学好《鸿门宴》，起码得3个课时。而对语文学习基础普遍较差的职业中学学生，第2课时就进行情节分析，而不是疏通和翻译，怎么可能真正学会、学好？怎么可能有好的教学效果呢？

教育部鲁昕副部长在2010年4月指出，中职要加强文化课教学，为学生专业学习和终身学习服务。教学需要创新。但不能顾了创新，而不顾教学效果。创新是形式，形式要为内容服务，为教学效果实现最大值服务。不能兼顾好教学效果、不能为学生专业学习和终身学习服务、只顾吸引眼球讲创新的教学是没有用的。

（写于2010年）

深化改革，消除中职学生上课睡觉现象

少数中职学生一上一些课，比如数学、英语、物理、化学以及理工科类的专业理论课，就趴在桌子上不看书，不听课，甚至睡着了。这种现象在中职学校，可能是司空见惯。有的学校在发现了这种现象后，把板子都打在教师身上——扣任课教师的考核分，即扣任课教师的考核奖、绩效工资。笔者以为，职业教育面对的学生有特殊性，少数中职学生上课睡觉的原因有七个方面，即社会的传统意识、招生制度、初中学校、任课教师、学生、中职学校的管理制度和不切合实际的教材。必须大力宣传职业教育的作用和发展成果，必须深化改革职业教育，减少并逐步消除中职学生上课睡觉的现象。

一、改变社会的传统意识

重脑力劳动轻体力劳动，重理论知识轻实践技能，重学历文凭轻实际能力，是我们的传统。在此影响下，社会的某些层面和许多家长仍不能正确看待职业教育，家长仍希望孩子通过考高中、上大学，进机关、当白领，拥有干部身份。这也可以说是社会的“主流意识”。这样的“主流意识”消极作用很大，不利于大力发展职业教育。我们必须大力宣传党和政府关于大力发展职业教育的一系列方针、政策，宣传职业教育在社会和经济建设发展中的重大作用及其成果，宣传优秀的职业院校毕业生的事迹，逐步改变人们的传统观念，从而正确认识职业教育的作用，支持职业教育。

二、改革目前的招生制度

就当前而言，职业学校的招生都排在最后批次，所以主要就招收在“一考定终身”的选拔考试中被淘汰的学生。一个班级学生的中考成绩相差400多分，一门功课成绩也要相差60多分；500多分的和100多分的，都来接受中等职业教育——上同样的课，学同样的技术，肯定就有学不会的。这一情况，在全国范围内，可以说是普遍存在的。要改变这种现状，必须彻底改革我们现有的招生制度，不能让职业院校成为招生的最后批次，要“重视发展优质的中等职业教育，不能让中等职业教育成为失败者聚集的地方”。[1]

三、消除初中的“隐性辍学”现象

由于相当多的初中学校追求升学率，学业负担加重，一些学生对学习没有激情，把学习当成了任务和负担，怕困难。升学率驱使老师把精力主要用在好学生身上，忽视了对成绩中下等学生的教育和管理，导致一种教育“冷暴力”在一些学校蔓延，进一步加剧了学生的厌学情绪。所以出现了“隐性辍学”的现象。一些学生，他们心思不在学校、不在课堂，不重视学习，混日子，仅将学校生活当成必须完成的一个阶段。在普及高中段教育的地区，进入中职学校的学生，70%以上属于“隐性辍学”的学生，他们不仅学习文化课、专业理论课有困难，而且学习技能也有困难。要让进入中职学校的70%以上的学生不属于“隐性辍学”，必须在初中教育阶段彻底消除“隐性辍学”现象，彻底改变以升学率论英雄、以升学率作为评价学校质量唯一标准的做法。

四、职业学校教师管理要到位

因为进入中职学校的学生“隐性辍学”的多，因而问题青少年多，任课教师管理起来难度大。因为管理的效果往往很不明显、一个班级问题学生多而管不过来、而且可能会因管理惹上麻烦甚至杀身之祸（此类报道不少），所以很多教师职业倦怠感强，产生怕管、得过且过的思想。教师要爱岗敬业、履行职责，既要教书又要育人，这是不能推卸的责任，不能因为学生难管以及会因管理惹上麻烦，就放弃管理的责任，无视问题学生上课睡觉的现象。要多与学生交朋友，交流沟通，多做耐心细致的工作，提高管理效果。

五、让学生确立明确的目标

受传统意识、招生制度和初中学校拼命追求升学率的影响，进入中职学校的

---

[1] 严隽琪．职业教育应从两端努力［N］．人民日报，2010.5.

基本都是“一考定终身”的选拔考试中被淘汰的学生，他们中的绝大多数，行为习惯差，学习成绩差，甚至思想品德较差，到了中职学校，产生了混日子的思想，没有了明确的人生目标，或者说是没有人生规划，也就没有进取的动力；作业不做，甚至都懒得抄，连“做一天和尚撞一天钟”都不够格。所以，上课不听讲、睡觉、讲话甚至捣乱是家常便饭。我们要结合就业创业教育、职业道德教育和职业生涯规划教育，大力宣传职业学校优秀毕业生的事迹，请优秀毕业生和企业管理人员到学校宣讲，让学生明确就业需要的条件，确立科学的人生观、价值观、世界观，确立人生目标，做好职业生涯规划。

六、加强中职学校制度的执行力

现在的许多中职学校没有真正实行学分制、弹性学制，学生学好学差都能够毕业，没有留级的和不毕业的。因为，有此一说，即衡量中职学校质量的核心是学生的技能水平。再则，近两年来，技能竞赛被摆到了至高无上的位置。所以，中职学校就出现了只抓技能、忽视甚至放弃思想政治课、公共文化课、专业理论课教学的情况，学生只要拿到中级工、甚至初级工证书就可以毕业，思想品德是好是坏、文化知识和专业理论学好学坏都无所谓（只要不被拘留），考试、考查成绩是个位数、甚至零分也能够毕业。所以，学生一上文化基础课和专业理论课就无精打采甚至睡觉。2010 年 7 月，北京广播电视大学进行期末考试，有关教学点发生的数百名学生集体舞弊、监考教师熟视无睹事件被曝光。这起事件所反映的问题根源，实际上在职业学校也有。他们只是注重“进口”和“出口”的数量，而不重视质量，或者是技能水平当做质量的全部。这样做，看似以数量提高了竞争力，实际上是人为降低了教育的标准，是破坏文凭含金量的饮鸩止渴的做法。提高质量是今后很长一个时期教育的核心。职业学校也应该而且必须把提高质量作为核心。就要加强制度的执行力，根据学生实际，分层教学，真正实行学分制、弹性学制，把好“出口关”。

七、改革教材

现在中职学校的教材，虽说已经进行过修订，但是仍然存在着专业课教材陈旧、文化课教材偏难的情况。这主要是因为编写教材的不都是一线的教师，而相当多的是坐在象牙塔里的专家。专业课教材内容陈旧，不能反映新技术、新工艺、新设备，不能适应用人单位的需要；学生没有学习的兴趣；职业学校学生中的绝大多数在义务教育阶段就没有学好文化课，而现在职业教育的教材又偏难，学生本身没有学习的基础，就学不会，也就没有兴趣。必须改变目前的教材所存在的问题，使专业课教材能反映新技术、新工艺、新设备，能适应用人单位的需要；文化课教材能适合学生的学习基础，能激发学生的学习兴趣，能为学习专业服务。

(2010 年)

重视母语教育，从汉字书写抓起

关于汉字书写、母语受重视程度的调查，2010 年下半年，许多媒体和机构都进行过。中国青年报社会调查中心对 3 269 人进行的一项民意调查显示，80.8%的人确认我们当前存在汉语应用能力的危机。在一次研讨会上，中国人民大学文学院副院长对当前大学生汉语应用能力表示担忧。光明网开展了一项关于手写汉字的网友调查，结果表明，汉字手写的现状不容乐观。85.20%的被调查者认为，全民汉字书写水平在下降。高达 96.4%的被调查者认为，“书法是中华民族的传统艺术瑰宝，决不能放弃”。《光明日报》由此在 2010 年 11 月 23 日发表了题为《拯救我们的汉字书写》的文章，并展开相关讨论。不可否认，外语热、网络表达方式受推崇在一定程度上冲击着人民对母语的尊崇和使用。不少人将其归咎于电脑、手机的广泛使用、学校书法教育的薄弱等等。但引人思考的应该更多。而只有重视母语教育，才能提高汉语的应用能力。重视母语教育，又要从重视汉字书写抓起。

对外语和母语的态度，在这 40 年中，中国是从一个极端走向另一个极端。“文革”中把学好外语当做崇洋媚外，甚至把外语好的人说成是里通外国。而改革开放后，随着中国对外开放的深入和交流的扩大，引进先进设备和合资、合作企业的增加，外语的重要性越来越明显，学好外语成为大家的共识。所以，全民学英语成了热流，英语考级成了热门，出国留学成了热潮。更有从小学，甚至从幼儿园开始的“双语教学”，而母语却似乎成了丑媳妇，或者说是边角料，可有可无。正因为如此，相当多的学生，不管是大学生还是中学生，提笔忘字，写不出一篇像样的汉语文章，几百字的文章中能轻易地找到几个甚至几十个错别字。至于病句等也可发现不少的现象已是司空见惯。甚至硕士研究生的论文中也有许多错别字，当然论文写得不像论文的也不是稀奇事。

9 年前，对大学生毕业需要英语 4 级而对母语不作要求的现象，全国人大常委会副委员长许嘉璐就很有感慨，他说，英语考试有 4 级、6 级、8 级，而汉语没有考级，“提高全民族的整体素质，很重要的一项就是提高全民族运用自己母语的水平。因为语言、文字是维系人心的重要东西”。“现在我们的整体的语文水平亟待提高”，“否则对国家的发展，整体民族素质的提高，以至对我们的经济建设都会产生非常大的阻力”。许嘉璐并非杞人忧天，9 年来，学生运用母语的水平和能力下降，不规范的网络语言冲击着规范的汉语等事实就充分说明了这一点。2008 年不是还有汉语竞赛中中国大学生代表队败给留学生代表队的事吗？重视母语教育，已经是刻不容缓。

重视母语教育，又要从抓汉字的书写做起。汉字承载着历史记忆。汉字承载着我们民族的历史、文化与气质，它是五千年中华文明最直接的传承者。书写汉字是感受中华文明和艺术精神的通道。就个体而言，更是直接体现着个人的才情性格、传递着个人的思想情感，使他人读后如见其人，心生温暖。但是，现在的汉字书写面临断流的危机。我们在焦虑：决不放弃书法这门艺术的文化情感能否改变“全民汉字书写水平在下降”的事实？许多学生只是把书写作为完成作业的一种形式，根本不考虑汉字写得是否规范，是否好看。而我们的各种考试，对书写规范、工整的要求没有很好地执行，甚至根本没有执行。更有甚者，大学录取师范生和对入职教师的考核，都没有注重汉字书写，即汉字写一般，甚至很差的，也成为教师。教师的钢笔字、粉笔字只相当于小学生水平，还要写错别字，对学生的负面影响是很大的，而且是长久的。

汉字的结构形态很复杂，而且许多汉字是一字多体（篆隶草行楷），要想把字写好，必须专心，必须细致。无形之中，培养了做事追求完美的态度，培养了认真的习惯。正如郭沫若 1962 年 8 月为《人民教育》题词所说的那样：“培养中小学生写好字，不一定要人人都成为书法家，总要把字写得合乎规格，比较端正、干净，容易认。这样养成习惯有好处，能够使人细心，容易集中意志，善于体贴人。草草了事，粗枝大叶，独行专断，是容易误事的。练习写字可以逐渐免除这些毛病。”

拯救汉字书写，最切实际的可行路径是从基础教育入手。如果不能接上中、小学习字教育的“地气”，提高全民的汉字书写水平只能是良好的愿望。小学应设立写字课，中学、大学也要有相应的课程和要求。教师和家长都要把书写作为对学生的一个要求。尤其要抓好提高教师的粉笔字、钢笔字书写水准。没有过硬的教师，一切都是空的。师范院校要认识到，对师范生而言，练好汉字是一种不可或缺的专业基本功，将来要在课堂上唤起学生的共鸣，工整、漂亮的粉笔板书必不可少。对已经工作的教师，学校和教育行政部门，要经常开展粉笔字、钢笔字比赛，督促教师不断提高水准。一代代少年儿童在基础教育阶段受到训练之后，就会影响他们一生对书写审美的追求。推而广之，也就成为一种社会风气。果能如此，作为中华文化的一部分，汉字书写就不再只是一门技艺而是广大人民的习惯，不再只是学校里的课程而与国人的日常审美紧密相连。汉字书写水准的提高，汉语的应用能力也会得到相应提高。

（写于2011年秋）

提升职教科研水平，为办好职教提供理论支撑和智力支持

有人说，职业教育只要抓好技能就好了，教育科研可有可无。事实上，教育科研对职业教育而言尤为重要。教育科研是生产力，是提高教育教学质量的第一生产力。专业与课程要不断提高与市场需求的吻合度，必须根据市场的需求不断调整和变化；职业学校的专业设置与论证、课程改革、教学内容更新、教育教学研究、师资队伍建设等都要依靠教育科研来推进。

一、科研引领，不断提高专业、课程与市场需求的吻合度

职业教育是民生工程。职业教育又与经济发展的关联度最为密切。职业教育要发展，必须紧跟经济发展、企业发展和社会发展的需要，为经济、社会发展服务，并进而能够引领经济发展。有吸引力的职业教育依靠品牌的专业；教育科研引领专业品牌。发达国家发展的历史经验告诉我们，随着社会经济发展，今后人才需求增长最快的部分是中高端制造业生产、管理一线的技术人员，第三产业尤其是高端服务业的技术应用人才以及可以将知识创新成果应用于工程、生产第一线并能够进行技术创新、工艺创新、生产组织形式创新的高层次应用型人才。当前，我国产业正在进行转型升级，区域经济与产业结构迅速向技术密集型、知识密集型产业转化中，显然对技术应用型人才的需求日益走向多元化，对人才也提出了新要求。职业学校所设置的专业与市场需求的吻合度高，适应市场需求，就业率和就业质量均高的专业才是有生命力的专业，才能够创出品牌。要使职业学校所设置的专业与市场需求的吻合度高，就要落实科学发展观，落实“以服务为宗旨、以就业为导向”的方针，加强调研，科学研究，研究经济和社会改革、发

展的形势和走向，研究成果为科学决策服务。紧贴市场，围绕市场需求，科学地设置专业特别是骨干专业，优化传统的优势专业，加快发展新兴专业，加快调整落后专业。调查研究的视野要宽，要有科学的眼光和发展的眼光，要充分结合地方经济与社会发展的形势，结合省和国家的中长期规划，结合国外形势，从劳动力市场和职业岗位分析入手，从多方面、多角度进行，对调查得到的数据要进行科学的分析，对设置的专业进行科学的论证。同时，要请行业专家、企业工程师、技术员参与教学计划修订，仔细分析当地的经济社会发展状况和趋势，分析劳动力市场变化的情况，分析新的经济增长点、人才的需求，在广泛调查的基础上进行专业调整，使专业设置及教学计划按照企业和社会人才培养要求去制定。要杜绝不调查、不研究、不论证、拍脑袋设置专业的现象，还要杜绝短命专业。

二、科研引领，不断提高职业学校的素质教育成果

教育科研是引领职业学校素质教育、实现教育创新的有效方法。就业市场呼唤具有职业素养的职业学校毕业生，要求职业学校毕业生的职业素养、职业人格与企业文化高度吻合高，能够顺应企业文化的要求。企业文化的核心组成包括责任意识、规范意识、服务意识、沟通意识、团队意识和创新意识六个方面。天津职业大学曾邀请在天津的世界500强企业就学生就业的10个问题做个排行，结果显示，学生的外语、技能分别排在第四、第六位，排在前三位的分别是团队精神、工作态度、沟通能力。产业的转型与升级、技术的创新、高端技术的出现，对技能型人才综合素质的培养提出了更高标准。职业学校要让培养的学生有业就、就好业，就要坚持科学发展观，就要着眼于学生的长远发展，为职校生的终身发展奠基。具体落实到要认真科学地研究如何在注重对学生的技能培养同时，还要关注他们遵章守纪、爱岗敬业、辛勤劳动的传统美德和终身学习、岗位成才的远大志向和能力培养，研究如何树立面向职业教育的素质教育观，科学育人，促进学生的全面发展，提升职业教育人才的人文修养和社会责任感；认真科学地探索和研究如何让职业教育与社会需求同步，把企业所需求的职业素养教育前置到学校，抓好以职业素养教育为核心的素质教育，给学生埋下了一辈子发展的种子，达成“家长放心、老师省心、学生开心”的多赢局面，不断提高职业学校素质教育的成果。

三、科研引领，不断提高职业学校的师资建设水平

职业教育的又好又快发展，少不了一支数量充足、业务精良、结构合理的教

师队伍。教师的教育科研能力和水平是其专业化水平的重要标志之一，提高教师教育科研的能力和水平是教育科研的重要目标。要提升职业学校教师专业水平和整体素质，应该造就一批职业教育教学名师、专业（学科）带头人，培养一批职业教育家，这些都离不开教育科研的助推。大量的事实说明，开展教育科研，是促进教师专业化发展、提升专业水平的重要途径。教育科研与课堂教学，是一个人成长的两翼，任何一翼都不能折断。而教育科研还能够促进课堂教学。因此，要加快青年教师的成长，必须既重视课堂教学，又重视教育科研。钱伟长曾经说过："你不教课，就不是教师；你不搞科研，就不是好教师。教学是必要的要求，而不是充分的要求，充分的要求是科研。""搞科研可以帮助教师扩大眼界，晓得当代这个专业在发展中所存在的问题，丰富这个学科的内容，使之不断地往前发展。""教学如果没有科研做底蕴，就是一种没有观点的教育，没有灵魂的教育。"全国知名的职业学校，都拥有一批能够支撑起品牌专业的科研能力强、教学水平高的领军人才。相反，一些没有特色、发展困难、最终在调整中被整合掉的职业学校，关键就是因为师资建设水平低，这又主要表现在教师的科研能力低；科研能力低又决定了教学水平低、专业建设水平低。教师只有在研究中获得知识、经验和能力，只有这样，教学能力才能得到大的提高。所以，职业院校要建设一支数量充足、业务精良、结构合理的教师队伍，必须重视教育科研，必须"引导教师走上从事研究这条幸福的道路上来"。具体要以课题研究为载体，以课堂教学为依托，以教育教学理论为支撑，以教学效果为落脚点，以提高教师专业水平为目的，扎实加强教育科研工作。

四、科研引领，不断提高应用技术研究和校企合作的水平

科研密切校企合作，助推企业发展。长期以来，大多数中小企业重生产轻科研，因而不能掌握核心技术。职业学校可以依靠自己优秀的师资力量，和企业成立研发中心，缓解企业技术人才少、水平低、创新能力弱的问题。无论是江苏省无锡商业职业技术学院，还是浙江省金华职业技术学院，许多校企合作显露亮点的职业院校，都对学校发展、当地经济社会发展趋势和要求进行了深入的科学研究，与企业开展深度合作，构建利益共同体，使校企合作发展有了新的平台，能够发挥各自的优势；专兼职教师将区域产业发展特征、校企优势资源、专业自身优势和课程培养目标等要素进行有效对接，以企业元素为核心开发课程，合作编写实践教材；联合对企业存在的技术和管理难题进行攻关，并将这些研究项目经

过教学化改造后用于课程教学；实现了产学研一体化，一起研究新工艺、开发新产品，从而推动企业发展，锻炼教师的研发能力，把教学与生产、新产品研发以及新技术、新工艺的推广和应用有机结合；产学研一体还是保证职业学校教师队伍双师素质、市场价值可持续发展的最佳途径。所以，重视教育科研，校企深度合作，可以实现学校和企业的双赢，优势互补、利益倍增，并进而实现政府、企业、行业、学校、学生的多赢。

总之，职业教育要增强吸引力，提高质量和效益，实现又好又快发展，离不开教育科研。职业教育科研担负着重要的使命，我们要努力提升职教科研水平，为办好中国特色、世界水准的职教提供理论支撑和智力支持。

（发表于《河南教育》2012 年第 1 期）

参考文献：

[1] 钱伟长. 论教学与科研的关系 [J]. 群言，2005-10.

[2] 翟帆，李丹. 以教育科研推动职教科学发展 [N]. 中国教育报，2011-6-29.

第四辑　师资建设

百年大计，教育为本；教育大计，教师为本。教师是教育的第一资源，是学校发展的决定性因素。一流的职业教育需要一流的教师。职业教育要又好又快地发展，必须建设一支师德高尚、数量充足、业务精湛、结构合理、充满活力的教师队伍。师资建设，特别是“双师型”建设，是加强职业学校基础能力建设的重要内容。一方面要加强教师职业理想和职业道德教育，增强广大教师教书育人的责任感和使命感。教师要关爱学生、严谨笃学、淡泊名利、自尊自律，以人格魅力和学识魅力教育感染学生，做学生健康成长的指导者和引路人。另一方面，教师要不断学习理论，参加校本培训和继续教育，开展教育科研，下企业顶岗实习，不断丰富业务、理论知识，提高业务水平。教师要有成长的主动性即内在驱动，要主动成长为既能述又能作的有魅力的教师。同时，学校和教育行政部门对教师要有科学的评价体系（标准），创设条件，打造平台，鼓励教师脱颖而出，成为教育教学骨干、“双师型”教师、教学名师和学科领军人才。当然，要认真对待选派教师培训，提高培训的效果。要加强对暑期教师顶岗实习的考核，明确补贴标准，以达到预期目标。

目前，我国职业学校的教师编制不足，特别是技能指导教师严重不足；职称评聘标准过高，脱离实际。这与我国的教师编制由人事部门（编制办）决定及财政负担有关，也与相关政策制定者对职业教育特征不熟悉有关。要保证职业教育又好又快发展，保证职业学校培养出的都是文化和技能双过硬的人才，激励教师成长，相关部门必须创新工作思路、转变工作作风、制定科学的编制标准和职称评聘标准，保证职业学校的师资配备。

教育行政部门和学校都要关心每一个职校教师的工作和生活，特别是心理需求，为教师工作和成长提供必要的经济条件，创设宽松的工作环境和氛围，使教师能够幸福、快乐地工作。

为人师表，教人求真，不懈追求

——兼谈教师职业精神和教师成长

一、为人师表，教人求真，树立良好的教师职业精神

为人师表，是教育行政部门和学校对教师的要求，也是社会对教师的要求。2008年8月31日是胡锦涛总书记在全国优秀教师座谈会上发表重要讲话一周年。总书记对教师提出了四点希望和要求，即“爱岗敬业、关爱学生；刻苦钻研、严谨笃学；勇于创新、奋发进取；淡泊名利、志存高远”。北京师范大学的校训是：学为人师，行为世范。教师的职业特点决定了对他们的要求要高于普通群众、普通公民。陶行知先生说，“教师的任务是‘千教万教，教人求真’，学生的职务是‘千学万学，学做真人’”，“最重要的是教职员和学生共甘苦、共生活，共造校风，共守校规。我认为这是改进中学教育和一切学校教育的大关键”。

要教育好学生，共造良好的校风，建设和谐校园，让学生具有文明社会的基本素养，教职员必须时时记住：要学生守的守则，教职员也应躬亲共守。2008年抗震救灾中所涌现出来的一大批英雄教师，正是自觉践行了总书记的教导，充分表现了新时代教师应有的职业精神，是我们全中国1 400多万名教师的骄傲，我们要向你们致敬！

不可否认，在市场经济大潮中，一些教师因为自己的经济收入、生活水平不如诸如在党政机关、强权部门工作的同学而对教师职业感到没有前途，因而没有了信心，没有了精神，工作敷衍了事，得过且过。另外，大量的调查结果表明，在多个职业压力较高的职业中，教师职业是其中之一。职场竞争加剧，工作压力加大，不少中青年教师有职业倦怠感，工作中缺少一种激情。教师的职业倦怠，影响了学校的管理与教学效果，由此产生的负面影响，可能会波及学生的学习和身心健康。

只有追求职业的幸福，才会钟爱自己所从事的职业。追求职业的幸福，就要有精神追求；作为教师，就要有教师的职业精神。新时期，教师的职业精神是什么呢？笔者认为，新时期，教师的职业精神就是胡锦涛总书记所提出的“爱岗敬业、关爱学生；刻苦钻研、严谨笃学；勇于创新、奋发进取；淡泊名利、志存高

远”；就是像孔子所说的“学而不厌，诲人不倦”；就是像陶行知说的“带着一颗心来，不带半根草去”；就是抗震救灾中一大批英雄教师所表现出来的精神——在生死关头，舍生忘死，挺身而出，用自己的血肉之躯拼死保护学生的生命；就是用爱和责任为学生筑起生命长城，向世人展示为人师表的精神风貌和崇高的人性光辉；就是用鲜血和生命，践行人民教师的神圣职责，诠释人民教师的高尚师德，谱写人民教师的英雄赞歌；就是新修订后颁布的《中小学教师职业道德规范》所提出的六项要求……

二、志存高远，不懈追求，终身学习

百年大计，教育为本；教育大计，教师为本。教育要发展，要靠教师；学生要成长，要靠教师。教育是创造性的劳动，而不是机械性的简单的重复劳动。教育的对象千差万别，教育内容的不断变化，教师的劳动不可能千篇一律，教育时机的把握和教育矛盾、冲突的解决，需要教师作出正确、及时的判断，并采取相应的措施予以解决。教师不是传声筒，把书本的东西由口头传达出来；教师也不是照相机，把现实复呈出来；而是艺术家、创造者。教师要成为艺术家、创造者，就必须充实自己，多读书，不断充电，仅有一桶水就能受用终身的时代已经一去不复返了。教师是学生学习的解惑者和人生的引路人，教师读书是关系到教育成败的大事。教师不读书，何以传道、受业、解惑？教师不读书，何以引导学生认真读书，形成好的学风、校风；教师不读书，何以有健康丰富的心灵与生动活泼的心灵进行高质量的交流？

现在，我们许多教师沉迷于“声色”——每天沉迷于听流行音乐、上网看电视、玩游戏，却很少读书，阅读处于一个极次要的位置。有的教师只读教材和教参，几个月，甚至一年都不读一本教育理论或业务书籍，以其昏昏，何以使人昭昭？陶行知说：“学校教职员必须虚心，学而不厌。不但教师要学而不厌，就是职员也要学而不厌，因为既以生活为学校的中心，那么各种事务都要含有教育的意义。”“好学是传染的，一人好学，可以染起许多人好学。”一个好学的校长可以熏染教师好学；一个好学的教师可以熏染一群学生好学；反之，一个不好学的校长，带出的是一帮不好学的教师，又怎能教育出好学的学生呢？苏霍姆林斯基在《帕夫雷什中学》中也说过这样一段话：“集体的智力财富之源首先在于教师的个人阅读。真正的教师必是读书爱好者：这是我校集体生活的一条金科玉律，而且已成为传统。一种热爱书、尊重书、崇拜书的气氛，乃是学校和教育工作的实质所在。一所学校可能什么都齐全，但如果没有为人的全面发展和丰富精神生活而必备的书，或者如果大家不喜爱书籍，对书籍冷淡，那么，就不能称其为学校。”新修订后颁布的《中小学教师职业道德规范》第一次把“终身学习”作为一条要求载入。校长、教师、全体教职员学而不厌，才能让学生学而不厌。读书，不仅拓宽了教师的生命时空，也充盈了教师的教学时空。教师是天生的职业读书人、职业学习者，应当永远把读书作为人生的第一爱好，永远在书籍的世界旅行和生活。与书为伴，就能补钙，使我们站在巨人的肩膀上，聆听大师的声音，让书籍圣洁的光芒照亮我们的心灵之旅，时刻以新的思想、新的理念去指导我们的教育教学，从而有所建树。教师要适应时代发展的要求，要不断成长，要教好书育好人，身上就要多点书卷气，少点烟酒味；不仅要关注学生的发展，着力去培养学生的主体性，而且要关注自己的发展，注重自己的提高，就要多读书，像水库那样，不断从知识的海洋中汲取，不断积累。只有教师包括校长，手不释卷、学而不厌，学生在校园里才能享受到美丽的书香人生。

作为教师，要想追求职业的幸福，就要不断进取，不断成长；就要不断学习，不断钻研；就要不断总结，不断反思；就要开展科学研究，扬长补短；就要把成为一个学者型教师、一个优秀的人民教师作为自己奋斗的目标。有了教师自己的成长、进步，才会有学生的成长、发展，才会有学校的发展、辉煌。

要成为一个学者型教师、一个优秀的人民教师，必须立足现实，落实在平时，刻苦钻研，不断进取；认真备课，认真上课，认真批改作业，悉心辅导学生；不断学习教育教学理论，更新教育观念，创新教育方法，总结教学经验；淡泊名利，时刻把学生放在心上。

总之，新时期的教师，应该是有职业精神的、志存高远、追求职业幸福的教师，应该是把教育当做事业追求的教师，应该是爱生如子、有奉献精神和牺牲精神的教师，应该是自己不停追求、从而带动学生不断求真的教师，应该是能开展教育科学研究、刻苦钻研、不断进取的教师。

（写于 2008 年）

参考文献：

[1] 胡晓风等．陶行知教育文集［M］．成都：四川教育出版社，2005.

搞好教育科研，要激发内在动力

每个教师都希望自己取得成功，取得了成功就有成就感，有了成就感也就会有幸福感。教师要成功，离不开教育科研，这是不争的事实。但是，提到教育科研，相当多的老师就头疼，说论文都不知道怎么写，哪会搞科研。还有的说没有时间搞科研。近日读到《中国教育报》刊登的山东齐河教育局韦清写的短文《没时间还是没兴趣》，文章说："教师懒得读书或根本不读书，已是普遍现象，而原因则是众口一词的'没时间'。很多时候，教师工作是繁杂琐碎的，要面对各种检查，要面对各种考试，说没时间也是一种客观事实，但更是一种借口。我在学校的时候，常看见这样的场景：上午第4节课的铃一响，有些学生就飞快地跑到食堂打饭，然后手里拿着馒头，一边吃一边匆匆向操场的乒乓球台子涌去。如果中午没有非做不可的作业，他们就一直打到下午上课。有时下着毛毛细雨，有几个孩子还在兴奋地数球，盼着轮到自己摸上球拍。是什么让他们如此着迷？不是别的，就是兴趣。兴趣能产生不可阻挡的魔力。如果教师对阅读有兴趣，就能挤出读书的时间；如果阅读是一种享受，不用谁催，他也会心甘情愿地每天拿出时间读书。相反，如果没有兴趣，即使有再多的时间，他也懒得往这方面想，也就等于没时间。"（《中国教育报》2008年12月4日第8版）

《优化人生》一书的作者侯磊指出：读书学习要激发内在动力，贵在自觉。"要真正把读书学习当成一种乐事、一种追求、一种需要去做，才会成为自己的自觉行动。"学习有主动和被动之分，有"要我学"和"我要学"之别。我们的教育科研工作要出成绩，必须多读书，多学习，多动笔；就是要主动读书，主动学习，主动动笔，自己有一种读书、学习、动笔的内在冲动、内在动力。也只有这样，读书、学习、写作成为"一种乐事、一种追求、一种需要"，"成为自己的自觉行动"。有的老师总是说不会写，写不像论文，实际上是因为缺少内在冲动、内在动力。爱因斯坦说过："兴趣是最好的老师。"中国教育学会会长顾明远说："没有兴趣就没有学习。"同理，没有兴趣就没有科研，没有科研就没有超越教书匠的可能。有了内在冲动、内在动力，就会有兴趣，就会主动地读书学习、反思总结，写起来就会有理论的支撑，就会有内容，不写还不行。其实，这个道理，70多年，鲁迅就说过。

总之，读书、学习、写作和搞好教育科研，要激发内在动力，要激发兴趣，把它作为自觉的行动。

（写于2008年）

浓郁学习和研究的风气，促进教师队伍建设

上个世纪40年代，竺可桢担任浙江大学学校时就提出：“教授是大学的灵魂，一个大学学风的优劣，全视教授人选为转移。假使大学里有许多教授，以研究学问为毕生事业，以教育后进为无上职责，自然会养成良好的学风，不断地培植出来博学敦行的学者。”竺可桢的这段话告诉我们，良好的校风，要靠浓郁的学习和研究风气来带动。不仅是大学要如此，中学也要如此。

身教重于言教。要教育学生认真学习，教师首先要带头学习。同时，知识在不断更新，教师要胜任工作，需要不断学习，不断充电。教师在备好课、上好课、批改好作业之后，应该利用空闲时间学习和研究。教师承担着教书育人的重任，每天教育、指导学生读书、学习。教师要胜任自己的工作，让每个学生都喜欢读书，那么，自己应首先喜欢读书，不喜欢读书的教师就不是“真正的教师”。教师读书，并不单是读课本和教学参考书、教辅书，而是还要读与自己教育教学相关的书，包括学科教学的、能够提高自己道德修养的、能够丰富自己知识的、能够提升教育教学效果的书，学习先进典型，学习名师的教育教学经验，研究教材教法，研究学生，反思自己的教学方法，不断提高教学效果，从而不断成长。教师通过多读书，就能使自己不断得到源头活水，就拥有的不仅仅是一桶水，而是一条生生不息的河流、一眼永不枯竭的泉水。一个积极进取的教师，8小时内根本没有空闲时间，也就根本不可能有时间在网上玩游戏、聊天、看电影。

子曰：“其身正，不令而行；其身不正，虽令不从。”要浓郁学习和研究的风气，领导的示范作用也很重要。

教师要成长得快，就要站好课堂，做到“七认真”；要不断学习和研究，博学敦行，多些书卷气，少些烟酒气；多与大师、名师接触，多学习，多研究，研究教材、研究教法、研究学生；多反思自己的教育教学和管理，多进行教育科研，以科研提高自己。学校的学习和研究风气真正浓郁了，教师们一定都会思考如何提高教育质量，如何让自己发展得更快更好，就一定会形成好的学校文化，这时，还会有教师在上班时间玩游戏网络、聊天、看电影、呼呼大睡、东游西逛吗？

（写于2010年）

学习吴邵萍，争做研究型教师

2010年教师节前夕，南京市北京东路小学附属幼儿园吴邵萍老师光荣入选首届全国十大教书育人楷模。27年来，她刻苦钻研，勤学苦练，从不计较个人得失，把所有的爱全部倾注在幼儿身上，把所有的情全部洒在幼教事业上，结出了累累硕果，取得了显著成绩。她主编了两本书，参与编写了9本书；在省以上刊物公开发表了72篇论文，其中在国家级刊物发表6篇，是一位研究型、专家型的教师。

好学、勤学是吴邵萍的挚爱追求。她始终认为学习使人前进，学习是人可持续发展的动力和源泉。在她身上真正体现了终身学习的理念。27年来，她从未间断过学习，从一个中师毕业生一直学到大专、本科、研究生课程班，自理了近万元的学费。为了不放过任何一次学习的机会，她总是利用假期参加各种教育研究的前沿信息培训，从未完整地休息过一个寒暑假。广泛的学习促使她飞速地成长，成为本领域的领先者，智慧型园长。做一个研究型、专家型教师一直是吴邵萍追求的目标。她钻研、善研，始终致力于教育教学改革实践和科学探索，醉心于课题研究。她是多个课题的主持人，是多个课题的科研基地（试验基地）负责人。她在研究过程中将园长的管理与教师的成长、与幼儿园的发展结合，从理论和实践中进行了很好的总结，她的研究成果产生了广泛的影响。近5年，她的足迹遍布全国各地，讲课近100多场，为幼儿教育教学改革和发展作出了应有的贡献。可以说，吴邵萍的成长与成就，离不开学习和科研。

学习和科研是教师成长的助推器，是加速教师成长的不二法门。这已经是不争的事实。“腹有诗书气自华”。书读多了，人的视野和知识面扩大了，内在的生活品质提高了，就会才华流露，有思想、有见解，其教育教学水平也就提高了，就有灵气了。教育科研能够促进教师教育观念的转变、专业能力的发展、教学水平的提高、职业道德的升华，乃至整体素质的全面提升。然而，许多教师不读书，不学习，对教育科研更不感兴趣。要说读书，也只是读教材、教参和习题集、复习资料。吴邵萍对自己的成长有明确的目标和高度的责任心，学习和科研有高度的自觉性。因此，她能够克服各种困难，战胜病痛，每月读10本杂志，读完了近百本各类理论书籍，参与或主持了十几项市、省和国家级的课题研究，发表了许多篇论文，出版了多部专著。可以说，自觉的程度决定了一个教师成才的高度。吴邵萍的成长史告诉我们，大凡在教育教学上有着突出业绩的教师，总是有着高度的自觉性。而一个教师如果没有一种职业的自觉性，如果缺乏对专业能力的渴求，如果不读书学习、与科研无缘，如果把目光只盯着教材、教参和习题集、复习资料，那么，他的教学也只能是不断地“重复昨天的故事”。

像吴邵萍一样学习和研究，争做研究型教师，就必须有强烈的责任心，对自己的成长负责，有清晰的成长规划。要做终身学习的表率，就要像吴邵萍一样学习和研究；要争做研究型教师，就必须抓平时，抓紧点滴时间，把神侃闲聊、“掼蛋”、打游戏的时间用来博览群书。就必须自加压力，自定读书计划，做好学习笔记。除此之外，还必须投身教育科研。

时代呼唤学习型教师、研究型教师，呼唤教育家办学，而教书匠正逐渐被淘汰。2007 年，胡锦涛在全国优秀教师代表座谈会上指出：“教师是知识的重要传播者和创造者。在当今时代知识层出不穷的条件下，要成为合格教育者，就必须不断学习、不断充实自己。”他希望“广大教师刻苦钻研、严谨笃学”。21 世纪是阅读的世纪，读书是生活，读书是工作创新的基础和途径，读书学习成了人生命的重要组成部分。教师要适应时代发展的要求，要不断成长，要教好书、育好人，身上就要多点书卷气，少点烟酒味；不仅要关注学生的发展，着力去培养学生的主体性，而且要关注自己的发展，注重自己的提高，就要多读书。

让我们每一个教师都好学、勤学，热爱科研，争做时代需要的学习型教师、研究型教师，争做像吴邵萍一样的优秀教师。让我们每一个园长、校长都好学、勤学，热爱科研，争做时代需要的学习型、研究型的园长、校长，争做吴邵萍一样的教育家。

（写于 2011 年秋）

写论文、搞研究要学学偷偷挖井的和尚

近日读到一篇随笔，题目是《学着偷偷挖井》，文章先说了一个故事：从前有两座山，山里各有两座庙，庙里各有个和尚，两个和尚都到山下挑水，这一挑啊就挑了 6 年，于是他俩成了无话不谈的好朋友。突然有 1 天，2 天，3 天，已经 7 天了，左边这座山的和尚没有下山挑水，右边那座山的和尚着急了，他着急地去找自己的老友。看到他的老友之后大吃一惊，因为他的老友正在庙前抄佛经，一点也不像一个月没喝水的人。他很好奇地问：“你已经 7 天没有下山挑水

了，难道你可以不用喝水吗?”左边的和尚高兴地指着后院的一口井说：“这几年来，只要有时间我就挖一会井。如今终于让我挖出了井水，我就不用再下山挑水。”右边的和尚是既羡慕，又懊恼自己，如果自己也有这个计划，现在不也有水喝了吗。这个故事告诉我们：做任何事情都要有前瞻性、计划性。教师写论文、搞研究，同样如此。

许许多多的事例证明，教师要加快成长，必须将一定的精力花在教育科研上，必须把研究成果展示出来，即写成论文、研究报告。同时，由于现在评职称对教育科研方面的要求提高了，而且比起以往严格了，促使（迫使）教师必须搞研究、写论文。而搞研究、写论文，要有计划，而且必须多注意身边进行的、发生的事。

白天我们在单位为了生计奔波，那都是挑水。而把握下班后的时间挖一口属于自己的井，培养自己另一方面的实力，那无论什么时候，我们都会是有水喝的人。哈佛有一个著名的理论：人的差别在于业余时间，而一个人的命运决定于晚上 8 点到 10 点之间。每晚抽出 2 个小时的时间用来阅读、进修、思考或参加有意义的演讲，你会发现，你的人生正在发生改变，坚持数年之后，成功会向你招手。其实，我们上班时有较多的时间是用在了上网看视频、打扑克、玩游戏、聊家长里短、穿衣吃饭上了，备课、上课、批改作业、辅导学生，并没有花去我们 8 小时，往往只有 6 小时。每天很充裕的时间是浪费掉了。我们首先要养成做正确的事的习惯。像“偷偷挖井”，或者像每天有计划、有规律地挤时间锻炼身体那样，把这些时间的一半花在阅读、积累资料和研究、写随笔或论文上，就是做正确的事。这样，不要说 1 年，2 个月后，肯定就有收获。只要每天把零散的时间持之以恒地利用起来，其实就可以创造奇迹。周围很多教学和科研都出色、专业成长快的人，都是有计划、懂得偷偷挖井的人，都是把零散的时间持之以恒地利用起来的人。从现在开始学着用你的业余时间为自己挖一口井吧，若干年后它就会是滋养你的源泉。

说到多注意身边地进行的、发生的事，是由这 2 年为我校教师推荐论文时发现的一些问题想到的。我们职业中学，根据教育部的要求，从 2010 年 9 月开学，政治课统一使用新编的教材，一年级上学期教材是《社会经济与就业创业》，其中就有“职业生涯规划”内容。而有的教师对之却一无所知，而且写有关“职业生涯规划”方面的论文，也不去了解一下学校德育（政治）课的开设情况，论文中就出现了笑话——还在呼吁要在职业中学开设“职业生涯规划”课。我校的课改也进行了好几年了，烹饪专业还创建成了省课改实验点。而有的教师的论文，对我校的课改熟视无睹，或者是丝毫不知，所以，在论文中，大谈烹饪专业的课程改革。当然，这与其说是对学校的课改熟视无睹或一无所知，还不如说论文是抄来的。像这样的态度，科研永远不可能搞得好，论文也永远写不好；而且要搞好教育教学，也是值得怀疑的。

每个教师都要有一个学习、研究的计划，多注意身边进行的、发生的事，每天花一两个小时来学习，读读书、看看报，掌握最新动态，搞研究、写论文就不是闭门造车，就不会闹笑话。

（写于2011年秋）

阅读，助推写作

现在许多学生都怕写作文，甚至相当多的老师也怕写，他们总是说不知道怎么写、不会写、没有什么好写。其中的原因可能是多方面的，如缺失对生活的观察和思考，本身懒、怕动笔、甚至不想动笔，缺少阅读积累也是重要的原因。其实，1300多年前杜甫说过的“读书破万卷，下笔如有神”就告诉我们：要能够写得出东西，首先要多读书、多积累。反之，写作不如意，阅读是软肋。

《中文自修》杂志主编王意如指出：“写作与阅读是不能分离的。”阅读让人的大脑得到了充分发展，使他更完美地感受到了这个世界，享受到了足够多的东西。作家曹文轩说：“写作和阅读是人类最优美的姿态。”写作能够让你气定神闲，让你获得成功的享受。被誉为苏派小说掌门人的著名作家范小青说：“写作的时候，你的心就会自然地收回来，就会安静，你会把自己很多的情怀、想法、欲望通过文字一一释放出来、传达出来。在这一收一放之间，每个人都会获得无法言说的收获，这种收获能让心灵获得滋养，并伴随我们一生。”写作的人们和从不写作的人们，经历的人生是不一样的。写作，使生命具有了无限的可能性。

21世纪是阅读的世纪，读书是生活，读书是工作创新的基础和途径，读书学习成了人生命的重要组成部分。营造书香校园，教师应做学生读书的标兵。教师只有学而不厌，才能做到诲人不倦。与书为伴，就能补钙，使我们站在巨人的肩膀上，聆听大师的声音，让书籍圣洁的光芒照亮我们的心灵之旅，时刻以新的思想、新的理念去指导我们的教育教学，从而有所建树。

教师要想生活得有意义、更充实，能反思、有思想是很重要的。《你也能成为特级教师》一书的作者、当过20年中学教师、10年大学教师的浙江师范大学教授蔡伟用“乐、杂、思”三字诀概括了名师的成长。他说：“乐，是一种态度，构成的词语有乐学、乐教。只有当教师热衷于读书学习、教书育人，他的身上才会散发出迷人的风采，才能产生巨大的人格魅力和职业威信。杂，就是对各种知识，特别是学生感兴趣的知识要有所涉猎、要杂学，成为杂家。思，是人或者人类成长的一种手段、方法。教师善不善反思，不但是其成熟与否的分水岭，而且是其优劣成败的标志。几乎每个名师都是反思高手，他们在反思中认识自己，了解自己，并勇于在实践中突破自己。”所以，教师在阅读时，要结合自己的教育教学实践认真思考，认真反思，使自己成为“会思想的芦苇”。而写作是体现思想的重要途径。教师要将自己在教育教学中的“所作所为”记录下来，便于自己进一步反思，不断提升自身的素质。写作是提升教师自身素养的需要，是共同研讨学习的需要，是用心品味自己的需要，还是梳理自己的情绪、使头脑变得井井有条的需要。

教育写作不是闭门造车，也不是信马由缰，而是一种聚沙成塔的积累过程。如果没有教育的真实体验，是无论如何也写不出文章来的。作为教师，我们做过的事可以说数不胜数，为什么很多教师没有能够将自己的经历、经验写出来，关键是没有激情，没有灵感闪现的时刻。我们要时时抓住那宝贵的“闪光点”，使其发光发热，总有一天会有收获的。

教师每天都在进行教学实践，写作的题材十分广泛，如某一内容的教学设计、教学建议、教材分析、备课札记、教法改革等都在可写之列。教学实践为教师写作提供了源源不断的第一手材料。只要教师善于从中选取，就能写出好文章。

（写于2012年）

好教师：既要能述，又要能作

教育教学和教育科研，是教师成长的两翼。一个好教师，应该是教育教学和教育科研双丰收的教师。少掉了其中的任何一翼，他就不可能展翅飞翔。大量名教师成长的经历充分证明了这一点。

职称评聘对于教师来说是一件大事。要能够评上高一级职称，就要看其履行教师职责情况，即德能勤绩。能和绩自然应包括教育科研能力和成绩。作为教师，都知道有“七认真”的要求，其中的一条就是总结教育教学经验，积极撰写论文、总结。如果一个教师，工作了几年、十几年，甚至几十年，写不出一篇像样的论文，而推脱说工作太忙，没有时间写，这一方面是说明没有履行好“七认真”的要求，另一方面说明没有教育科研的意识。这样就说明你算不上是一个好教师。古人说：一个人要立身、立德、立言。立言，就是要有文章传世。温家宝总理说：一个人既要低头做事，还要眼望星空。眼望星空，就是要有长远的眼光，要有研究的意识，而不是仅教好一本书、上好一门课。他还提出当今中国要由教育家来办学。教育家从哪里来？大多应该从一线教师中来。一个没有科研意识、只会低头做事、连一篇好的论文都写不出的教师能够成为教育家吗？不管是维果茨基、苏霍姆林斯基，还是陶行知、李希贵、李镇西，他们都既低头做事，又眼望星空——不仅教育教学成效卓著，而且教育科研成果丰硕。他们并没有因为写论文、搞科研而影响了教育教学。鲁迅写的文章很多，可以说是著作等身，但他并没有因为写文章而影响教学，我们不是称他为教育大家吗？孟二冬认为，为师者不应该止于生产知识和思想，更应该担负起薪火相传之责。大量的事实充分证明：搞科研、写论文能够促进教育教学。

教育教学效果好而不会写论文的，在现实中只是少数。像上海交通大学的讲师晏才宏那样，上课很受学生欢迎，但因为没有论文，到死还是个讲师没有评上副教授的只是罕见的个案。一个教师上课很受学生欢迎，说明教学上有好的方法，有成功经验，如果他是一位眼望星空的教师，他就会意识到自己有责任把自己的成功经验、自己的心血成果进行总结，写成文章或专著，向同行介绍，担负起薪火相传之责，从而至少提高一门学科的教学成绩，在大学的学科建设上做点贡献，为培养更多更好的人才做点贡献。不把自己的成功经验、心血成果写成论文，向同行介绍，而把它带到了“天国”，这不是一种损失吗？这不是失职吗？这不是没有尽到薪火相传之责吗？如果我们的祖先不把自己的思想、自己的发现、自己的研究成果写出来，我们的思想宝库还能那么辉煌吗？如果我们当代的教育家们不把自己的思想、自己的发现、自己的研究成果写出来，我们的教育思想库不就很贫乏吗？这又如何来建立教育强国和人力资源强国呢？从这点上来说，做一个好教师应该生产知识和思想，应该担负起薪火相传之责，既要能述又要能作，而不能述而不作；一个教师写不出论文，就不是一个优秀的教师，且是失职行为。

当然，写得出好论文却教不出好课，肚里有货却说不出的现象也不少见。但写不出论文、也教不好课的现象更多。许多教师习惯应试教育，整天忙于题海战术，研究的是做、做、做，分、分、分。人的精力是有限，教师的时间也有限。但还不至于连总结教育教学经验、写论文的时间和精力也没有。说搞科研、写论文没有时间是假，没有兴趣是真。中国教育学会会长顾明远说："没有兴趣就没有学习。"同理，没有兴趣，就是没有内在冲动、内在动力，就没有科研，没有科研就没有超越教书匠的可能。有了内在冲动、内在动力，就会有兴趣，就会主动地读书学习、反思总结，写起来就会有理论的支撑，就会有内容，不写还不行。同时，因为主动地读书学习、反思总结，教起学生来更加科学得法，更加受学生欢迎，教学效果就更好。

笔者鼓吹教师必须写论文，搞科研，并不是等于说教师整天想的事就是写论文，而荒废了教育教学。也不是说把发论文当做考核、衡量教师的唯一标尺。"把写论文、发论文变成第一要务，教学反倒成了可有可无的副业"的做法必须坚决反对。

既然教育教学和教育科研是教师成长的两翼，既然教师履行职责方面即"七认真"有进行教育科研、写论文的要求，既然教育科研能力是表现教师"能"和"绩"的重要方面，既然教师应该担负起薪火相传之责；那么，教育科研能力和论文获奖、发表就应成为考核教师的重要标尺，就应成为职称评聘的重要标尺。

《教育规划纲要》指出："通过研修培训、学术交流、项目资助等方式，培养教育教学骨干、'双师型'教师、学术带头人和校长，造就一批教学名师和学科领军人才。"我们评价好教师的标准，应该是既能够述，又能够作。

（写于 2010 年）

既要建造大楼，更要培养大师

大家对清华大学前校长梅贻琦说过的这样一段话应该耳熟能详："大学者，非有大楼之谓也，有大师之谓也。"同样，一所成为名校的中学、小学，也不是因为有豪华大楼，而是因为有名师。而光有豪华的大楼，没有叫得响的大师、名师，就不像大学，就成不了名校。但是，现实中，有钱建豪华的大楼，无钱培养大师、名师的现象比比皆是。

在 20 世纪 90 年代，经济发达和较发达地区就开始了教育现代化建设，接受省和国家教育现代化建设的验收。这些地方纷纷投入巨资，建设教学楼、实验楼、科技馆、体育馆，添置计算机和其他先进的教学设施设备。到了 21 世纪，又开始了新一轮的学校建设，特别是大规模地异地新建学校。近年来，领导们外出取经，看到本地学校的规模不如外地大、楼房不如外地的高大豪华，为了表示对教育的重视，决定学校建设要争先进，再异地新建——征地两三百亩甚至五六百亩，投资一两亿元甚至七八亿元，建设崭新的规模型中学。而原先的学校大楼，统统拆掉，哪怕只用了一年半载。到全国各地参观学校发现，一些学校的建筑确实成为了当地最好的建筑。许多学校就成为了当地对外开放的窗口，参观者络绎不绝。

但是，要问这些豪华的建筑里培养出了多少创新型人才，出了多少大师（名师），则“顾左右而言他”，无法交代。我们许多地方在大师（名师）培养的投入上是捉襟见肘的。这实际上是领导的政绩观在起作用。投入一两亿元、七八亿元建成的豪华大楼是立马看得到的，重视教育的政绩也就立马显现了，就成为当地对外开放的窗口。而培养一个大师（名师），虽说投入不算多——几万元、几十万元，但是，要几年、十几年才能见效果。所以，领导乐意投入巨资建大楼，而不乐意投入有限的钱来培养大师（名师）。

光有豪华的大楼是难以出大师（名师）的，也就难以出创新型人才。上个世纪的西南联合大学，条件很艰苦，十几个人挤一间草屋，几乎没有什么仪器，但是拥有许多忧国忧民、甘于奉献的学术大师，因而培养出了杨政宁、李政道、朱光亚等一大批杰出人才。《教育规划纲要》指出：“通过研修培训、学术交流、项目资助等方式，培养教育教学骨干、‘双师型’教师、学术带头人和校长，造就一批教学名师和学科领军人才。”温家宝总理近几年来多次提到培养教育家、倡导教育家办学。在 2010 年的全国教育工作会议上的讲话中，温家宝总理指出：“要倡导教育家办学。教育的发展有其自身的规律。一个好老师，可以教出一批好孩子；一个好校长，可以成就一所好学校；一批教育家，可以影响国家和民族的未来。我国教育事业要兴旺发达，一个重要条件就是让真正懂教育的人来办教育。”大师、名师，就是“真正懂教育的人”，就是我们要培养的教育家。为了我国教育事业的兴旺发达，为了我们国家和民族未来的兴旺发达，我们要在培养名师、大师上多花钱，而不是将钱花在建造大楼上。

（写于 2010 年）

职教师资培训需要真正发挥高效能

全国职业教育师资工作会议明确提出，“十二五”期间，中央财政将投入至少26亿元专项资金，全面实施职业院校教师素质提高计划；国家将组织45万名职业院校专业骨干教师参加培训，其中中央财政重点支持培训10万名、省级培训35万名。为建设高素质专业化“双师型”职教师资队伍，教育部、财政部又共同出台了《关于职业院校教师素质提高计划的意见》，设立了骨干教师培训项目、中职教师企业实践项目、兼职教师聘任推进项目和师资培养培训体系建设项目等4个项目。可以说，支持职业教育师资队伍建设的力度是前所未有的大，但如何让培训真正发挥效能，需要地方教育行政部门和职业院校认真思考。

一流的职业教育要靠一流的师资。毋庸置疑，我们一直在重视职业教育的师资队伍建设，特别是“十一五”期间，我们每年都要进行各级各类教师培训，有县级的、地市级的、省级的以及国家级的，有在国内培训的也有到国外培训的。这些培训、进修，参加培训的大部分教师学习了职业教育教学理论与方法、先进教育技术和课程开发手段，提高了职业院校教师的整体素质。但是，不可否认，也有一些教师参加了培训、进修——无论是国内的还是国外的，并没有什么变化，涛声依旧——教学上依然故我，依然是陈旧的套路，失去了参加各级培训、进修包括出国进修、培训的意义。这对教育行政部门、对财政或学校来说，都是不小的损失。

据笔者所知，某职业学校从2004年以来共派出35位教师，分别去德国、澳大利亚、加拿大、美国、新加坡等国进修、培训，教育行政部门和学校的花费不菲，但是他们的教育理念、教学方式依然如故，就更不要说把发达国家先进的职业教育教学思想和管理方法学回来了。当然，有一位教师刚回来时也很激动，好像也有改革教育教学方法的打算，但过了一段时间就无声无息了。其他的更是只说发达国家的环境如何如何好，而忘记了其出去的主要目的是培训、进修。像这样的出国培训、进修，其效能有多少？

要发挥并提高参加各级培训，特别是出国培训教师的效能，就要为参加培训、进修者定目标、定任务，培训、进修后要逐一考核，考核不合格，则扣除培训、进修的经费补贴，使公家花的钱值得。同时，选派的对象应该是具备教育教学成绩突出、科研能力强、具有一定管理能力这三个要素的优秀教师，而不能把培训、进修，特别是出国培训、进修当做一种奖励甚至是福利安排给领导赏识的人。

（发表于《中国教育报》2012年2月16日）

教育部门的人事干部要为职业教育的师资建设保驾护航

暑期，是学校师资调配的时期。职业学校的师资是由各地教育行政部门根据和普通高中一样的标准来配备的。而且，教育部门的人事干部，基本上是经过普通教育过来的，对普通教育的特点是了解的，对职业教育就可能是陌生的。职业教育和普通教育有着不同的特点，那么师资配备也应该而且必须不同。

2007年，胡锦涛总书记在全国优秀教师代表座谈会上指出："没有高水平的教师队伍，就没有高质量的教育。"教师是教育的第一资源，是学校发展的决定性因素。一流的职业教育需要一流的教师。职业教育要又好又快地发展，必须建设一支数量充足、业务精良、结构合理的教师队伍。师资建设，特别是双师型建设，是加强职业学校基础能力建设的重要方面。按照中等职业学校三类课程的教师配备，目前的情况应该是第一类，即文化课教师数量足，少数学校有富余，但是大多数学校基本合理，而不是过多；第二类，即专业理论课教师总体较足，部分新专业则不足或严重不足；第三类，即实习实训指导教师严重不足，好一点的学校只达到应该配备数的60%，一般的学校达到40%，差一点的学校只有20%。许多学校已经开始让部分有发展潜力的教师转岗——文化课教师经过培训后变成新的专业理论课教师、原来的专业理论课教师经过培训后变成实习实训指导教师。"双师型"教师严重不足是职业学校的普遍问题。随着2005年后职业学校的扩招，生师比过大，不在一个合理的比例。另外，许多的学校，选修课之类无法开设，就是因为教师严重不足。所以，让学习数学、英语，甚至语文有困难的学生选修其他感兴趣的课程，实行学分制就成为一句空话。

中等职业学校除了招收初中毕业生，进行学历教育外，还要承担培训农民工、高考落榜生、下岗或转岗职工和复员、退伍军人的任务，这也需要师资。

随着经济发展的转型和产业的升级，新产业、新技术、新工艺层出不穷。职业教育要为经济、社会发展服务和为人民服务，必须提高和市场的吻合度，和用人单位零距离接触，教师就要下企业、到高校和科研单位接受培训。所以，职业学校每年都必须安排一些专业课教师进行脱产或半脱产培训。这样，教师就不会富余，只会缺少。

新加坡职业学校的专业理论和实践课教师基本上都是“双师型”教师，他们不是师范学院（教育学院）的毕业生，而是必须有在工厂3年工作经历的技师、工程师。当前，我国职业学校“双师型”教师的比例还较低，还不能适应社会和经济发展对职业教育的要求。其关键原因是，我国的人事管理制度使职业学校教师的来源很窄，我国职业学校招聘教师的要求基本上是和普通中学一样的，必须是师范学院（教育学院）的毕业生。这些教师是直接从大学过来的，虽然有的有在企业实习经历，但时间很短。由于进入教师系列的限制过多，企业的优秀人才难以进入职业学校。

有没有数量充足、业务精良、结构合理的教师队伍，影响到职业教育又好又快地发展。教育部门的人事干部要为职业教育的师资建设保驾护航，充分了解职业教育和普通教育师资配备的不同要求，积极为职业教育的发展解决困难；要深入改革人事管理制度，开通职业教育师资的新途径，解除不必要的限制，打破已经过时的壁垒，使专业水平高、实践能力强的“双师型”教师越来越多，更好更快地建立起一支数量充足、业务精良、结构合理的职业教育教师队伍。

（写于2010年）

盼望“编制到校”的好政策多多实行

2011年初，长沙市教育局、市编委、市财政、市人力资源和社保局等部门联合发文，决定从2011年开始，对全市8所职业院校，实行“编制到校，经费包干，自主聘用，动态管理”的办法。也就是说，这些学校缺编所聘人员的工资，全由财政买单。这一决定解决了校长们最头疼的事，他们再也不会为此发愁了。“相当好的一个政策。”“政府对职业教育发展太重视了。”长沙市8所职业院校的校长们在接受记者采访时都对此赞不绝口。笔者感到，这编制到校的好政策，就是给力。

中等职业学校有三类课程，教师也应该而且必须按照三类课程来配备。目前，专业理论课教师总体较足，部分新专业则不足或严重不足；实习实训指导教师更是严重不足。而多年来，许多地方的编委、财政，甚至教育行政主管部门，都是根据普通高中教师配备标准来给职业学校配备教师，而且学校没有聘用兼职教师的自主权，学校真要聘的话，只能由学校负担所聘人员的费用，造成了职业学校教师不足的局面，导致新的专业课和实习实训课无法开设。另外，许多学校选修课之类无法开设，就是因为教师不足。同时，中等职业学校除了招收初中毕业生进行学历教育外，还要承担培训农民工、高考落榜生和复员、退伍军人的任务，这也需要师资。

多一个教师，财政上每年就要多支出几万元。所以，许多地方的编委、财政是站在学校花了多少钱的角度看问题、下编制的，而不是站在提高职业学校办学质量的角度。这是不懂职教，或者说是不支持职教的表现，是缺乏发展的眼光。提高职业学校的办学质量，已经是当前的重要任务。而提高职业学校办学质量的关键是要有一支数量充足、业务精良、结构合理的教师队伍，特别是配备好严重不足的实习实训指导教师、兼职教师队伍。为了职业教育又好又快地发展，我们要学习湖南省长沙市编制到校的做法，支持职教发展，而再也不能从花了财政多少钱来考虑问题，给职业学校定编制，再也不能用普通高中的编制标准来给职业学校配备教师了。

我们盼望着“编制到校”的好政策多多实行。

（写于2011年春）

愿职业学校聘请兼职教师更顺利

2012年底，教育部出台了《职业学校兼职教师管理办法》（以下简称《办法》)。该《办法》是就建立优秀人才“共有共享”机制，对职业学校聘请兼职教师的条件、管理、身份、经费投入等4个核心问题进一步加强了规范。

面向企事业单位聘请专业技术人员和高技能人才担任兼职教师是实现职业教育工学结合、校企合作的客观要求，也是强化职业教育实践教学环节、提高人才培养质量的重要手段。但是，长期以来，职业学校聘请兼职教师很不顺畅。关键就是不知道兼职教师的身份如何确认——是教师身份还是职工身份，即便是教师，是正式进编的教师还是代课教师；即便是职工，是全民职工还是临时工；因为身份无法确认，所以带来了如何管理以及相应的经费等一系列问题。而这些问题，最终会归结到钱的问题。对职业学校聘请兼职教师的重要性有清醒认识的领导，会在体制规定的范围内解决好上述问题，使职业学校能够根据需要聘请相应的兼职教师，而兼职教师也能够安心、热心工作，发挥应有的作用。相反，如果有关领导对职业学校聘请兼职教师的重要性没有清醒认识，结果就会是：要么职业学校不聘请兼职教师；要么兼职教师不能够安心工作，不能够发挥应有的作用，甚至走人。这不利于职业学校的专业建设，不利于职业学校的内涵建设，给职业教育又好又快发展带来了消极影响。

《办法》将选派兼职教师的数量和水平作为考核企业社会责任的重要内容；并提出了建立政府、学校、企事业单位多渠道筹措兼职教师经费的投入机制。笔者认为，教育部对对企事业单位没有管辖权，对地方政府特别是省级政府更没有指令权。所以，中国的实际告诉我们，要落实将选派兼职教师的数量和水平作为考核企业社会责任的重要内容、让政府和企事业单位也参与筹措兼职教师经费，必须有更高层出台的《办法》。即由中共中央办公厅、国务院办公厅出台对政府和企事业单位进行相关要求和考核的文件。

《办法》还规范了职业学校聘请兼职教师的工作程序，强调职业学校应建立合作企业人员到职业学校兼职任教的常态机制，明确了兼职教师可按照相应系列教师评价标准参与职务评价。

我们相信，随着《办法》的下发和贯彻，特别是相关考核、操作细则的出台和真正落实，就像新履职的政治局常委带头执行“八项规定”那样，我们的职业学校聘请兼职教师一定会更加顺畅，我国的职业教育一定会得到又好又快地发展。

（写于2012年底）

中等职校正高级职称条件不能让人望而却步

2013年，国务院决定，在试点的基础上，再用一年的时间，在全国部分地区开展深化中小学教师职称制度改革试点。这意味着全国将有越来越多的中小学教师参评与教授级别一样的正高级职称。我们为此高兴的同时，觉得中小学教师评正高的条件要恰当；如果过高了，教师依然觉得无望，进而泄气，丧失动力。

江苏省从2007年开始，在普通高中开评正高级职称，每年有150多人被评上。2010年中等职业学校职称评聘系列单列，即与普通教育分开。在中小学教师中开评正高级职称，本来是要拓展教师职业发展的空间，进一步激发教师的进取心和积极性，但是中等职业学校教师评聘正高级职称的要求却比普通高中的要高。2010年出台的《江苏省中等职业学校教师专业技术资格条件》规定：正高级讲师资格条件为“积极参与课程教学改革，不断探索有效的课堂教学方式，近

5年在市级以上范围开设研究课、示范课或专题讲座5次以上，并且获得省级教学竞赛一等奖1项以上或教育教学重大成果在省级以上现场会观摩推广；任教以来，获得市级以上专业（学科）带头人、市级以上有突出贡献的中青年专家、省级职业教育领军人才、省级职教名师、省‘333’工程第二层次以上培养对象、省‘青蓝工程’中青年带头人、省‘六大人才高峰’资助对象等称号，或任现职以来担任省职教教科研中心组负责人2年以上”。江苏省中学正高级教师的条件有“开展教育教学改革，开发地方或校本课程，在全市有较大影响，在县以上开教学示范、讲座年均不少于3次，其中1次在市级以上范围或市级以上优质课竞赛一等奖；具有较强创新意识和科研能力，教育教学研究工作取得突出成果；省级以上刊物发表论文5篇，其中2篇在核心期刊。论文要高水平、有创见；主持或作为课题组核心成员参加过省级教科研课题1项以上，并通过成果鉴定。获得过省级以上教科研成果奖”。特级教师的条件有“教学成绩特别显著；教学水平和教学质量高，教学方法有独到之处，形成一定风格，被评为大市学科带头人、学术带头人；在县以上多次开设过较高水平的公开课、示范课，教学效果好；勇于创新，在教材教法方面有深入研究和独到见解；近5年，在省级以上刊物发表论文3篇，论文学术水平高”。

不看其他条件，仅看上述中等职业学校教师申报正高级职称的条件，其就超过普通高中，而仅“并且获得省级教学竞赛一等奖1项以上或教育教学重大成果在省级以上现场会观摩推广”这一条，就把中等职业学校教师特别是40岁以上的教师吓退了。一是每年能够获得省级教学竞赛一等奖1项以上有几人？能够有教育教学重大成果在省级以上现场会观摩推广的有几个？二是能够参加省级教学竞赛的一般是40岁以下的，尤其是30岁左右的青年教师。40岁以上的教师一般是已经取得高级职称，在还有20年左右的工作时间里继续积极进取，干点成绩出来，或许有可能像普通高中部分教师那样获得正高级职称。而像现在的评聘条件——要获得省级教学竞赛一等奖1项或者有教育教学重大成果在省级以上现场会观摩推广，评正高级的希望则是很渺茫，或者说是不可能。

2010年7月21日的《中国教育报》登载了山东省青州市实验小学李秀玲老师《农村教师正高职称怎成摆设》的来信，反映山东省为教师职称设置的门槛过高，如规定评正高级职称必须具有省级教学能手称号，否则一票否决，这样便把广大农村教师排除在了正高级职称之外。

人是需要激励、肯定的，对学生是如此，对教师同样是如此。如今，《江苏省中等职业学校教师专业技术资格条件》规定的申报正高级职称的条件，把最广大职教中青年教师排除在了正高级职称之外，让原先还想拼搏一番的教师失去了希望，没有了信心，失去了开评正高级职称原先的意义。所以，要发挥职称评聘的积极作用，必须使条件恰当、合理，而不能让人望而却步。

（发表于甘肃《未来导报》2013 年 3 月 1 日）

不能片面强调职教师资学历达标

教育事业发展的关键在教师。2013 年全国教育工作会议再次强调了教师队伍建设的重要性和紧迫性，指出“提高教育质量，关键是提高教师质量”。“十二五”期间，中央财政安排超过 26 亿元专项资金支持职教师资队伍建设。而职教提高质量的关键——牛鼻子是要有达到一定比例的“双师型”教师队伍。《教育规划纲要》指出：“通过研修培训、学术交流、项目资助等方式，培养教育教学骨干、‘双师型’教师、学术带头人和校长，造就一批教学名师和学科领军人才。”年前，教育部出台的《职业学校兼职教师管理办法》也是为了加强职业学校的“双师型”教师队伍建设。

目前，我国职业学校的“双师型”教师队伍建设受到了一定的重视，但是比例还是不高。即便像教育发达的苏州市，截止 2012 年，专业教师中的“双师型”教师比例只达到 56%，这个比例在全国应该是高的了，低的地方可能在 40%左右，甚至更低。一流的技术要有一流的技工；一流的技工要靠一流的教师培养。“双师型”教师比例过低的现状造成了许多职业学校的技能教学不能正常进行、教学质量不高、学生就业能力不强的局面，职业教育广受诟病。所以，职业学校要提高教育质量，必须抓好“双师型”教师队伍建设这个牛鼻子，要使专业教师中的“双师型”教师比例起码达到 80%。

然而，现在的职业学校过分重视提高研究生学历的比重，地方教育行政部门也十分重视，教育发展规划和对职业院校进行考核、评估、创建达标的有关指标中，研究生占比肯定少不了。一般要求占比达到在职教师的 15%，甚至 20%。奖励力度也大大高于取得“双师型”名称的教师。这样，学校就大力抓教师进修在职研究生学历，规定 45 周岁以下的、没有取得研究生学历的教师都要获得相应学历。学历不等于能力。这已经被许多事实所证明。在职业学校，研究生占比高更不能等同于教师队伍建设得就好，更不等同于教学质量就高。特别值得注意的是，招工程类研究生的学校少，而读工程类研究生比读管理类研究生要苦，因而，教师报考在职管理类研究生的多，报考工程类研究生的少。所以，研究生在读的或毕业的多，还是无助于提高技能教学质量。

另外，许多教师获得研究生学历后，教学方法方式依然如故，没有创新，更不搞研究。而当初考研究生的主要目的，甚至可以说是唯一目的是为了评高级职称——许多地方有关职称评聘的文件规定：40周岁以下的教师，申报中学高级教师需取得研究生学历，至少是在读。而一旦高级职称到手，泯然众人矣。要他主持一个课题，他总是说不会，甚至连论文也不愿写了。一些大学广收研究生，目的当然是为了钱。周瑜打黄盖——一个愿打，一个愿挨。学生和学校及教育主管部门送来几万银子，学生下载拼凑一篇论文，答辩一下，研究生毕业文凭就到手，皆大欢喜。

现代学校需要的是既能够站稳课堂、又具有创新能力、能够进行实实在在研究、促进教育质量提高的研究生，而不要徒有虚名的研究生。随着教育改革不断推进、现代职业教育体系的构建、校企合作的深入，培养在职研究生的创新能力、研发能力同样非常重要。学校及教育行政部门只讲研究生的数量，不讲研究生的质量，又有什么实质效果呢？著名教育家、中国高等教育学创始人、90多岁高龄的厦门大学教授潘懋元在福州举办的全国“应用型本科院校教学改革与发展”研讨会上指出：“选派教师进修，不能只是为了获取学位，应用型教师应多到有关实训基地挂职锻炼。”应用型本科院校的教师进修是如此，职业学校的教师进修更应如此。

提高职业教育质量的关键是教师，尤其是“双师型”教师队伍建设，而不是提高研究生比例。所以，要加快发展现代职业教育，必须紧紧抓住“双师型”教师队伍建设这个牛鼻子。即便是抓研究生培养，也应该是提高动手能力强，并具有创新能力、研发能力的工程类研究生比例。

（发表于《中国教育报》2013年4月2日）

提高职中教师幸福感的假设

幸福教育是当今出现频率颇高的词语，而学校是师生共同经历生命成长、共享教育幸福的重要场所。教师的幸福决定学校的质量。要让学生感受到教育的幸福，首先应该让教师感受到教育的幸福，从而让教师们幸福地进行教育教学，和学生们共同成长、发展。而中小学教师普遍感到不幸福，职中教师尤甚。除了跟普通中小学教师一样每天要备课、上课、批改作业、辅导学生、找学生谈话，接受各种检查、各类考核之外，还要面对大量的“1/2＋1/3”不会做、26个字母写不全、行为习惯差、纪律观念差、无心学习而无事生非的学生，不仅辛苦，而且心苦。他们只有职业的倦怠，没有职业的幸福。众所周知，没有教师的幸福就没有学生的幸福，也就没有学校的发展，就更不可能办人民满意的教育。所以，要办好“面向人人”的职业教育，使职业教育真正得到大发展，质量得到大提高，必须提高职中教师的幸福感。这里，笔者就提高职中教师幸福感做些假设。

假设一：给职中生入学设置必要的门槛

2012年6月24日的《工人日报》头版发表了该报记者的文章《“零门槛”入学致职校生“底子太差”》，老师抱怨教学“越来越难”，实习单位评价“连高中生都不如”。文章讲的虽然是高职，而我国的中职也一样。近几年，随着生源的减少，职业中学都实行敞门入学。在这样的招生形势下，中等职业学校更是成为“收容所”。一个班级学生的中考成绩相差300多分，一门功课成绩也要相差60多分。甚至有的连“1/2＋1/3”不会做、26个字母都写不对。这种情况在全国都存在。一线教师天天跟他们磨，不仅要考虑自己的职称、平时考核和年度考核、绩效工资——许多学校将学生的考试成绩与这些挂钩；批评重了、甚至说话重了，还要考虑自己的人身安全——职业学校中脾气暴躁、性格乖张的大有人在。

为什么重点大学、重点中学吸引力大，很重要的原因是它们的门槛高。俗话说：便宜无好货，好货不便宜。职业院校招生没有门槛或门槛很低很低，让人们产生没有好教育质量的联想。家长们认为，真正好的学校、能够学得到东西的学校、有教育质量的学校，不可能轻易进去又轻易可以毕业的，即能够保证教育质量的学校“进口”和“出口”是不会没有门槛的；中等职业学生是混混日子的、学校是搞搞皮的，学不到什么的。即使有大量的中等职业学校学生成功的例子，但是家长的上述看法难以改变，不到万不得已，他（她）是不会让孩子读职业学校的。即进入职业院校，基本上是无奈的选择，主动选择的寥寥无几。甚至就是万不得已了，他（她）们让孩子读职业学校，也不抱什么希望；他们会想，十六七岁孩子，在学校里总比流落社会好；到职业学校就是关关的，学得到学不到都无所谓；学校能够看管住孩子，总之不会学坏。职业学校的老师有这样的体会，许多家长把孩子送到职业学校后，对孩子的学习情况基本就不再管不再问，与老师沟通、交流极少。老师主动联系，有的也消极应付。这在普通高中是见不到的。职业教育没有大的吸引力，鄙薄职业教育的观念比较普遍，这固然与传统的重知轻术有关，但是也不能不说与职业教育“进口”和“出口”没有必要的门槛有关。

目前，学校对教师的考核，占重要比例的是看学生的考试成绩。那样的学生基础和这样的考核方法，给教师们特别是给文化课教师和理工类的专业理论课教师带来无穷的苦恼，职业倦怠越来越严重。质量是学校的生命。提高教育质量是《教育规划纲要》的核心。一味用低分换取“全民教育”，最终换来的是职校生素质普遍下降和教师职业倦怠加重。学生大多基础差、教师职业倦怠严重，提高教育质量就只能是纸上谈兵。西安翻译学院院长丁祖诒指出：“竞争力标志在于生源质量，如果什么人都要，老师再好都没有用。”2010 年 5 月 7 日，《人民日报》发表了全国人大常委会副委员长、民进中央主席严隽琪的文章，她建议“重视发展优质的中等职业教育，不能让中等职业教育成为失败者聚集的地方”。事实已经证明招生“零拒绝”影响职业教育的又好又快发展，影响了教师的成长和发展，必须坚决扭转。“不能让中等职业教育成为失败者聚集的地方”，就必须给入学设置必要的门槛。

假设二：实施分级教学

现代化建设对于技能型人才需求的层次性、专业性和发展性，构成了职业教育分级的客观基础。职业教育应当按照职业活动规律和职业能力要求来建立层次结构和教育标准，以培养人的职业胜任能力为重点。根据社会分工的复杂性和用人结构的层次性对职业人才应当具备的职业素养、技能水平和文化知识的具体要求，职业中学一般应该培养初级工、中级工、高级工，暂且设定为 1 级、2 级和 3 级。

1 级和 2 级，属“基础性职业教育”，培养具有一定技能水平的初、中级劳动者，对应的是初级工、中级工。职业教育 1 级主要为义务教育阶段之后的职业准备教育，目的是帮助社会新增劳动力达到基本的职业资格准入条件，培养具有必要的职业素养和基本技能的初级劳动者，可以从事非技术类岗位或简单技能型岗位工作。职业教育 2 级相当于现行制度下的中等职业教育，主要为生产、服务一线培养具有一定职业素养和技能水平的中级劳动者，可以从事一般技能型岗位工作。职业教育3级属“提高性职业教育”，对应的是高级工，即培养实用型、应用性、具有较好职业素养和一定管理能力的技能型劳动者，可以从事一般复杂程度的技能型岗位和辅助管理岗位。

在教育模式上，职业中学要根据学生的知识、能力基础，按照1级到3级这三个不同级别培养目标（标准）设计教学方案，以模块化教学和学分制管理为特点，形成柔性化人才培养模式；同时，还要为学生提供职业生涯全过程指导。

假设三：提高职业教育教师的地位

中国的职业教育被视作是三流的教育。我们的个别党政官员、部门领导看重的是初中学生考取重点高中的比例、普通高中学生的高考本科录取率，认为这些学校培养的是“精英”，对社会和地方的贡献大，职业学校没有培养出“精英”，就没有什么贡献。受主流意识和评价标准的影响，目前，我国的中等职业学校教师的待遇——政治待遇和经济待遇——普遍低于普通高中。比如年终岁末，教育局下达的年度考核优秀名额和各级各类先进名额，职业学校不仅与重点普通高中相差很多，就是与一般普通高中也相差较大，哪怕你是省乃至国家级示范性的县级职教中心。光从下达的优秀和先进名额这一项，就可以看出连教育主管部门都在“歧视”职业教育。这样的传统观念，这样的评价标准，就导致了职业教育受“歧视”的结果。《教育规划纲要》第十七条指出：“加大对有突出贡献高技能人才的宣传表彰力度，形成行行出状元的良好社会氛围。”在全国人代会上，全国人大代表、香港科技大学副校长黄玉山指出：“职业教育如何改变社会观念和家长看法，工作待遇一定要提高。”社会地位的高低，往往是由经济决定的。所以，要提高职业学校教师的幸福感，必须提高职业学校教师的政治待遇和经济待遇，每年的评先评优指标，职业学校和普通高中应该一样；绩效奖基数应该一样。这也是增强职业教育吸引力的题中应有之义。

假设四：建立科学的评价观

（一）科学评价职业学校

《教育规划纲要》指出：“推进学校教育质量评价制度、学生评价制度和招生考试制度改革。”要推行该项改革首先得我们的党政领导，包括教育主管部门的领导要改变传统的以升学率对学校进行教育质量评价的观念，要充分利用各种媒体、在各种场合，大力宣传职业教育对经济与社会又好又快地发展所起的巨大作用，积极宣传职业学校毕业生在经济与社会又好又快地发展中所起的作用；不以升学率论英雄，高考成绩揭晓后，领导不向升学率高的学校发贺信，不表增加奖金的态，媒体不宣传高考状元和升学率。要积极为职业学校造势，大力肯定为社会输送了大量的高素质的、掌握了专业技能的建设者的职业学校；要在全市营造一种看重职业教育的氛围，使传统观念和传统的评价方法没有市场。

（二）科学评价职校教师

职业学校教师的职业倦怠越来越明显。而一些职业学校对教师的不科学评价和考核方法还在加剧这种职业倦怠。职业教育又好又快地发展、质量的提高，必须依靠一支数量充足、结构优化、技艺精湛的教师队伍，而青年教师在职业学校占很大的比重，所以，青年教师发展成长得如何，对职业教育又好又快地发展、质量的提高具有举足轻重的影响。职业学校必须建立起有利于青年教师成长的评价机制。

1. 采用增值评价

目前，职业学校文化课教材虽然经过了修订，但还是偏难，而进入职业中学的绝大多数学生，在义务教育阶段基本上就没有学好语文、数学、英语等课程，现在又要学习相当于高中程度的这些课程，肯定还是学不好，而且更加怕学。如果用普通高中学科化的教学要求和评价要求，即看学生考试的平均分、及格率、优秀率来评价职业学校教师的教学成绩，是很不恰当的。因为教材内容偏难，学生本身基础差，所以到了职业中学还是学在义务教育阶段就没有学会的科目，出现上课有个别学生睡觉的现象应该属于正常。如果按照以往的评价标准来评价职业学校的文化课教师，只会使他们越来越没有信心，职业倦怠越来越严重，不利于教师成长和发展，进而不利于职业教育又好又快发展。但是，职业学校文化课又不能偏废。我们要建立起有利于调动教师积极性和创造性、有利于教师成长和发展的科学的评价机制。笔者以为，增值评价值得借鉴。

增值评价与传统的考试成绩评价相比，不仅关注学生最后的考试结果，它还有将学生原有的知识、技能、情感、行为，师资水平、学校环境等纳入其范围之内的特点。通过学生学业成就的增值来评判教师教学的有效性是增值评价应用于教师评价的一个特点。职业中学对教师，特别是文化课教师采用增值评价方法，能够比较准确地反映教师的教学及其效果，能够调动教师的积极性、创造性，促进教师成长。

2. 对教师评价应以人为本

将“以人为本”的理念运用于教师管理，要尊重教师职业的特点，遵循促进教师全面发展的原则，凸显“以人为本”的人文关怀，既要科学、合理，还要民主、充满人情味。在整个管理过程中，要充分调动教师的积极因素，减少消极因素，让教师明确自己的主人翁地位，以主体身份积极参与到管理活动中来，自觉感知自己的优势与不足，从而提升自身的素养、改进自己的工作。

3. 领导多深入一线，亲近教师

如果一个学校领导能够经常深入教研组、深入课堂，肯定会对教师教学的真实掌握得清清楚楚。听不到教师的心声（呼声）、听课只听公开课、脱离群众高高在上的领导，就了解不到教师教学的真实情况，了解不到学生学习的真实情况，这又怎么能够管理好学校呢？

4. 给每一个教师施展才能的舞台

要让一个青年教师健康成长，必须想方设法为他们创设条件，搭建舞台，架设梯子。对于他们在课堂教学中存在的问题，要认真地、辩证地分析原因，研究对策，帮助他们解决教学中存在的问题，和他们共同管理好学生，进而提高教育教学水平，迅速成长起来，而不能一棍子打死。

（发表于《新课程研究》2013 年 1 月中旬刊）

参考文献：

［1］中等职业教育对学生文化知识水平和学习能力要求的研究（教育部职业教育“十一五”专项研究课题）.

［2］翟帆. 北京试水职业教育分级制改革，［N］. 中国教育报，2011-9-17.

［3］中等职业教育改革创新行动计划（2010－2012 年）.

［4］江苏省职业学校试行学分制的原则意见.

［5］国家中长期教育改革和发展规划纲要（2010—2020 年）.

对中职学校教师心理现状的调查分析

自 2005 年由国务院主持召开的全国职业教育工作会议之后，国家采取了一系列有利于职业教育发展的新政，我国的职业教育发展迎来了新的春天。职业教育的大发展，要靠党和国家的好政策，靠适应发展的硬件设施，还要靠一支素质优良、数量足够、结构合理、充满活力的教师队伍。

为了解中等职业学校教师的心理现状对职业教育改革与发展的影响，笔者对某县级市的中等职业学校教师进行了一次调查。本次调查主要采用问卷的方式，共发放问卷300份，涉及某县级市的三所中等职业学校，参与答卷的有学校中层领导、教研组长和一般教师。回收285份，均为有效问卷，基本能够反映中等职业学校教师的真实状况。

一、中等职业学校教师的心理现状

教师年龄在40岁以内、从事教育工作在20年以内的分别占到87.65%、88.38%；年龄在40岁以上、从事教育工作在20年以上的分别占到12.35%、11.6%；本科及以上学历占到94.3%；已经获得硕士学位及硕士在读的占16%。这些数据说明，中等职业学校教师以年富力强的中青年为主，学历层次较高。以为工作上有成就是靠自己的进取心强的占54.29%；到中等职业学校工作是自己意愿的占30.5%，在当今人事分配关系还没有打破的情况下，这一比例属于较高的了；将来对本工作持热爱态度的占45.7%；把成为优秀教师作为自己追求目标的占28.57%。这样的结果是可喜的，对中等职业学校今后的发展是有利的。

调查也反映了对将来我国中等职业教育发展可能有消极影响的情况。主要表现在：职业倦怠较明显。到职业学校来工作属于“无奈之举”的占47.6%，对现在职业不满意的占46.7%；既不热爱也不厌倦现在工作的占44.76%，厌倦的占25.7%；认为做职业学校的教师被看不起的占40.95%；对将来的工作态度，选择“过一天算一天”和“准备跳出去”的共占54.3%；感到工作吃力、压力大、没有成就感的占到了77.14%；今后愿意到一般普通中学、重点普通中学、其他学校工作的分别占9.5%、13.3%、41.9%，存在着不稳定因素。

造成教师没有成就感的因素多样。超过50%的教师认为现在工作环境不理想、压力过大；认为社会、家长不重视职业教育的占56.2%；得不到社会、单位领导理解的占68.5%；认为是学生学习差、学习没有积极性的占76.2%。教师们对目前的生存状态也普遍表示了忧虑。

在调查中，教师普遍表达了这样一些愿望。教师们普遍希望职业教育要加强专业内涵建设、加强师资建设，特别是“双师型”教师队伍建设，从而体现鲜明的专业特色和办学特色。教师们普遍希望职业教育的发展之路越走越宽广，成就越来越辉煌，能够探索出提高我国职业教育竞争力的好办法，从而满足社会多样化的需求，为社会提供具有竞争力的各类专业技术人才。同时，他们也对职业学校教师的工作环境——大环境、小环境——地位、收入的提高表达自己的意愿。工作环境好一些，主要是要创设和谐的工作环境；领导对普通教师更多些理解，要多听取和积极采纳教师合理的意见和建议；同事和睦；家长配合；学生的学习基础好一些、学习积极性高一些；社会能真正重视职业教育、尊重职业学校的教师；福利待遇更好一些，收入能够随着社会和经济的发展增加一些；学校管理制度，特别是对教师的考核制度要不断完善，能够更加合理，多些激励与奖励机制，真正做到公平、公正；自己参加培训的机会多一些，以扩大知识面，适应教育改革和发展的需要；学校的政务更透明一些，公开的力度更大一些。

二、思考与对策

（一）全社会要形成真正重视职业教育、尊重职教教师的氛围

1. 五个文明建设离不开大力发展职业教育

60 年前，黄炎培在给友人的信中说："弟确信职业教育，为能解决人类间种种问题之最扼要办法。"新中国成立以来，特别是改革开放以来，我国三个文明建设的成就，已经充分地证明了职业教育所起到的至关重要作用。如今，要实现我国政治建设、经济建设、文化建设、生态建设和社会建设又好又快发展，既需要数以百万计的精英，也需要数以亿计的高素质劳动者和数以千万计的高技能专门人才。胡锦涛总书记在党的十七大报告中指出："优化教育结构，促进义务教育均衡发展，加快普及高中阶段教育，大力发展职业教育，提高高等教育质量。"党的十七大把民生问题摆在了历史上空前的位置。而"大力发展职业教育"是最大的惠民工程。这项工程建设得好不好，关系到全局。

2. 改变对职业学校和取校教师的评价办法

职业学校在招生时都排在最后批次，不管是中等职业学校，还是高等职业学校。中考总分在 200 分以下的、甚至没有参加过中考的初中生，只要愿意进职业学校，都可以进来；职业学校成了中考和高考落榜者的"收容所"，许多想进普通高中、好的高校的落榜生无奈之下才进入职业学校，所以生源质量大打折扣。但是，改革开放以来，职业教育为社会输送了数以亿计的具有初、中级技能乃至高级技能的、有较高素质的劳动者，他们在各条战线、各种岗位上为社会作出了

不同的贡献。虽然没有像普通高中一样有可以炫耀的升学率，但是，职业学校却能把这些义务教育阶段的“失败者”、普通高中不要的“差生”、“边角料”培养、教育成对社会有用、有益的劳动者、建设者，既没有让他们成为社会的不稳定因素，又减轻了家长的负担，为家庭、为自己带来一份收入，成为一个自立者。雨果说过：多一所学校，就少一座监狱。职业学校就是为社会发展和稳定起到这样的作用。

职业学校教师的职业倦怠越来越明显。而一些职业学校对教师的不科学评价和考核方法还在加剧这种职业倦怠。笔者以为，增值评价值得借鉴。所谓“增值”，就是评价时将学生入学时的学业水平也一并考虑。用以比较入学时与接受学校教育后成绩增进的幅度。增值评价就是对教师的教学效果（即教师对学生学业成就的影响程度）做出判断的教师评价方法。职业中学对教师，特别是文化课教师采用增值评价方法，能够比较准确地反映教师的教学及其效果，能够调动教师的积极性、创造性，促进教师成长。

另外，对教师评价应以人为本。教师评价只有“以人为本”进行正激励，多些赏识，少些惩罚，多为教师发展着想，才能让教师感受到评价的魅力，树立起主人翁意识，时时刻刻把学生、教学、学校挂在心上，敬业爱岗，乐于奉献，安心快乐地工作。

3. 像尊重普通中学教师一样尊重职业学校教师

2007年8月31日，胡锦涛总书记在全国优秀教师座谈会上的讲话中指出：“教师是人类文明的传承者。推动教育事业又好又快发展，培养高素质人才，教师是关键。尊重教师是重视教育的必然要求，是社会文明进步的重要标志。”“必须高度重视和切实加强教师队伍建设。要维护教师的合法权益，保障地位，提高待遇，要特别重视农村教师队伍建设，为教师教书育人创造良好就。”“必须形成尊师重教的良好社会风气。要营造良好舆论氛围，让教师成为社会上最受尊敬的职业，让尊师重教蔚然成风。”总书记讲话中所指的教师，自然是包括中等职业学校教师在内的全国1 400多万名教师。各级党委、政府要像重视重点普通高中一样，切实拿出重视职业教育、重视职业学校教师的措施来，切实为职业学校的教师办实事、办好事；同教育行政主管部门一起大力宣传职业教育在经济建设和社会进步中的作用，努力搭建学校与企业、与家庭沟通的桥梁，使全社会真正了解职业教育、熟悉职业教育，并进而重视职业教育，关心职业教育，使职业学校的教师真正享受到和普通中学，特别是重点普通中学教师一样的待遇——政治的、物质的、精神的，和他们一样有成就感。

4. 全社会都来关心职业学校教师，支持他们的工作

职业学校教师职业倦怠既影响教师本身的成长和发展，更影响学生的成长和发展，影响学校的发展，进而影响职业教育的质量。全社会都来关心职业学校的教师，包括关心他们的思想、工作、生活、身体，努力营造一个比较宽松的工作环境，不能让职业学校的教师眼流泪、心流血。党委、政府要为他们“住有所居”、子女上学入托、工作条件的改善创造条件；家长要关心子女的学习和成长，和老师一起教育孩子成人、成材，多与老师沟通交流；学校要努力建设和谐校园，为教师提供尽可能舒适的工作环境；组织教师参加各种适宜的活动，组织教师定期体检，关心他们的家人，帮助他们解决一些困难；为大龄青年解决婚姻问题，为教师成长创设机会。

（二）加大投入，加强教师队伍建设

职业学校相对于普通高中，特别是重点高中，得到的投入更显不足，大多还是薄弱学校，教师工作的条件没有绝大多数普通高中好。“大力发展职业教育”，就要加强职业学校的教师队伍建设，改变原先不利于职业教育发展的状况，使我国的中等职业教育依靠一支素质优良、数量足够、结构合理、充满活力的教师队伍，创出一番新天地，真正把我国“建设成人力资源强国”。这既有社会方面、教育行政主管部门要做的，又有学校的、教师自身要做的。

1. 各级党委、政府要加大对职业教育的投入

通过加大必要的投入，来改善职业学校的办学条件，增添必要的硬件设施，改善教师的工作环境。要随着社会的进步和发展，提高职业学校教师的福利待遇和收入，使教师能够安心工作，能够敬业、乐业。

2. 创设教师成长的环境和条件

教师职业倦怠，既有自身的原因，如没有什么追求、目光短浅、得过且过等，也有社会的、管理部门的和学校的。教育行政主管部门和学校，要努力营造有利于教师特别是青年教师成长的环境，努力为他们的成长创设条件，搭设台子、架设梯子。现在学校对教师的考核评价还是以罚为主，在一定程度上挫伤了教师的积极性。而这几年，绝大多数的学校又都把企业管理与考核的“末位淘汰制”引入了学校，更是激化了矛盾。教师教学的效益不会像企业那样立竿见影，它是个渐进缓慢的过程。所以，这种“末位淘汰制”违反了教育规律，不仅不适应学校，而且是违法的。现行的考核评价方式方法必须要改革，要能够调动教师工作的积极性和创造性，要变惩罚性为主的考核评价为激励性为主考核评价，使他们在和谐的环境中愉快地工作，不再有职业倦怠感，从而不断追求进步，不断成长。

3. 教师要牢记四点希望

对教师自身来说，要牢记胡锦涛同志在全国优秀教师座谈会上的讲话中对教师所提出的四点希望和要求，即“爱岗敬业、关爱学生；师刻苦钻研、严谨笃学；勇于创新、奋发进取；淡泊名利、志存高远”，不计较一时的得失，敬业乐业，踏踏实实，奋发进取，做好工作，为中国特色的中等职业教育的改革和发展作出自己的应有的贡献。

（三）给职中生入学设置必要的门槛

事实已经证明招生“零门槛”影响职业教育的又好又快发展，影响了教师的成长和发展，必须坚决扭转。要“不能让中等职业教育成为失败者聚集的地方”，就必须给入学设置必要的门槛。

参考文献：

[1] 中等职业教育对学生文化知识水平和学习能力要求的研究（教育部职业教育“十一五”专项研究课题）.

[2] 中等职业教育改革创新行动计划（2010－2012 年）.

[3] 国家中长期教育改革和发展规划纲要（2010—2020 年）.

[4] 朱永新. 理想的教师［M］. 北京：人民教育出版社，2004.

[5] 严隽琪. 重视发展优质的中等职业教育，不能让中等职业教育成为失败者聚集的地方［N］. 人民日报，2010-5-7.

第五辑　校企合作

《教育规划纲要》指出：“调动行业企业的积极性。建立健全政府主导、行业指导、企业参与的办学机制，制定促进校企合作办学法规，推进校企合作制度化。鼓励行业组织、企业举办职业学校，鼓励委托职业学校进行职工培训。制定优惠政策，鼓励企业接收学生实习实训和教师实践，鼓励企业加大对职业教育的投入。”国内外成功的经验告诉我们，加快发展现代职业教育，保证职业教育又好又快地发展，抓好校企合作是关键之一。职业教育走校企合作之路，不仅能够整合职业院校和行业企业的优质资源，实现优势互补，更重要的是能够创造互利双赢、共同发展的崭新局面。同时，校企合作也有利于企业获得人力资源储备和相对廉价的劳动力，有利于企业获得职业院校提供的培训服务和咨询服务。特别是在提高企业自主创新能力、建设创新型国家的新形势下，校企合作也是为企业培养创新型人才的重要途径。而当前校企合作还存在一些问题，“一头热”现象比较突出，很多企业与学校合作的积极性不高，或者停留于浅层次合作，甚至停留于一纸协议。国家要加快出台相关细则，明确政府、企业（行业）和学校在校企合作中的责任、权利和义务，明确相关具有可操作的奖惩措施，充分调动各方的积极性、主动性，使各方形成合力，结成紧密型的、利益共享的共同体。

政府、学校和行业、企业在合作中要充分发挥各自的优势。校长要和企业家做朋友；在招生及确定和调整专业时，要加强产教对话，使招生和专业都能够与市场需要对接；教师要经常下企业，与企业零距离接触，多参加顶岗实习，了解企业最新的技术、工艺和设备及对毕业生的要求。企业派到学校的兼职教师要既教技能技术，又教“做人”，承担教书与育人双方面的导师责任。

校企合作抓两头

实施可持续发展战略，关键就是要提高人口素质，实现由人口和人力资源大国向人力资源强国转变，职业教育责无旁贷。质量和效益是职业教育的生命线，内涵发展、学生发展是职业教育的本质问题。笔者以为，中等职业教育扩招后，要保证又好又快地发展，就要落实科学发展观。职业教育又好又快地发展，抓好校企合作是关键之一。职业教育走校企合作之路，不仅能够整合职业院校和行业企业的优质资源，实现优势互补，更重要的是能够创造互利双赢、共同发展的崭新局面。同时，校企合作也有利于企业获得人力资源储备和相对廉价的劳动力，有利于企业获得职业院校提供的培训服务和咨询服务。特别是在提高企业自主创新能力、建设创新型国家的新形势下，校企合作也是为企业培养创新型人才的重要途径。而当前，校企合作还存在一些问题，“一头热”现象非常突出，很多企业与学校合作的积极性不高，学生安全、技术保密、成果分配和学生待遇等方面的纠纷时有发生；企业很难让学生从事核心职位；由于没有签订具有法律效力的劳动合同，许多在企业进行实训的学生很难参与企业的核心技术工作，更多的只是打打杂、帮帮忙、参观学习。而最为核心的问题是职业教育与企业发展结合得不够紧密，产学脱节，企业缺乏依靠职业教育的自觉性和为职业教育提供条件的积极性，而职业学校为企业服务的主动性不够高、能力不够强。

笔者以为，针对存在的核心问题，校企合作就应该抓两头。所谓校企合作抓两头是指抓学校、抓企业。

先说抓学校。职业院校要落实“以服务为宗旨，以就业为导向”的方针，就要围绕市场、围绕企业（行业）需求来设置专业、确定人才培养目标，就要大幅度提高为企业服务的主动性和服务的能力，广泛地对企业（行业）需求和市场走势进行调研和科学的分析，多到企业走访，积极寻求企业的支持，与企业形成稳固的、紧密型的合作关系，开展订单式培养，组成“工业项目组”。企业成为学生实训、实践的基地，学校成为企业新员工的输出地。职业院校的教学活动要紧贴企业生产实际，适应企业（行业）的发展需要，要和企业共同开发教学资源，克服产学脱节的问题，发挥好专业指导委员会的作用。这些教学资源主要应该包括“教、学、做”一体化和“以学生为中心”的课程、教材等各种教学资料以及“双师型”教师队伍建设标准和实训基地建设标准等。

再说抓企业。企业要提高依靠职业教育的自觉性和为职业教育提供条件的积极性，把与学校合作看作是实现优势互补、创造互利双赢、共同发展的重要方式。企业要发挥在职业教育中的作用，根据企业和行业的特点，开展本企业或本行业人才需求预测、制订教育培训规划、组织和指导行业职业教育与培训工作、参与制订本行业、企业特有工种职业资格标准和职业技能鉴定及证书颁发工作、参与制订培训机构资质标准和从业人员资格标准、参与对职业院校的教育教学评估和相关管理工作等。企业要和学校一起进行技术革新和新产品、新设备的研发，要舍得将新设备装备职业学校，把它作为自身长远发展的战略投资。

新加坡校企合作的做法可供我们借鉴。新加坡理工学院三年级、工艺教育学院二年级即最后一年，学生依据自己所选的专业方向进入有关“工业项目组”进行实际生产操作。这种“工业项目组”，实际上就是由某个或某些社会上的生产厂家与学校联合办的，以教学和技能训练为目的的生产车间。学校从生产厂家承揽工业项目，生产厂家以提供或借用方式在学校装备一个完全与实际工厂一样的生产车间，学生在教师（组织项目并讲课）和师傅或技术人员（不讲课）的指导和训练下，进行实际生产操作。新加坡职业院校的学生在技术上学什么，由专业指导委员会说了算。专业指导委员会的成员，大都来自企业，他们对企业（行业）发展的走向、技术的改进与革新、新技术的产生和推广，对企业某个阶段需要什么样的工人，都很熟悉，由他们来确定学生学习的专业技术、专业课程，所以课程比较活。这样不仅与市场对接紧密，而且有一定的超前性，就可以避免学校培养的学生成为“明日黄花”。在新加坡，不管是工艺教育学院，还是理工学院，他们实验室、实习车间的设备先进，不再是淘汰产品，而这些先进的设备，相当部分是企业无偿提供的。在我国，企业支持职业教育、参与职业教育的积极性很低，倒是有一些外资企业在支持、参与我国的职业教育。不要说无偿提供设备，就是合作培养他们紧缺的技能人才都不积极。这实际上也与全民对职业教育的认识不到位有关。所以，政府在继续加大投入的同时，要大力宣传职业教育的作用，还要动用必要的杠杆，调动企业支持职业教育、参与职业教育的积极性。

我国的职业院校，大都也曾建立专业指导委员会，但是基本上都是有其名无其实。只是在学校要参加什么考评、升格时才会开一次会，甚至会议的形式也没有，只是有些造出来的材料。个中原因是较复杂的。企业对职业教育的认识不到位，参与不积极；学校一厢情愿，“剃头挑子一头热”；当然有的学校也只是把它当做一种形式，也不重视；企业与学校分属不同的“婆婆”；我国的课程体现的是上级意志、个别专家的权威，是不能随意改变的，企业更不可能来定课程。所以，我们的学生往往与市场需求有一段距离，甚至存在明显的滞后性。如果培养的目标定位与市场需求脱节，培养的学生成为“明日黄花”，职业教育就会走下坡路。我们要想使设置的专业与市场对接紧密，而且有一定的超前性，避免学校培养的学生成为“明日黄花”，不仅要建立专业指导委员会，而且必须充分发挥他们的作用，使专业指导委员会名副其实；不仅在设置新专业或调整专业时要召开相关研讨会，就是在平时也要定期、不定期地进行研讨。双方都要热起来，发挥主动性和能动性，多交流多研究。企业要将新设备装备职业学校，使学生——将来的员工在学习时就接触新技术、新设备，到岗位后，不要再进行熟悉新技术、新设备的培训，立即可以工作。

企业也要为学校提供师资帮助。新加坡职业学校的专业理论和实践课教师，基本上是“双师型”教师，他们不是师范学院（教育学院）的毕业生，而是有在工厂 3 年工作经历的技师、工程师。所以，他们既能上理论课，更会上操作课。企业乐意让技师、工程师去学校任教，技师、工程师可以再回到企业。而我国企业没有让优秀的技师、工程师去职业学校任教的积极性，一定程度上影响了我国职业学校“双师型”教师的比例。我国相当多的专业课教师从学校到学校，缺少在企业工作的经历，不利于教育质量的提高。

校企合作，我们已经讲了多年，但主要是教育部门在讲，主要抓的也就是学校，强调学校要怎么做。成功的事例告诉我们，职业教育走校企合作之路，要紧紧抓好学校、抓好企业。校企紧密合作，共同推进我国职业教育的改革与发展，共同培养具有良好职业道德的高素质劳动者和技能型人才，共同促进我国科学技术水平的提高，共同承担起把我国建设成为人力资源强国的重任。

（发表于《中国教育报》2008 年 10 月 30 日）

校长主动出击，才能走好校企合作之路

职业院校要落实“以服务为宗旨，以就业为导向”的办学方针，要科学设置专业、安排学生实习和实施工学交替，都要与行业领导、企业家打交道，走校企合作之路。虽然，校企合作存在着“剃头挑子一头热”的现象，但是，职业院校的领导要主动出击，与行业领导、企业家加强联系。

有的职业院校领导受计划经济时代的影响深，与教育行政部门和其他政府部门领导的联系多——汇报找教育行政部门的领导，有困难也找教育行政部门的领导或其他政府部门领导；与行业领导、企业家的联系很少，甚至没有联系。有的观念还很陈旧，认为无商不奸，所以，不屑与企业家打交道。职业院校的发展，

当然离不开教育行政部门和其他政府部门的领导，离不开他们的指导和支持，但更多的应该找市场、找行业企业、找老板。学校要开设新专业、改造传统专业，使专业与市场需要紧密吻合，就要进行可行性调研，就要到与相关专业相对应的行业企业走访，与行业的领导、企业的老板打交道，与他们交流、讨论，认真了解行业企业需求、专业发展趋势，而不能关门办学。安排了学生实习，学校也要定期或不定期地到用人单位走访，听取企业对培养对象的意见和建议，并根据要求改进教育教学、提高教育质量，为企业输送满足需要的劳动者和技术人才。

2010 年，全国大专院校毕业生超过 600 万人，再加上 2009 年没有就业的，总计超过 700 万人。所以，就业形势依然严峻。要想使职业院校毕业生有工作，特别是有对口的工作，校长就应该多与行业领导、企业家联系，与行业、企业建立紧密型合作关系，同时不断提高教育教学质量。而不能只想着与教育行政部门和其他政府部门领导的联系，更不能坐在学校的办公室里想发展。

中等职业学校和中小学深入学习实践科学发展观活动指导小组印发的《关于中等职业学校开展深入学习实践科学发展观活动的几点具体意见》指出：要以提高质量为核心，在“办什么样的职业学校、怎样办好职业学校”上统一思想，努力办人民满意的有特色的中等职业学校，塑造家长满意、企业欢迎、社会认可和国家经济社会发展需要的高素质劳动者和技能型人才。要以改革创新为动力，在“改革促进发展，创新增添活力”上统一思想，改革办学模式、培养模式、教学模式和评价模式，创新教学环境、专业设置、教材应用、教学方法、队伍建设和管理制度等机制，促进学校为国家产业建设和政府改善民生作出贡献。所以，职业院校就要准确把握学校办学的科学定位，认真贯彻“以服务为宗旨，以就业为导向”的办学方针，坚持面向市场、面向社会、面向企业、面向农村办学，坚持服务于国家产业结构升级、服务于区域经济发展、服务于改善民生、服务于就业再就业。要加强校企合作、充分发挥行业企业作用，校长就要带领学校的管理人员和教师到已经开展合作的和将要开展合作的行业、企业走访，广泛听取这些用人单位的意见、建议，找准制约学校科学发展的突出问题。

（发表于《中国教育报》2010 年 4 月 29 日）

职校教师与企业零距离，毕业生才能适应企业的要求

江苏省首届职业学校教师企业研修班 2011 年 3 月 14 日在常熟理工学院开班，来自全省百所职业学校的百名教师，将走进常熟 15 家名企当 20 天“学生”。

该研修班涉及电气（电子）、机械和市场营销三个专业。研修期间，百名教师将深入波司登国际、江苏隆力奇等15家规模企业，与企业家、技术专家和企业高管零距离接触，通过与企业洽谈合作，熟悉工程、商贸环境，了解企业生产经营流程，掌握企业主要生产设备的操作、使用等方面知识，增强教师们基于实际工作经验的教学设计、课程开发、实践指导能力。据了解，江苏省教育厅举办此次研修班目的在于在全省形成高校和行业企业联合培养人才的新机制，为培养造就一大批创新能力强、适应经济社会发展需要的高质量工程技术人才奠定基础。

毕业生适应企业的要求，受用人单位欢迎，是职业学校办学质量高的一个显性指标。而毕业生适应企业的要求，受用人单位欢迎，很关键的一点是有过得硬的、与企业"零距离"的"双师型"教师。可以说，大多数职业学校缺少过得硬的、与企业"零距离"的"双师型"教师，已经成为制约职业学校发展、提高教育质量的瓶颈。江苏省教育厅举办首届职业学校教师企业研修班，开了个专业课教师培训的好头。

随着这种培训班第二届、第三届……的开办，一定会使各职校的绝大多数专业课教师做到与企业零距离，一定会突破职业教育改革与发展的瓶颈。同时，还要实现校企深度合作。因为只有通过企业、行业、学校共同制订教育计划，共同实施教育计划，才能反映企业一线用工需求，企业参与人才的培养，才能培养实用人才。

我们相信，有了专业课教师与企业的零距离，有了校企深度合作，毕业生一定会适应企业的要求，一定会实现职业教育又好又快发展。

（发表于江苏职教网2011年3月23日）

企业兼职教师的责任不只是技能培养

目前，许多职业院校在校企合作方面迈开实实在在的步子，结出了成果，不仅是学生有了比较固定的实习企业，学校的专业课教师有了得到培训、提高的场所，而且企业也派出技术骨干到学校担任兼职教师。但是，现在来自企业的兼职教师，基本上只是注重讲技能，对于职业道德很少讲。笔者以为，兼职教师既要教好技能，还要教好职业道德。

美国有一项研究表明，在员工被企业开除的原因中，列在前十位的无一涉及能力，却都与职业道德有关，如服务态度、责任心、敬业精神等。笔者曾选取某市大中型企业进行了问卷调查，结果反映，企业认为毕业于中等职业学校的员工服务态度好的约占22%（不保留小数，下同），一般的约占69%，差的约占9%。餐饮类企业的评价要好于第二产业，分别是在46%、53%、1%左右。对责任心的评价，认为强的约占14%，一般的约占65%，差的约占21%。对敬业精神的评价，与对责任心评价的结果很接近，认为强的约占13%，一般的约占67%，差的约占20%。而绝大多数企业十分看重员工的职业道德素质，并把人品、敬业、责任感作为聘用员工的先决条件。据上海市教育科学研究院职业教育与成人教育研究所对该市近百家企业的问卷调查反映，在企业选择录用中职毕业生的标准中，排列在前三位的是“认真负责”、“敬业诚信”、“团结合作”，这都与德育直接相关，而“专业知识”、“职业技能”、“双证书”等因素则位居后列。企业招收职业学校毕业生，其目的是为各种职业岗位寻找适用的技能操作型或技术应用型劳动者，合理地配置整个企业的人力资源。因此，企业需要的是职业思想稳定的爱岗敬业者。而有的职业学校毕业生，上岗后不但不安心工作，还漠视职业岗位的规范、要求，这无疑造成了企业用人上的职业道德风险。在企业的发展过程中，由于员工的职业道德缺陷而带来风险事故发生频率的增加，对企业的利益或形象造成的损害是最大的。现在，一些企业对于录用职业学校毕业生心存疑虑，一方面担心职业学校毕业生只考虑个人自我发展而缺乏踏实工作的精神，另一方面担心职业学校没有为其打下良好的职业道德基础。

职业技能相当于一个人的硬件，职业素养就相当于一个人的软件。“硬件”与“软件”共同决定一个人的市场竞争力。一个人的可培养性决定于他的职业素养。中等职业学校学生素养主要是职业道德素养。职业道德建设是一个国家经济发展和社会文明进步的重要标志之一。《公民道德建设实施纲要》指出：“职业道德是所有从业人员在职业活动中应该遵循的行为准则，涵盖了从业人员与服务对象、职业与职工、职业与职业之间的关系。随着现代社会分工的发展和专业化程度的增强，市场竞争日趋激烈，整个社会对从业人员职业道德观念、职业态度、职业技能、职业纪律和职业作风的要求越来越高。要大力提倡以爱岗敬业、诚实守信、办事公道、服务群众、奉献社会为主要内容的职业道德，鼓励人们在工作中做一个好建设者。”企业家说：“德才兼备重点使用，有德无才培养使用，有才无德坚决不用。”企业的用人取向说明了职业学校既要重视抓技能，还要重视抓学生职业道德素养。职业学校学生职业道德素养一般，甚至较差，会引发职业道德风险，它不仅给个人带来就业方面的风险，还会给企业发展带来风险，甚至给社会安定和发展带来风险。

加强中等职业学校学生的职业道德教育，提高他们的职业道德素养，降低和缓解他们的职业道德风险，不仅是他们个人的问题，也不仅是用人单位的问题，而是关系到整个社会道德风尚提高的问题。既要教技能，又教职业道德，应该是兼职教师的责任。来自企业的兼职教师，在企业对员工的职业道德要求方面了解得更具体，更有针对性，说服力更强。所以，他们要充分利用自己来自企业的优势，现身说法，把企业对员工的职业道德要求明明白白地告诉学生，从而加强他们的职业道德素养，成为企业的好员工、社会的好公民。

（发表于《中国教育报》2011 年 4 月 14 日）

校企深度融合，助推职业教育成功

凡是成功的职业教育，都离不开校企深层合作，特别是学校和企业双方在教学层面上的深度融合，这样才能从根本上解决教学脱离实际、脱离生产、脱离企业需求的问题，才能满足学校人才培养模式改革的需要，让毕业生更加受到企业的欢迎。所以，校企深度融合，能够助推职业教育成功。

在我国校企合作已经有多年历史，特别是新世纪召开的全国职教工作会议以来，开展校企合作的学校和企业越来越多，面越来越广。但是，大多数还是局限于浅层次。如企业为学校提供一些设备、提供一些兼职教师、设立奖学金，学校实施“订单式培养”，为企业输送员工；而企业没有参与学校专业教学计划的制订，没有参与学校对学生专业学习的考核标准的制订，没有在学校设立奖教金，更没有提供办学经费。学校没有参与企业的研发，没有与企业骨干和国外专家组成讲师团为企业员工培训，更没有送教、送文体活动到企业。双方也并没有在决策、执行、咨询三层级形成全面合作体系，没有建立实体性的校企利益共同体，没有真正做到优势资源互补，从而也就不可能实现校企双方利益的倍增。所以，这样的校企合作没有制度保障，基本上是松散型的，虽然也能够实现互惠共赢，但是属于浅层次的。

2012 年，在苏州工业园区举行的中国职业教育与开发区创新发展对话暨第二届中国国家级开发区职业教育年会上，教育部副部长鲁昕指出：我国将制订职业教育校企合作办学促进办法。今后要发挥行业组织最了解本行业领域的技术前沿、内在运行规律、人才需求的优势，使其在“教学指导、实习指导、教材指导、评价指导、规划指导、教师队伍指导、人才需求指导、专业布局指导”等八个方面发挥更大作用。

对市场经济新体制新环境下的企业来说，更加不愿意去做没有“利益”的事情。过去及当前，技能人才紧缺，通过“订单培养”这种模式可以建立起校企合作关系。随着职业教育的快速发展，技能型人才供求矛盾出现变化，单靠输送技能人才这一个“利益”，对企业的吸引力开始下降。校企之间需要通过建立一种以合作办学为机制、以合作育人为模式、以合作就业为目标、以合作发展为动力的校企利益共同体，来实现校企的深度合作。

金华职业技术学院与皇冠集团、众泰控股集团、高新技术园区等开展的校企深度合作，是一个成功的典型，具有标杆意义。如皇冠集团专门为学院投入300多万元建设的2 000平方米的教学车间，车间里摆放的是市场里最先进的电动工具，学院的学生能在生产岗位上接受皇冠老员工手把手的教学，切身体会严格的生产纪律、一丝不苟的技术要求，这能让学生直接了解具体生产岗位的技术要求，为毕业与就业接轨奠定基础。与此同时，在车间里的多媒体教室中，可以聆听到学院讲师团的老师们专门为学生设计的与市场同步的课程，享受到学院专门为学生引进的在欧美和日本有着成熟经验的高级工程师进行国际化水平的教学。对皇冠集团来说，除了人才利益，经济利益同样可观，虽然每年要投入大量资金用于皇冠学院的运行和发展，但由企业技术骨干、学校专业教师和国外专家学者三方面组成的讲师团对企业员工进行培训，大量人力资源成本被节约下来，仅此一项，就可以为企业节省成本几百万元，而且比以前的培训更具有针对性。除了人员培训，金华职院所提供的科研平台给企业带来的经济利益更为可观。在众泰汽车学院，金华职院教师和众泰集团技术骨干经过几个月的埋头苦干，研发出的项目“SL-32型磁吸附式无绳救援切割机”和“电动汽车动力电池组均衡管理和控制”就为企业带来了3 000多万元的产值。

他们的成功告诉我们，校企只有深度合作，才能倍增双方利益，推动职业教育向更高水平发展。也就是，校企应该建立一种以合作办学为机制、以合作育人为模式、以合作就业为目标、以合作发展为动力的实体性的利益共同体，在决策、执行、咨询三层级形成全面合作体系，来实现校企的深度合作。企业除了为学校提供先进的设备、提供兼职教师、设立奖学金，还要参与学校专业教学计划和学生专业学习的考核标准的制订；学校要积极参与企业的研发，参与企业员工培训，还可以送教、送文体活动到企业。学校在教学环境中融入企业要素，对学生实施“准企业管理”，在教学内容中加入职业素养、职业态度、企业文化的教育，做到校企文化的融合，“实现校企关系从邻居到亲戚再到伙伴的质的发展”。

让企业有更多的“利益”可图，调动企业参与学校办学的积极性，找到很好的突破口，成为职业教育多方办学体制的一种新探索。毫无疑问，通过“缔结婚姻”建立起来的校企合作新体制新关系，不仅杜绝了校企合作“剃头挑子一头热”的现象，而且使校企合作始终在愉快和谐的氛围中进行，有利于学校和企业的共同发展。这样的紧密型合作，一定会受到企业的欢迎，具有合作的可持续性。

从校企参与度来看，是选择“学校为主”模式，还是选择“企业为主”模式，抑或是选择“校企联合渗透”模式？从人才培养的角度来看，是选择“顶岗实习”模式，还是选择“工学交替”模式，抑或是选择“订单式培养”模式？应该按照“因地制宜、互惠互利”的原则，选择适合自己的校企合作模式。国内许多职业院校在校企合作方式上进行了深入探索，形成了一些成功的校企合作模式，基本满足了学校人才培养模式改革的需要，毕业生也更加受到企业的欢迎。一是校企互为基地的长效合作机制。学校是企业的人才培养基地，企业是学校学生的实训基地。企业基地均作为学校工学结合一体化课程改革的参访企业和企业专家来源地，支持并推进学校相关专业的建设。

二是赋予全新理念的订单培养、企业冠名共同育才的合作形式，这是基地关系的深化。学校在开放性的课程中融入合作企业的培养内容，同时企业派人到校从事部分教学工作，并提供相应设备，学生也进入企业进行阶段性、针对性的实习培训。这种新的合作形式，使课堂教学对接企业生产，在对学生的培养中渗透企业的专业技能要求、员工素质要求和企业文化特质。

三是形成“校中有厂、厂中有教、学练相长的教学工厂”人才培养模式。校企是双向互动的，“车间进校”将企业的生产车间引进校园，企业在学校进行生产，学生通过参与企业生产完成教学任务。出现“企业课堂”，就是从学校中选拔优秀学生，使用企业自有资源（师资、设备、课室）有计划地对学生进行全日制教育，学生在学校及企业合作培养下完成学历教育。实行这样的校企合作双向互动形式，学校共享了企业的设备、人才、管理和文化资源，为学生提供了实习实训场所和高水平的实习指导“师傅”。学校还可以在校内创建双元校企集团公司，对应每个专业成立全真生产运营的分公司。

企业也可以向吉利集团学习。吉利集团以培养学生和学员应用能力为主，专业理论课以实际实用为原则，开展课程体系建设，创造了独具特色的“311”人才培养模式。“311”分别是指3门职业基础课，1门“以人格本位教育”为核心的职业道德素质课，1个围绕岗位或职业而设计的专业课程体系；以终为始，缺什么学什么，形成“知识、能力、素质”三位一体、岗位标准与综合职业能力标准并举的质量目标结构体系。

在校企合作方面，现在是职业院校做了很多工作，但企业的积极性还没有被充分调动起来，这里的关键是缺乏科学可行的制度来调动。目前，国际上谈论最多的是“现代学徒制”建设。比如，瑞士、丹麦等国家的做法就具有参考价值。丹麦和瑞士的校企合作由同一部法律规范，并且在国家和地方层面都有完善的协作和服务制度。瑞士还通过引入“参与式管理”制度，让利益相关各方都积极参与到与职教相关的决策过程中来。

通过优势互补，校企共同搭建了一个合作的平台，结果放大、倍增了双方的共同利益。企业获得了人才利益、经济利益、政策利益、文化利益、社会利益，学校获得的则是深度的、可持续性的校企合作，最终带来良性的招生和就业循环，而这正是职业院校所追求的目标。所以我们认为，构建校企利益共同体是校企合作的路径创新，是提升学校内涵的重要抓手，更是学校置身于区域经济社会发展作出的选择。

《教育规划纲要》指出：“调动行业企业的积极性。建立健全政府主导、行业指导、企业参与的办学机制，制定促进校企合作办学法规，推进校企合作制度化。”鲁昕部长在2012年教育部召开的全国代表、委员关于职业教育座谈会上，讲到了我国目前的职业教育存在“十大问题”，其中之一就是教育和产业深度融合不够。她提出解决的举措是“十个衔接”，其中之一就是校企深度合作。建议国家要尽快研究出台关于校企合作保障机制的法律，鼓励有实力的企业创办职业学校，鼓励有条件的学校创办工厂或企业，并在财政、税收等方面给予政策倾斜和优惠，加大行业企业在专业、课程和人才培养标准方面的参与度。必须尽快建立一种以合作办学为机制、以合作育人为模式、以合作就业为目标、以合作发展为动力的校企利益共同体，来实现校企的深度合作，从而形成校企合一、产教结合、校企共进、互惠双赢的良性循环。

（写于2013年）

基于校企合作培养“双师型”教师

师资队伍建设是职业教育内涵发展的关键点，是职业院校提升办学质量的“发动机”，而建设“双师型”教师是职业院校师资队伍建设的重要抓手，也是职业院校教师专业化发展的基本目标。我国职业院校十分重视“双师型”教师队伍建设，一般都是通过让专业教师到企业顶岗实习来作为“双师型”教师队伍建设的重要途径，明确要求专业教师要利用暑假到与专业对口的企业顶岗实习。国家教育部也曾专门发文，要求专业教师到企业顶岗实习每年不少于1个月。如2006

年，教育部出台了《关于建立中等职业学校教师到企业实践制度的意见》，要求中职专业课教师和实习指导教师，每两年必须有两个月以上时间到企业或生产服务一线实践。2007年，教育部和财政部又联合下发了《中等职业学校重点专业师资培养培训方案》、《课程和教材开发项目实施办法》等两个文件。2011年12月，教育部又出台《教育部关于进一步完善职业教育教师培养培训制度的意见》和《教育部关于“十二五”期间加强中等职业学校教师队伍建设的意见》两个文件，足以表明教育部对中职教师的重视程度。但是，因为教师本身的问题和企业方面的问题，专业教师到企业顶岗实习存在着走过场的问题，效果大打折扣。要真正落实专业教师到企业顶岗实习，提高专业技能，更好地为教学服务，除了加强管理与考核，还可以借鉴新加坡等国的做法。

新加坡有非常严格的教师资格制度，职业教育教师的选拔重点是考核其是否具备胜任本专业的工作经验和项目合作开发能力。如南洋理工学院对教师的选拔要求是：5年以上行业工作经验，并且行业工作经验与所应聘的教师专业对口。为使其胜任教学工作要求，学院对新引进教师进行为期3个月的教学理论、教学方法培训，最终使教师既有项目开发经验，又有教学能力，真正成为“双师型”教师。新加坡高职学院很看重教师的企业工作经验，80%的教师都曾是企业的经理或业务骨干，大学毕业后，如果没有经过企业实践的锻炼，没有企业业绩，一般很难进高职学院当教师。由于教师全都来自企业并且具有5年以上工作经验，对企业工作流程和项目研发非常熟悉，因此，南洋理工学院与新加坡300多家大中型企业有着密切联系，企业为学校提供先进设备、研发资金和实习岗位，供学校教师研发和培养人才；学校为企业提供专业人才、解决技术难题或设计开发项目和产品，实现“校企双赢”。

对职业教育最重要的为企业提供技术服务、促进企业生产过程与教学内容相统一、有效培养学生实践能力。教师只有到生产一线去体验，才能真正了解生产设备、工艺流程、生产与管理及行业发展的动态信息，积累教学需要的企业生产操作技术和实践经验。新加坡职业教育非常重视教师的在职培训工作。新加坡教育部规定，每位教师每年必须接受100小时的在职培训。对我国的职业学校中许多没有行业工作经验的教师，要建立定期到企业挂职锻炼制度，如从学校毕业的新进教师必须到企业挂职2年，并作为评聘教师职务的依据。

我国职业院校教师的准入标准不明确，教师大多来自普通高校毕业生。很多学校新引进的教师，都是直接从学校走向学校，缺少行业工作经验。受人事制度的限制，专家型的能工巧匠引进难。而职业学校培养的学生要适应企业的要求，受用人单位欢迎，很关键的一点是有过得硬的、与企业“零距离”的“双师型”教师。所以，让教师到企业顶岗实习，与企业“零距离”非常必要。它可以让教师真正了解企业生产经营流程，掌握企业主要生产设备的操作、使用等方面知识，增强教师们基于实际工作经验的教学设计、课程开发、实践指导能力。但是，由于对专业教师聘用、职称晋升时，顶岗实习方面占的比重很小，甚至不占比；对专业教师利用暑假到与专业对口的企业顶岗实习的待遇缺少明确的规定，或者根本没有适当增加的待遇（其他教师都在带薪休假）；专业教师顶岗实习靠自觉，学校和教育行政管理部门不可能经常去查岗，对其效果也没有专门的考核，所以，有的没有内在发展动力、自觉性缺失的教师就在某个企业挂个名，基本上不去顶岗实习或者经常请假。另外，教师研发能力大多较弱，教师一般又不能在短期内融入企业氛围，特别是直接参与生产的教师有怕苦和畏难情绪，所以企业对短期实习的教师不怎么欢迎。所以，顶岗实习的效果不是十分理想。

要让专业教师顶岗实习取得预期效果，促进“双师型”教师队伍建设，提高职业教育质量，必须加强管理。

一是要在实习结束后进行专业考核。教育行政管理部门和学校除了定期或不定期地到企业走访，了解教师顶岗实习情况外，还要在开学前与行业企业一起，对教师顶岗实习项目的效果进行专门的考核，考核结果与评先评优、年度考核、绩效考核、职称晋升挂钩，以此督促教师提高顶岗实习的效果。

二是要建立以项目研发为导向的专业教师评聘制度。以项目研发为导向的专业教师评聘制度是新加坡成功的做法。专业教师要为企业提供技术服务，从而促进企业生产过程与教学内容相统一，有效培养学生的实践能力，这些也应该是“双师型”教师的实际工作，对职业教育也是最重要的。所以，专业教师应该积极参与企业的研发，而专业教师的职称评聘也应该以参与企业项目研发及其效果作为重要的指标，而不能照搬文化课教师的评聘标准。

三是要明确利用暑假到与专业对口的企业顶岗实习教师的待遇。相对来说，教师下企业顶岗实习，比起在学校上课要辛苦一些，特别是在炎热的暑假。所以，教育行政管理部门和学校都应该明确顶岗实习教师的待遇。当然，待遇要跟实际效果挂钩。

四是要调动企业的积极性。要让企业家明确接受并合理安排好教师顶岗实习是自己的社会责任；政府要对积极参与职业教育、接受教师顶岗实习成绩突出的企业进行表彰、奖励。

五是要尽快出台类似“校企合作促进条例”的法规。因为各地情况不同，所以，各地因根据实际依据“教育改革与发展规划纲要”和《职业教育法》制订类似“校企合作促进条例”的法规，进一步明确地方政府与企业、学校在校企合作、建设“双师型”教师队伍方面的责任。

教师只有到生产一线去体验，才能真正了解生产设备、工艺流程、生产与管理及行业发展的动态信息，积累教学需要的企业生产操作技术和实践经验。所以，借鉴新加坡职业教育师资队伍建设与管理的经验，我国的教育行政部门、学校和企业要形成合力，采取有效措施，建设要以校企合作为平台，即通过校企合作来培养教师，特别是“双师型”专业教师，加强对教师顶岗实习的管理，切实做得善始善终、善做善成。同时建立以项目研发为导向的教师评聘制度。

（写于2013年夏）

第六辑　改革评价

《教育规划纲要》指出："改进教育教学评价。根据培养目标和人才理念，建立科学、多样的评价标准。开展由政府、学校、家长及社会各方面参与的教育质量评价活动。做好学生成长记录，完善综合素质评价。探索促进学生发展的多种评价方式，激励学生乐观向上、自主自立、努力成才。"我们的中等职业学校往往是脱胎于普通学校，所以，教育方法、评价方式受普通教育的影响大，重结果考核，轻过程考核；重终结性评价，轻发展性评价；重划一性评价，轻个性化评价，主要是用纸笔的标准化考试来进行评价。现今我们国家的职业学校学生基本上是基础教育的失败者，或者说是基础教育阶段"顶线评价"的被淘汰者。如果在职业学校还是采取"顶线评价"，搞优胜劣汰，那么，他们遭遇的将会是一再的失败。美国哈佛大学教授霍华德·加德纳 1983 年提出了多元智能理论。该理论认为人类至少存在七种以上的思维方式，即七种智能，每一种智能在人类认识世界和改造世界的过程中都发挥着巨大的作用，具有同等的重要性。每个人与生俱来的都在某种程度上拥有这七种智力潜能，这七种智力潜能在不同人以及同一个人身上的呈现是有巨大差别的。

在 2013 年全国教育工作会议上，教育部部长袁贵仁表示，要研究颁布实施具有中国特色、世界水平的质量评价标准和质量监测体系。如何适应职业教育及其课程改革发展的需要，建立符合素质教育要求，促进学生成长、教师发展、学校教学质量提高的教育评价体系，则是职业教育及其课程改革发展的一项重要任务。职业中学的学生和课程与普通学校不同，决定了对学生、对教师、对学校的评价机制与普通学校也不能相同。建立和实施切合职业中学的学生、教师及学校特点的科学评价机制，能够促进学生成长、教师发展和学校发展。

实施底线评价与增值评价，促进现代职业教育发展

在2013年全国教育工作会议上，教育部部长袁贵仁表示，要研究颁布实施具有中国特色、世界水平的质量评价标准和质量监测体系。如何适应职业教育及其课程改革发展的需要，建立符合素质教育要求，促进学生成长、教师发展、学校教学质量提高的教育评价体系，则是职业教育及其课程改革发展的一项重要任务。职业中学的学生和课程与普通学校不同，决定了对学生、对教师、对学校的评价机制与普通学校也不能相同。建立和实施切合职业中学的学生、教师及学校特点的科学评价机制，能够促进学生成长、教师发展和学校发展。笔者认为，职业中学应该建立和实行底线评价与增值评价的机制。

一、底线评价——职业中学学生评价机制

（一）底线评价的内涵及依据

学生评价是课程实施的重要组成部分，由于其本身所具有的导向和教育作用，对于促进学生发展和成长有着重要的意义。近年来，我国在实施素质教育的过程中，中小学反映最为强烈、感到最为困惑的问题是评价改革。学生评价在评价的目的、内容、方法、环境等方面均存在诸多不足，如没有充分发挥评价促进学生发展的功能，过分强调甄别与选拔，评价内容偏重书本知识，评价方法单一，过于注重终结性评价，学生在评价中处于被动地位，评价中缺乏多方的交流和理解，等等。毋庸置疑，现行的评价考试制度已成为推进素质教育和深化教育改革与发展的瓶颈。为了打破这一瓶颈，教育部于2002年12月制定了《关于积极推进中小学评价与考试制度改革的通知》，提出了中小学评价与考试制度改革的全新教育理念："中小学评价与考试制度改革要全面贯彻党的教育方针，从德、智、体、美等方面综合评价学生的发展，充分发挥评价促进发展的功能。评价内容要多元化，既要重视学生的学习成绩，也要重视学生的思想品德以及多方面潜能的发展，注重学生的创新能力和实践能力。"

美国哈佛大学教育研究生院教授霍华德·加德纳1983年所提出的多元智能理论，对我们职业教育的考试和评价的方式改革也起着重要的指导作用。加德纳认为人类至少存在七种以上的思维方式，即七种智能：语言智能、逻辑—数学智能、音乐智能、身体运动智能、空间智能、人际智能、自我认识智能（自然或博

物学家智能和存在智能正在论证之中）。加德纳指出：单纯依靠用纸笔的标准化考试来区分儿童智力的高低，考察学校教育的效果，甚至预言他们未来的成就和贡献，是片面的。这样做，实际上过分强调了语言智能和逻辑—数学智能，否定了其他同样为社会所需要的智能，使学生身上的许多重要潜能得不到确认和开发，造成了他们当中相当数量的人虽然考试成绩很好，走上社会后却不能独立解决实际问题的教育弊端，是一种人才的极大浪费 。

职业中学的学生基本上都是旧的评价标准和考试制度的失败者。近年来，招生实行“零门槛”，职业教育的生源质量呈下降趋势，用原先的评价标准已经遇到了许多的问题。如何打破单纯的以学习成绩论成败、只注重终结性评价而忽视过程性评价的旧评价体系和考试，建立适合职中生的评价和考试体系，帮助职中生重塑自信是当前职业教育改革的一项重要任务。《江苏省职业教育课程改革行动计划》指出：“职业学校要树立正确的职业教育人才观和质量观，突出评价的教育功能，全面反映学习者的学习经验，发现和激发学习者多方面的潜能，帮助学习者认识自我、建立自信；重视学习过程评价，强化综合实践能力考核，充分反映学习者不同智能类型和水平；广泛采用笔试、口试、面谈、观测、现场操作、工件制作、提交案例分析报告、成果演示、作品评价、学习方法记录、自评、第三者评价等多种评价方法，建立以能力为本位、评价主体和方式多元的课程评价体系。”

要落实“以能力为本位、以就业为导向、以服务为宗旨”，根据多元智能理论、现今的生源基础和社会对技能性人才的要求，中等职业教育考试和评价的方式必须要进一步地进行改革。而底线评价就是适合中等职业教育的评价方式之一。

底线评价即合格性评价，只要合格就是好学生。底线评价标准是绝大多数学生经过自己的努力能够比较容易达到的要求，这是一个基础平台。所以，底线评价能够真正做到面对全体学生，使绝大多数的学生通过努力，都能达到合格线。

上面已经提到，现今我们国家的职业中学学生基本上是基础教育的失败者，或者说是基础教育阶段顶线评价的被淘汰者。如果在职业中学还是采取顶线评价，搞优胜劣汰，那么他们遭遇的将会是一再的失败。而采取底线评价，只要文化课和专业理论课过关，获得专业技能初级或中级证书，他们就是合格的毕业生，是社会需要的、受社会欢迎的人才。

（二）对职业中学学生实施底线评价的方法

因为职业中学的课程特点，决定了实施底线评价要根据文化课、专业理论课和技能考核分别进行。

1. 文化课和专业理论课

(1) 拉大宽度，降低难度，改革教法

文化课是培养学生文化底蕴、使学生适应时代要求、成为文明人的重要课程，不可缺少。但现今职业中学的文化课教材，虽经多次修改，也在努力适应职业中学学生的基础，却还是难度较大。像数学这样的课程，高一年级就要学习反三角函数、正弦定理、余弦定理、复数；高二年级学习解析几何、立体几何、微积分等。这些知识，从专家们的角度来看，是一个中学生应该掌握的中等数学知识；但对文化基础较差的职业中学学生来说，这些是很有难度的知识。就像2007年江苏省的物理高考试题，对于专家来说是难度不大的，是参加高考的理科学生基本要掌握的；但对于绝大多数考生来说，却是过分难了。所以，从底线评价的要求来看，职业中学的文化课教学应该拉大宽度，降低难度，让他们掌握一些最基本的知识（不是专家们说的，是职业中学一线教师说的），特别是要与专业结合，学习对于专业学习和发展以及就业所必需的、有价值的知识 。如学习烹饪的，数学内容可以和成本核算结合，甚至可以把成本核算作为替代数学的课程。英语课上，不必教许多的语法知识，而让学生掌握各种菜肴的英文名称，用英语说出菜肴的烹制过程。这些知识掌握了，就可以说是相关的功课合格了。

专业理论课是学好专业必不可少的课程。职业中学主要是为社会培养初、中级技术人才，培养高素质的合格劳动者，所以，专业理论课不能过深，不能拿高职高专的教材来教职业中学的学生。教师在教学时，更要用浅显易懂的方法，特别是要与实际操作相结合，采用理论和实践一体化的教学方法，让学生多动手来理解、掌握专业课知识。理论和实践一体化的教学已经被证明是一种行之有效的方法，它避免了理论和实践两张皮、学生前学后忘记的情况。学生边学理论、边动手实践，对理论和操作步骤、方法记得牢，掌握得好。印证了这样一句话：听到的，容易忘；看到的，不容易忘；做过的，记得牢。同时，根据企业用工需要、订单式培养要求以及技能考核要求，采用项目教学法，及时跟进，调整教学内容。

(2) 考试考核：梯度明显、追求合格

考试是检查学生知识和技能掌握情况的必不可少的手段。考试要从学生的基础和学习实际出发，要有明显的梯度，既要能检测出学生学习的真实结果，又要能激励学生的学习。即让学习基础好的学生获得优秀的成绩，让学习基础一般的以及一般以下的学生也能够达到合格成绩。专业课考试肯定是根据专业出卷，文化课试卷也要根据各专业学生的基础、专业特点和专业要求来区别对待，比如学烹饪的和学计算机应用的，对数学的要求就有不同，那么数学试卷的难度就应有不同。否则用同样难度和容量的试卷来检测，得到的结果是缺少可信度的。可能就是有的专业大多数学生不合格，这样就不符合底线评价的原则。

2. 技能

职业中学学生参加的技能考核，一般有初级和中级。对学习基础较好的学生来说，一开始就可以设定中级考核要求，而对于另一部分学习基础较差、技能掌握上存在一定困难的学生来说，应该设定初级考核目标；对他们一次考核不及格，可以允许他们补考，甚至可让他们考多次。只要通过初级技能考核，技能上就是合格的学生。

由于人的客观差异性，决定了学生在智力、个性特长、兴趣爱好、学习能力、发展方向和智力发展上存在着诸多的差异。教育评价应尊重学生差异，针对不同层次的学生采用不同要求的评价。即依据学生个体的实际情况提出多元化、个性化的评价标准，在现今，底线评价是适合中等职业教育的评价方式之一。今后，在评价方法上要积极探讨，对于每位学生的评价标准能够做到“底线评价标准（每个学生都相同）加多元化、个性化的评价标准（依据个体情况而设定）”，给不同层面、不同个性、不同实际情况的学生以正确的导向和有效的激励，才能真正做到促进全体学生的个性发展，让每一位学生都能在评价机制中找到自己努力的方向，激励学生不断进步。

二、对职业中学及教师的评价机制——增值评价

（一）增值评价的内涵和依据

增值（value added）评价法，即通过对学生在就读期间或某个阶段的学习过程、学习结果的分析，来描述学生在学习上进步或发展的“增量”，这个“增量”可看做是教学质量提升的结果，是学校教学改进的标志，也是教学质量评估所要抓住的重点。例如，某学生在进入学校时某个能力指标上的得分是 70 分，到一年级结束时的得分是 80 分，那么这 10 分的进步则基本上可以看做是学校教育，即主要是通过教学对该学生产生的影响，是教学质量最有力的表征。增值评价法是建立符合学校实际的动态的教学质量保障体系的基础，因为它不断基于学生原有的发展水平，始终专注于教学质量的持续改进。用增值评价法，我们不仅可以分析一所学校、一个院系甚至是一个班级、一个个体的进步幅度，还能够通过对这些“增量”而非“存量”之间的对比，来比较学校在学生进步上的“教学贡献”，从而更加客观、准确地评价各校的教学工作水平。

虽然这种评价法在理论上还面临着一定的挑战，但它提出的评价思路和实践中的一些具体做法，非常值得我们借鉴。

（二）用增值评价来评价学校和教师的意义

1. 评价学校

美国教育评价专家布卢姆曾经指出，对于一所学校而言，教育必须日益关心所有学生最充分的发展，学校的责任是寻找能使每个学生达到最高学习水平的条件。一所高质量的学校应该是“能够使学生实际的学习进步大于根据其起点水平所可能取得的进步”。而这种基于学生进步幅度的学校评价正是学校增值评价的根本目的，即一所成功的学校是对学生的进步有增值作用的学校。增值评价的目的在于有效地引导学校从重投入到重过程、从重生源到重培养、从单纯注重结果到关注教育全过程的评价。对于那些各方面基础条件较差、长期得不到重视而仍然做了大量工作的学校，增值评价能够充分反映出它们的努力程度，从而科学合理地反映每一所学校的工作绩效，有助于建立科学的学校发展观，公平合理、科学全面地评价学校，促进学校特色建设，促进学校均衡发展。

增值评价不同于传统的鉴定性评价，不是用“一把尺子”去衡量所有的学校，而是强调学校自身的进步幅度以及其独特的增值表现。它不仅可以对学校的总体增值进行评价，还可以用于评价学校内部不同学科、不同人群的增值。如果我们进一步拓展增值的评价范围，还可以对学校内德育、学校管理等各方面实施增值评价，从而更有效地引导学校多元发展，办出特色。增值评价的主要内容是以学生的学业成就为评价依据，通过相关的统计分析技术，将学校对学生发展的影响从诸多相关因素中分解出来，特别是强调控制生源因素对学生最终学习质量的影响，从而实现对学校教育教学效果“净”影响的评价。

职业学校在招生时都排在最后批次，不管是中等职业学校还是高等职业学校；职业院校成了中考和高考落榜者的“收容所”，许多想进普通高中、好的高校的落榜生无奈之下才进入职业学校，所以生源质量大打折扣，并有不断下降的迹象。而且中职学校是“零门槛”——中考总分在200分以下的甚至没有参加过中考的初中生，只要愿意进职业高中，都可以进来；中等职业学校学生的许多家长也带着“把孩子送到职业学校是关关的，让学校看看好，不过早地到社会上被不良风气带坏，是否真学到什么无所谓”的想法。这些学生相对于普通高中来说，应该是差的；而这些学生的“差”不只表现在学业上，还常常表现为品德、学业、学习心理等综合性问题。事实上，改革开放以来，职业教育为社会输送了上千万具有初、中级技能的、有较高素质的劳动者，他们在各条战线、各种岗位上为社会作出了不同的贡献。职业学校相对于普通高中，特别是重点高中，得到的投入更显不足，大多还是薄弱学校。职业学校虽然没有像普通高中一样可以炫耀的升学率，但是，把普通高中不要的“差生”“边角料”培养、教育成对社会有用、有益的劳动者、建设者；既没有让他们成为社会的不稳定因素，又减轻了家长的负担，为家庭、为自己带来一份收入，成为一个自立者，为社会作出了贡献。这些学生可以说是义务教育阶段的“失败者”。普通中学录取时，他们被淘汰下来了，他们是“负值”；在进职业学校前，他们是社会的“负担”，是“负值”；职业学校想方设法、苦口婆心，付出了很多的心血、很大的努力，把他们教育好，管理好，这就是真正见功夫的，是伟大的，是实现了最大的增值，难以估量的增值。

雨果说过：多一所学校，就少一座监狱。朱永新教授在《新教育之梦》第七章“理想的教师“中说：“把重点学校的孩子放在哪里，他们都会很好地发挥，因为在多年的教育中，他们已经养成了自我学习、自我教育、自我发展的习惯。真正见功夫的是，你要把差的学生教育好。”“我觉得，只会教好学生的教师，不是好教师；只会教好学生的学校，也不一定是非常优秀的学校。”所以，如果单纯看升学情况，就会埋没职业学校的成绩，埋没这些学校教师的成绩。如果实行教育增值评价，就会使他们的成绩得到彰显，这就会大大地调动职业学校及教师的工作积极性，促使其“破茧化蝶”。

实行教育增值评价，重在看学校发展、变化的幅度，看学校把什么样的对象培养、教育成了人才、对社会有用的人，从而提高所有学校的办学积极性。地方政府、教育行政部门要用学校的增值情况来评估学校，而不是升学情况，要把学校引导到正确的办学轨道上来，促进职业教育的大力发展，使各类教育、各类学校间形成一种科学发展、和谐发展的局面。

2. 评价教师

教师评价作为教师管理科学化的重要手段，是一项具有综合效应的管理活动，会产生反馈、导向、鉴别、监控、激励等功能。它会影响到教师的工作目标和行为，影响到教师的心态以及相互之间的关系。教师评价的目的应该定位于对教师工作的现状作出诊断，明确病症与病因，对症下药，引导教师改进工作。教师评价的依据应该是正确的教育价值观、教育目标、教师职业道德规范以及教师的个体特点与职责。

从学理上说，教师作为社会的人，其本质是积极、向上的，不仅需要得到学生、同事及领导的认可、赏识，而且还希望得到社会的认可，这是教师的一般心态。教师评价的终极目的应该是调动教师的积极性、主动性与创造性。古语云：得人心者得天下！教师评价要得到教师拥护、促进教师全面发展，就要坚持“以人为本”，尊重教师的愿望，应当多进行正激励，而不是负激励。教师评价只有

“以人为本”进行正激励，多些赏识，少些惩罚，多为教师发展着想，才能让教师感受到评价的魅力，树立起主人翁意识，时时刻刻把学生、教学、学校挂在心上，敬业爱岗，乐于奉献，安心快乐地工作。因此，将“以人为本”的理念运用于教师管理，要尊重教师职业的特点，遵循促进教师全面发展的原则，凸显“以人为本”的人文关怀，既要科学、合理，还要民主、充满人情味。在整个管理过程中，要充分调动教师的积极因素，减少消极因素，让教师明确自己的主人翁地位，以主体身份积极参与到管理活动中来，自觉感知自己的优势与不足，从而提升自身的素养、改进自己的工作。我们对职业中学教师不妨采用增值评价法。

对教师进行增值评价就是对教师的教学效果（即教师对学生学业成就的影响程度）作出判断的教师评价方法。一个教师的教学总会有一定的效果. 对学生成就总会产生影响，但这种影响范围可大可小，可正可负，而增值评价就是将这种影响进行量化，进而遴选积极影响、转化消极影响、促成有效教学、扩大受益群体。增值评价与传统的考试成绩评价相比，不仅关注学生最后的考试结果，它还有将学生原有的知识、技能、情感、行为，师资水平、学校环境等纳入其范围之内的特点。通过学生学业成就的增值来评判教师教学的有效性是增值评价应用于教师评价的一个特点。由上可知，职业中学对教师，特别是文化课教师采用增值评价方法，能够比较准确地反映教师的教学及其效果，能够调动教师的积极性、创造性，促进教师成长。

总之，职业中学实施底线评价和增值评价，能够调动学校、学生及教师的积极性，使之发挥最大的正能量，有利于加快现代职业教育的发展。

（发表于《职教通讯》2013 年 20 期）

职业中学学生评价和考试改革研究报告

一、课题研究的背景

职业中学的学生基本上都是旧的评价标准和考试制度的失败者。近年来，职业教育的生源质量呈下降趋势，用原先的评价标准已经遇到了许多的困惑。如何打破单纯的以学习成绩论成败、只注重终结性评价而忽视过程性评价的旧评价体系和考试，建立适合职中生的评价和考试体系，帮助职中生重塑自信是当前职业教育改革的一项重要任务。

二、课题的理论依据

自从《中共中央国务院关于深化教育改革全面推进素质教育的决定》提出“要建立符合素质教育要求的对学校教师和学生的评价机制”后，我国各地中小学已经在改革传统考试评价制度方面作出了大量的实验。进入新世纪后，随着基础教育课程改革的逐步深入，构建促进学生素质全面发展的评价体系已经成为当前推进素质教育的重点环节之一。

《基础教育课程改革纲要（试行）》明确指出：“改变课程评价过分强调甄别与选拔的功能，发挥评价促进学生发展、教师提高和改进教学实践的功能。”

2005 年，全国职业教育工作会议上提出了“以服务为宗旨，以就业为导向，以能力为本位”的职业教育的方针。《江苏省教育厅关于在职业学校进一步推行学分制的若干意见》指出：“积极实施分层教学，适应不同学生的学习需求。实现学分制的学校应积极实施分层教学，将难以达到统一要求的文化基础课和少数专业课分层次进行教学和考核。”《江苏省职业教育课程改革行动计划》又指出：“职业学校要树立正确的职业教育人才观和质量观，突出评价的教育功能，全面反映学习者的学习经验，发现和激发学习者多方面的潜能，帮助学习者认识自我、建立自信；重视学习过程评价，强化综合实践能力考核，充分反映学习者不同智能类型和水平；广泛采用笔试、口试、面谈、观测、现场操作、工件制作、提交案例分析报告、成果演示、作品评价、学习方法记录、自评、第三者评价等多种评价方法，建立以能力为本位、评价主体和方式多元的课程评价体系。”

美国哈佛大学教育研究生院教授霍华德·加德纳 1983 年所提出的多元智能理论，对我们职业教育的考试和评价的方式改革也起着重要的指导作用。

三、概念的界定

“职中学生”指在中等职业学校就读的学生，含职高学生、中专（省部属中专、市属中专、职业中专）、技校学生。本课题实验对象以本校学生为主，兼顾临近同类性质学校的学生。所谓评价和考试改革，就是对职中学生的文化课、专业课和技能学习水平等方面的评价和考试方式进行改革，改变原先单一的终结性评价，实行多元化评价，将终结性评价与过程性评价、阶段性评价相结合，注重对职中学生的学习行为、学习方式、学习品质的评价与记录，特别注重实践操作能力评价；就是改变原先单一的以纸笔为手段的考试形式，实行符合“以能力为本位、以就业为导向、以服务为宗旨”的考试形式，即笔试与口试相结合、阶段性考试与终结性考试相结合、技能考级与平时抽测相结合以及根据学生性质实行分层考试。

四、研究的初步结论

该课题的研究，顺应了职业教育改革和发展的趋势，促进了中等职业学校评价改革、教学改革和考试改革。文化课考试普遍实行两张试卷，专业课教学基本上实行了模块化教学、项目教学、理实一体化，对学生普遍实行了激励性评价、多元化评价，较普遍地建立了学生成长档案，将诊断性评价、形成性评价和终结性评价相结合，促进了学生的健康成长，有效地培养了职校学生的能力，充实了学校专业发展的内涵。本校学生的对口高考本科录取率连年名列张家港市第二名，就业率在98%以上；学校在这3年中，都是张家港市文明单位，都是张家港市教育质量综合评估一等奖获得者；2006年成为苏州市德育示范学校，2007年成为教育部命名的中等职业教育德育实践基地。

五、课题研究的主要成果

（一）制订了校本评价方案

我们依据多元智能理论和“以服务为宗旨、以就业为导向、以能力为本位”的原则，出台了校本评价方案。该方案明确了评价的原则，就是目标多元，方式多样，注重过程。对学生评价的措施和方法包括以下三个方面。

1. 建立学生成长档案

2. 改革考试评价方式

考试是评价的主要方式之一。我们将考试与其他评价方式相结合，根据考试的目的、性质、内容和对象，选择相应的考试方法，将考试与考查相结合、笔试与口试相结合、技能等级考试与技能抽测相结合、综合性评价与开放性评价相结合；充分利用考试、考查与评价，促进每个学生的进步。

3. 确立客观多样的阶段性评价

每学期期中、期末，我们要求教师对学生进行阶段性评价。评价内容包括各学科的学业状况（课堂表现、作业情况、测验情况、实习情况）、技能掌握状况和教师的评语。评语是在教师对搜集到的学生资料进行分析，并与同学、家长交流、沟通的基础上产生。评语注意了多采用激励性的语言，客观描述学生的进步、潜能及不足。

（二）结合实际进行技能教学改革

“职业教育就是就业教育。”职业教育要落实“以服务为宗旨，以就业为导向，以能力为本位”，职业学校毕业生走上工作岗位就要能顶岗；要找到理想的工作，也是靠扎实的技能。我们针对这一现实，就学生技能学习效果的评价改革，对技能教学进行改革。技能教学的改革主要包括以下三个方面。

1. 实施项目教学法

学生结合自己的兴趣和爱好选择相应的岗位工种，由学校进行针对性的技能训练和专业理论知识的学习。这样真正做到了学校教育与企业的“零距离”，使学生下得去、用得上、留得住，培养了学生的多种能力，增强了学生的适应性。

2. 实施模块化教学

职业学校靠技能教学创特色、打品牌。要提高技能教学质量、提高学生的就业能力，实施模块化教学是个好方法。模块化教学充分体现了学生为主体的教学观，极大地提高了技能教学的效果。

3. 实施理实一体化教案

理论和实践一体化教案就是改变过去的理论和实践脱节、两张皮的现象，使学生在学习了理论的同时进行实际操作，及时巩固理论知识、掌握技能。

（三）考试改革

考试、考查是重要的评价手段。我校针对各个专业、各个教学层次学生的基础、培养目标和用人单位的要求，对考试进行了改革。

1. 两种不同的要求

我们根据学生的类型有针对性地提出了不同的要求，对职业中专班学生提出的要求是“文化过关、专业过硬”，对预科班学生提出的要求是“文化过硬、专业过关”。文化课的考试，分类别、分专业进行考试、考查。所谓分类别的考试、考查，即按照对口单招班和普通中职班这两类进行考试或考查。类别不同，考试、考查的难度大小、题量多少都不同。对口单招班的考试或考查，难度要大一点，题量要多一点，以适应高校招生考试的要求；普通中职班的考试或考查，难度要小一点，题量要少一点，以适应就业的要求。

2. 文化课考试改革

霍华德·加德纳指出：“当代没有人能够学会需要学会的一切东西。”想让学生学会该学会的一切的“想法是不现实的”❶。“积极实施分层教学，适应不同学生的学习需求。实现学分制的学校应积极实施分层教学，将难以达到统一要求的

---

❶ 霍华德·加德纳．多元智能（第二版）［M］．北京：新华出版社，2003.

文化基础课和少数专业课分层次进行教学和考核。”（《江苏省教育厅关于在职业学校进一步推行学分制的若干意见》）语文学科一般采用考试，而且不分专业和类别。其他学科就分类别、分专业考试、考查。像服装工程专业的《新英语 100 句·中级工》以及烹饪、饭店服务这两个专业的《服务英语 800 句》，就采用考查的方式；普通高等学校单独招生相对应的专业，如机电一体化、机械制造、计算机应用、电子技术、电工技术、市场营销、旅游管理等专业，就根据苏教版的中职学校英语教材进行考试。

为此，我们进行了下列探索：①两张试卷。即将预科班和职业中专班分开，采用难度和容量等要求都不同的试卷。即预科班的难度和容量都大，职业中专班的则较低、较少；预科班采用 150 分制，而职业中专班采用 100 分制的评价。②对学生学习感到困难较大的学科实施开放型考试的探索。如数学学科是职业中专学生都感到头疼的。我们根据学生基础和“文化过关、理论够用、技能过硬”的原则，降低文化课的难度、拉大文化课的宽度，实施开放型考试。即考试前先给学生两三倍于试题的习题，并明确考试试题将从中抽取；考试前对这些习题认真讲解，然后变换一些数据后让学生再练习。这样既改变了学生学习数学的畏难情绪，使学生有了学好数学的兴趣，又使学生基本上都能过关。所以，厌学的学生明显减少，及格率大幅度提高。

3. 专业课考试改革

我们把专业课考试改革作为推进中等职业学校专业课教学改革的重要突破口之一。如计算机专业课的考试内容，我们适当拓宽范围，从认知领域向非认知领域拓展，重视学生对认知能力发展水平的测评，注重知识点与能力点的综合测评。同时，强化平时的测评，取消期中、淡化期末，改变传统的依据期末一张试卷评定学生学业成绩的做法。

（四）根据专业特点，调整文化课教学要求

新形势下，调整语文、数学、外语等主要文化基础课程的教学目标和要求，要着力要解决好文化课的基础性、应用性、实用性和对专业的渗透性。专业不同，对文化课的要求也不同，尤其是像对数学、英语的要求。烹饪专业、饭店服务专业、文秘专业等对数学的要求低，如果按照其他专业，特别是理科、工科类来要求，就不合理，要求太高。我们对 2006 级烹饪、饭店服务等专业的新生进行数学基础摸底，征得张家港市教育局同意后，这几个专业的数学只要求学习江苏教育出版社的中职学校数学一、二册；同样，我们对 2006 级烹饪专业、旅游专业、饭店服务专业、服装工程专业等新生进行英语基础摸底，征得张家港市教

育局同意后，降低要求，服装工程专业、旅游专业采用校本教材《新英语100句·中级工》，而烹饪、饭店服务这两个专业采用高等教育出版社的《服务英语800句》，代替苏教版的中职英语教材。这样，这几个专业的学生学习的畏难情绪比过去的几届明显减少，学习兴趣增加了，学习效果明显了。

（五）编写校本教材

我们根据学生特点、专业特点和考试改革、技能教学改革的需要，组织第一线有教学经验的教师编写校本教材。如结合服装工程专业、旅游专业学生和专业特点编写了《新英语100句·中级工》、《烹饪专业模块化教学讲义》。

（六）推广综合课程和“五名工程”

所谓推广综合课程，就是在中职二年级开设综合理科和综合文科课程，文科类、管理类专业，主要是开设综合理科，在理科类、工科类专业主要是开设综合文科。综合课程以考查作为评价的手段。

所谓“五名工程”，是指读名著、诵名诗、赏名画、观名片、唱名曲，形成五个系列，分布在四册的“新世纪职业院校‘素质树人工程’系列教材”——《“五名工程”伴我成长》中；学生在两年中每个学期学习一册，这样来充实中职生的文化底蕴，提高他们的文化修养。

（七）向张家港市职业学校推介研究的阶段成果

2006年11月15日，承办了以“职业学校学生过程性评价机制改革”为主题的张家港市职业学校专题研讨和教学展示活动。参与教学展示的课程涉及文化课、专业课和技能课，共14节。参加本次研讨的有张家港市教研教科室的领导、专家和全市职业学校相关学科的教师，共115人。与会的领导和老师通过听课、参加专题研讨、看展示的成果资料，对我们的研究及其成果给予了相当高的评价，专题研讨取得了预期的效果。

（八）对学生学习结果的评价改革

对学生的评价，由注重文化成绩向注重技能转变，由要求全面开花到培养特长，突出了能力本位；班主任的评语也发生了很大的变化。每个专业每学期根据教学计划，开设至少一周的实习实训周。对学生的评价，既看理论考试成绩，更看实际操作成绩。我们采用多次评价与多种评价相结合的方法。多次评价即在学生一次考试不理想的情况下，给予第二次，甚至第三次、第四次考试机会，直到达标为止。多种评价即学生自评、互评和教师评相结合，发挥学生在考核评价中的主体地位。

（九）学生成就感大大增强

3年来，学校积极组织学生参加各种职业技能考核和展示活动，其中获苏州市、张家港市团体一、二、三等奖数十个。学生的中级工获证率和对口高考成绩逐年上升。学生原先是义务教育的失败者，现在可能是三好学生，是学习积极分子，是优秀学生干部，是技能标兵……这3年中，获得省级三好学生、优秀学生干部荣誉的有4人，获得苏州市三好学生、优秀学生干部荣誉的有6人，获得张家港市三好学生、优秀学生干部荣誉的有9人，获得苏州市职业院校学生技能比赛一等奖的有22人次、二等奖的有26人次，获得张家港市职业学校学生技能比赛一等奖的有31人次、二等奖的有37人次，2005级烹饪专业学生陈波在2007江苏省职业院校学生技能竞赛中获得中式烹饪和中式面点两个二等奖并获得高级工证书。学生有特长，家长有信心，社会有好评。

六、思考

职业中学学生评价与考试改革不是一所或几所学校的事情，而是个面广、量大的系统工程，涉及机制、体制问题，所以研究没有止境。同时，随着职业教育的改革和发展的深入，职业中学学生评价与考试改革的研究必定要与时俱进，不断研究新情况，解决新问题，使我们的中等职业教育不断适应经济和社会发展的要求，使我们的职业中学学生在新的评价和考试机制中健康成长，使我们的职业中学毕业生始终受到用人单位的欢迎。

（发表于《管理观察》2011年3月中旬刊）

参考文献：

[1] 中共中央国务院关于深化教育改革全面推进素质教育的决定.
[2] 教育部. 关于积极推进中小学评价与考试制度改革的通知.
[3] 江苏省教育厅. 关于在职业学校进一步推行学分制的若干意见.
[4] 江苏省教育厅. 江苏省职业教育课程改革行动计划.

第七辑　技能竞赛

职业院校所培养的学生质量很大程度上是通过技术、技能体现出来的。2007年开始的全国职业院校师生技能大赛——“普通高中看高考，职业院校有技能大赛”已经深深地影响着各级教育行政部门和职业院校，所以，对技能大赛的重视程度越来越高。各级教育行政部门，甚至地方政府加大了对学校参加竞赛及获奖结果的考核与奖励力度——一块国家级金牌奖励5万元，甚至20万元。学校也由此把大量的人力、物力、财力投入到技能大赛的训练中。各地的技能大赛备赛出现了白热化现象。因为要得金牌，所以一年12个月基本都在抓训练；因为要组织学生参加某一级（县级、市级、省级）的技能竞赛，而让他们不再上思想政治课、文化课、专业理论课，全天候地进行某一项目的技能训练，本专业的其他课程、项目也都不参与。这造成了新的教育不公平——设施设备只保证几个参加竞赛的学生使用，其他学生使用的机会就减少了。对于参赛的学生来说，只学到了与竞赛有关的理论和技能，而其他课程基本没有学习，知识面会越来越窄。而且，一些地方的技能竞赛中出现了作弊、贿赂之风。

这种把技能备赛放在首位甚至当做职业院校的一切、干扰正常教育教学的现象，其后果不能不引起我们的关注，不能不引起我们的警惕。我们需要让职业院校技能竞赛回到正常的轨道，实现它应有的意义。

让职业院校技能竞赛回归正常轨道

近两年，职业院校越来越看重师生技能竞赛，随之出现了一些乱象，而且愈演愈烈。

乱象之一：把参加技能竞赛得金牌当做职业院校抓质量的唯一。

很多地区对参加职业院校技能竞赛获奖的选手都予以重奖，如获得省级技能竞赛金牌奖励5万元，获得全国性技能竞赛金牌奖励10万元；一些地方教育主管部门对职业院校的考核评估，在技能竞赛获奖这一块加大了前所未有的权重，甚至成为一票否决的刚性指标。秋季一开学，各职业院校就筹划下一学年的技能竞赛，奖励措施紧紧跟上。

参加各级技能竞赛特别是全国技能竞赛获得好成绩，本身就是职业学校值得夸耀的闪光点，加大权重的考核更加使职业院校不敢有丝毫懈怠，很多学校纷纷把技能竞赛的备赛放在首位，因而出现了技能竞赛备赛绑架正常教育教学的现象。因为要组织学生参加某一级（县级、市级、省级）的技能竞赛，而让他们不再上思想政治课、文化课、专业理论课，全天候地进行某一项目的技能训练，本专业的其他课程、项目也都不涉及。

这样做的结果，虽然参赛学生有可能在技能竞赛中得奖牌、获得技师证书和不菲的奖金，但对其今后的发展却不是件好事。从所学的专业来说，虽然学生本人能靠某个获奖项目能够找到份好的工作，但今后的发展会局限在很小的空间里。因为，一个专业的几门课程、若干个项目都有一定的相关性，只钻一项（一门），路肯定会越走越窄。

乱象之二：一些地方的技能竞赛中出现了作弊、贿赂之风。

一些地方举办的技能竞赛，部分参赛学校在赛前总要使出浑身解数打听评委是谁，然后给评委送礼，这已经不是什么秘密。一些承办学校更是近水楼台，跟评委“热络”、“沟通”方便，所以常常是金牌大户。有的承办学校担心其他参赛学校会对自己志在必得的金牌构成威胁，就设置一些障碍，如鼓动组织者和评委修改比赛规则；预先制作好作品，放入比赛场地的暗箱中，等到比赛时间终了，想方设法把藏好的作品拿出来；不允许其他参赛学校预先熟悉比赛场地。

职业学校学生掌握好技能很重要，但是必须同时刻苦学习文化科学知识，两者并不矛盾。天津职业大学曾邀请在天津的世界500强企业就学生就业的10个问题做个排行，结果显示，学生的外语、技能分别排在第四位和第六位，前三位分别是团队精神、工作态度、沟通能力。

产业的转型与升级、技术的创新、高端技术的出现，对技能型人才综合素质的培养提出了更高的标准。职业学校要让培养的学生有业就、就好业，就要坚持科学发展观，就要着眼于学生的长远发展，为职校生的终身发展奠基。要认真科学地研究如何在注重技能培养的同时，树立面向职业教育的素质教育观，促进学生的全面发展，提升职业教育人才的人文修养和社会责任感；认真科学地探索和研究如何让职业教育与社会需求同步，把企业所需求的职业素养教育前置到学校，抓好以职业素养教育为核心的素质教育，达成“家长放心、教师省心、学生开心”的多赢局面，不断提高职业学校素质教育的成果。

职业院校技能竞赛出现的“走火入魔”现象已经广受诟病，而各级技能竞赛中存在的作弊、贿赂之风又开始显现，让竞赛失去了其应有的意义。目前迫切需要让职业院校技能竞赛回到正常的轨道，实现它应有的意义。

（发表于《中国教育报》2012 年 2 月 2 日）

正确处理技能竞赛备赛与正常教学的关系

一、技能备赛走火入魔白热化，绑架了正常教育教学

参加各级技能竞赛，特别是全国技能竞赛的成绩，本身就是职业学校值得夸耀的闪光点。加大权重的考核已经使职业院校不敢有丝毫懈怠，而重奖之下，必有勇夫，各学校纷纷把技能备赛放在首位，甚至当做了职业院校的一切，因而出现了技能备赛走入白热化、干扰正常教育教学的现象。其现象，不能不引起我们的关注；其后果，不能不引起我们的警惕。

所谓技能备赛干扰正常教学，是指因为要组织学生参加某一级（县级、市级、省级）的技能竞赛，而让他们不再上课，其中包括必修的思想政治课、文化课、专业理论课，为他们提供特殊环境和特殊条件——开小灶，发补贴，全天候地进行某一项目的技能训练。职业院校对参赛学生在仪容仪表、常规纪律、文体活动等方面降低要求搞特殊化，使他们成了脱离学校常规管理与正常教育活动的特殊小群体。这样做的结果，一方面，学生的某一项目的技能是够好，甚至很强，能够在技能竞赛中得奖牌，能够获得高级工，甚至技师证书，还有不菲的奖金；另一方面，参赛学生今后的发展是要受到很大影响的。从他学的专业来说，他的专业知识结构是畸形的。一个专业并不是只要在一个项目上很强，虽然他靠

这个能够找到份好的工作，但是，他的发展就会局限在很小的空间里。对学生本身而言，其生活道路不是越走越窄吗？

二、要为职校生的终身发展奠基，不能将技能竞赛当做职业院校的一切

2009年底，胡锦涛总书记在珠海视察时专门来到技工学校，他对学生们说，没有一流的技工，就没有一流的产品。他希望学生们刻苦学习文化科学知识，潜心钻研专业技能，努力成为高素质技能型人才。总书记的这番话告诉我们，职业学校学生掌握好技能很重要，但是，必须同时刻苦学习文化科学知识，两者并不是矛盾的，而是统一的。我国科学界的泰斗钱学森，之所以能够取得鲜人能及的成就，与他从小打下的扎实的基础是完全分不开的。《走近钱学森》的作者、著名作家叶永烈说："钱学森可以说是走过了一条最正规的循序渐进的学习途径。"职业学校的基础知识课程能够有力地训练一个人的思维能力和学习能力，培养一个人良好的习惯和文化素养，这对于培养高素质人才、高素质的劳动者是至关重要的。学生在学习这些课程和知识的过程中，所受的训练以及由此提高的能力，会使一个人能够更快地接受和掌握新的知识和技巧，更迅速、更准确地把握住事物的关键和本质，从而使他更能够适应时代的变化，跟上新事物、新技术出现和变化的步伐。同时，学习能力对于人职业能力的获得和未来的发展具有十分重要的作用，它是人参与社会和经济生活所必需的基础和终身学习的先决条件。知识和技能可不受年龄限制而习得，但学习能力却需及早培养，重视平时的培养。因此，职业教育在教给学生技能的同时，更要教给学生一种能够获得持续发展的学习能力。要能够获得持续发展的学习能力，必须以一定的文化知识和专业理论知识打底子。

职业院校毕业生在初始就业时不逊色于普通高校毕业生，但大量案例研究显示，职业院校毕业生后续发展低于普通高校毕业生，岗位的迁移能力和不同岗位的适应能力及可持续发展的职业能力都相对较弱。究其原因，实际上是由文化基础和专业理论基础薄弱造成的。职业院校的毕业生因为受所学专业限制，通识教育和综合素质方面低于普通高校学生，岗位的迁移能力和不同岗位的适应能力及可持续发展的职业能力都相对较弱。随着社会的发展，社会分工既越来越细，又越来越融合，新技术、新工艺层出不穷，科技含量越来越高，对文化知识、专业理论知识的要求也越来越高。一个人一生不可能只从事一种职业，因而不是只掌握一种技能就行了。要掌握新技能，就要继续学习；要继续学习，掌握新技能，

就要有一定的文化知识、专业理论知识作基础。而在饭碗教育思想的指导下，走上社会的中职学校毕业生，文化知识、专业理论知识并没有学好，连中职学校所提出的“够用”的要求还有很大距离，所以，在社会和科学技术进一步发展后，他们要新学习一门技术，肯定是难上加难，最终还是会失业，丢掉饭碗，成为新的就业难点，从而给国家和社会带来众多难题。这些后果已经初显端倪。

三、对职校生既要育能更要育德，实现技能备赛与育人有机结合

职业教育不只是获取生存技能的途径，而且要成为提升人的境界、丰富人的精神的一种方式。受教育者不仅仅是被开发的对象和增加社会财富的资源，更是职业教育发展的中心和目标。职业教育既要着眼于学生的就业，同时也要着眼于学生的学业发展、职业发展和生涯发展。除教授技能，更重要的是要育德，加强职业素养教育，让学生学会做人。职业技能相当于一个人的硬件，职业素养就相当于一个人的软件。“硬件”与“软件”共同决定一个人的市场竞争力。一个人的可培养性决定于他的职业素养。当今，企业界流传着这样的话：“德才兼备重点使用，有德无才培养使用，有才无德弃之不用。”如果职业学校学生职业道德素养一般，甚至较差，会引发职业道德风险，它不仅给个人带来就业方面的风险，还会给企业发展带来风险，甚至给社会安定和发展带来风险。加强职业学校学生的职业道德教育，提高他们的职业道德素养，降低和缓解他们的职业道德风险，不仅是他们个人的问题，也不仅是用人单位的问题，而是关系到整个社会道德风尚提高的问题。

目前，我们职业学校的教育教学方式方法和课程等确实需要改革，以适应职业教育发展的需要，适应社会经济发展的需要，适应用人单位的需要，和企业实现“无缝对接”。但是，这些改革，并等于说只要教技能竞赛的内容，其他的都可以让路。

技能竞赛备赛走火入魔白热化、绑架正常教育教学，是急功近利思想在作怪，是饭碗教育思想在作怪。这样培养出的学生，难以成为德才兼备的、有发展潜力的、高素质的技能型人才。2010 年 6 月 21 日，中共中央政治局会议要求把提高质量作为教育改革发展的核心任务，树立科学的教育质量观，注重教育的内涵发展。《教育规划纲要》同样也把提高教育质量作为核心。我们要提高职业教育质量，就要坚持科学发展观，就要着眼于学生的长远发展，为职校生的终身发展奠基。为职校生的终身发展奠基，就是不能将技能竞赛当做职业院校的一切，不能将技能竞赛备赛绑架正常教育教学，正确地处理技能竞赛备赛与正常教育教

学的关系，真正发挥“以赛促教、以赛促学、以赛促改”的作用；既要过硬地抓好技能竞赛，又要过硬地抓好思想政治课、文化课、专业理论课教学。对技能竞赛备赛走火入魔白热化、绑架正常教育教学的现象，我们要保持高度的警惕。

（发表于《东方青年·教师》2011年第7期）

参考文献：

[1] 邢晖．让技能竞赛产生更多积极效应 [J]．江苏教育（职教版），2010-5.

[2] 忻叶．技能大赛的制度反思 [J]．江苏教育（职教版），2010-5.

[3] 孙承斌，邹声．殷殷南粤情 切切话创新 记胡锦涛总书记在广东珠海考察工作 [N]．人民日报，2009-12-22.

[4] 叶永烈．扎实的学业基础成就尖端科学家 [N]．中国教育报，2009-12-10.

[5] 经合组织研究报告称职业教育过于专业化有碍就业 [EB/OL]．新华网，2010-6-9.

[6] 关于职业学校和中小学开展深入学习实践科学发展观活动的指导意见.

[7] 中共中央政治局审议通过中长期教育改革纲要 [N]．人民日报，2010-6-22.

[8] 徐京跃，吴晶．全国教育工作会议在京举行 [N]．中国教育报，2010-7-15.

[9] 国家中长期教育改革和发展规划纲要（2010—2020年）[N]．人民日报，2010-7-30.

第八辑　提高质量

《教育规划纲要》指出："国运兴衰，系于教育；教育振兴，全民有责。在党和国家工作全局中，必须始终坚持把教育摆在优先发展的位置。按照面向现代化、面向世界、面向未来的要求，适应全面建设小康社会、建设创新型国家的需要，坚持育人为本，以改革创新为动力，以促进公平为重点，以提高质量为核心，全面实施素质教育，推动教育事业在新的历史起点上科学发展，加快从教育大国向教育强国、从人力资源大国向人力资源强国迈进，为中华民族伟大复兴和人类文明进步作出更大贡献。""提高质量"列入了"规划纲要"的十六字方针。党的十八大报告也指出："着力提高教育质量。"一流的产品需要一流的技工。职业院校必须为社会造就一支数量充足、结构优化、爱岗敬业、技艺精湛的技能型人才队伍。要着眼于学生的终身发展，着眼于提高毕业生与市场、企业需求的吻合度，适应中国特色新型工业化、信息化、城镇化、农业现代化和资源节约型、环境友好型社会建设要求，既要保证规模，更要全面提高质量。要抓师资建设，抓基础能力建设，抓内涵发展。要防止只抓技能技术教育和培训，甚至把技能技术教育和培训当做提高职业教育质量的全部，忽视德育和文化素质教育、职业素养培养的错误做法；防止宽进宽出，使职业院校成为"文凭工厂"的做法；防止把职业院校变成企业的培训学校。要牢牢把握"提高质量"这个核心，以高水平、高质量经营好"半壁江山"。

中职扩招目标实现后提高质量的对策

一、中职提高质量的背景

党的十七大报告明确指出："优先发展教育，建设人力资源强国。"实施可持续发展战略，关键就是要提高人口素质，实现由人口和人力资源大国向人力资源强国转变。提高人口素质，建设人力资源强国，依靠的是高质量的教育。所以，切实提高教育质量已经成为我国各级各类教育包括基础教育的主要任务。而完成这一主要任务的措施不断跟进：国家"十一五"规划明确把提高教育质量和办学效益摆在突出位置；2007 年 11 月 30 日，教育部基础教育质量监测中心正式成立；《教育部 2008 年工作要点》指出"大力发展职业教育，把工作重点放在提高质量上。以服务为宗旨、以就业为导向，以提高质量为重点，大力发展职业教育"。

2007 年，全国中等职业学校招生数比 2006 年增加了 50 多万人，达到 810 万人，占整个高中阶段教育的半壁江山，普通高中和中等职业教育的规模已经大体相当，提前实现了我国提出的到 2010 年中等职业教育招生规模达到 800 万人的目标。专家指出：通过政府财政的扶持和引导，虽然在短期内能吸引到学生，但并不是解决"技工荒"的最好方式。中职扩招目标实现后的重点应放在抓提高质量上，要把工夫花在如何提升品牌、提高办学质量等方面，不断提高办学能力、办学质量，以适应社会发展和市场的更大需求。

欧洲的大学曾在高等教育普及的热潮中扩招，并严重超载，引起教育质量全面下降。我国的高等学校从 1999 年起扩招，但几年之后，由于学校的硬件和师资等都没有跟上扩招的形势，出现了教育质量的滑坡，这已经是不争的事实。如今，着力提高高等教育质量已经成为教育部的工作重点。中等职业教育扩招后要避免走高等教育扩招后质量出现滑坡的老路，就要及早规划，及早抓紧，把提高质量放在首位。

二、中职提高质量的对策

（一）把提高质量作为中等职业学校的指导思想

质量是学校的生命，质量是立校之本，质量是学校内涵发展的精髓。党的十七大提出构建终身教育体系和学习型社会的战略目标，并把"建设全民学习、终身学习的学习型社会”作为优先发展教育，建设人力资源强国的重要任务。这标志着我国经济和社会发展站在了新的历史起点。构建终身教育体系和学习型社会是我们贯彻党的十七大精神，落实科学发展观，在新的起点上建设和发展具有中国特色社会主义的迫切需要。构建终身教育体系和学习型社会是坚持以人为本，落实党的教育方针，推进素质教育的根本途径。在终身教育框架下，学校教育功能应从单纯传授知识转向为学习者的终身学习打好基础，这是当前各级各类学校教学改革和提高教育质量的核心问题。以学校教育为核心的国民教育体系是建设终身教育体系和学习型社会的核心和基础。

中等职业教育不是终结教育，它是终身教育的一个组成部分。各级教育行政主管部门、各职业学校领导以及全体职业学校的教师，要牢固确立提高职业教育质量，就是落实科学发展观，为学生终身发展奠基的思想。职业教育就是就业教育。就业要靠扎实过硬的技能。所以，提高质量、抓好技能教学是关键。学生技能的掌握和技能水平的过硬，离不开一定的文化基础和专业理论基础，所以，在抓好技能教学这一关键的同时，文化课和专业理论课教学也要不放松，要紧紧抓住文化课教学、思想政治课教学和专业理论课教学，保证文化课教学、思想政治课教学和专业理论课教学质量不滑坡，保证中等职业学校的学生在学校两年中，能够学习和掌握必要的文化知识和专业理论知识，提高文化素养，实现“人人有知识，个个有技能”的目标，并为学生终身发展奠基。

（二）把提高质量作为中等职业学校深化教育教学改革的核心

《教育部 2008 年工作要点》指出：“深化职业教育教学改革。大力推进校企合作、工学结合，健全并逐步实施中等职业教育顶岗实习一年、高等职业教育顶岗实习半年的制度，努力健全半工半读制度。广泛推行订单培养。完善弹性学习制度。”周济在教育部 2008 年度职成工作会议暨中职招生工作会议上指出：“要坚持以服务为宗旨、以就业为导向，不断提高职业教育质量。继续巩固和扩大中等职业教育规模，是以全面提高职业教育质量和保证职业学校办学水平为前提的。质量是方向、是基础、是保证，巩固和提高教育教学质量始终是包括中等职业教育在内的所有职业教育乃至整个教育工作的根本大计和不懈追求的目标。培养的学生能否顺利就业，是否受社会欢迎，这是衡量职业学校办学质量的重要标准。”

职业教育教学改革，就是为了提高质量，提高职业学校的毕业生的就业能力和创业能力。要根据陶行知所说的“教的法子要依学的法子，学的法子要依做的法子”，落实“以实践课程为主线，以项目课程为核心”的思想，实施教育部提出的中等职业教育“1+1+1”的模式，加快改革我们中等职业教育的课程，加快改革我们中等职业教育的教材，改变我们原先的学科化的教学方式，大力实施项目教学法、模块化教学、任务驱动模式教学，使我们的课程、教材、教学方式更加适应培养目标的要求，并为培养目标服务好。操作的内容当然是要在专门的场所进行学习和巩固，而理论课上学习的，也要通过实习、训练来巩固和提高。

各个专业都要根据专业特点和教学计划开足实训课，做到理实一体化，使教学与实践零距离。根据专业特点和专业教学计划，开设教学实训周，让学生知其然并知其所以然，了解专业、熟悉专业，进而热爱专业。通过开设教学实训周，学生可以比较系统地掌握一种技术的某个环节或某些技术要点。要加强校企合作、工学结合，安排好学生的生产实习。教学实训周一般是在学校内部的实训场所进行的；实行“双元制”教学模式的学校，教学实训在企业进行，企业扮演专业培训的主要角色。学生学习了两年后，要安排近一年的生产实习，使毕业与上岗零距离。生产实习主要在企业进行。通过一年的生产实习，学生掌握某项技术的全部要领，熟悉某个产品的生产、加工、检验的全过程，同时学到优秀工人的长处，适应企业的管理，为将来就业以及创业打下坚实的基础。

（三）把育人作为中等职业学校提高质量的重点

周济在教育部2008年度职成工作会议暨中职招生工作会议上指出：“要始终把立德树人作为职业教育的根本任务，把学做人和学技能结合起来。这是贯彻党和国家的教育方针、全面实施素质教育的基本要求，也是中国特色社会主义事业对新一代劳动者的迫切需要。”当今时代，一个合格的职业技术人才，必须具备良好的思想品质和职业道德修养，必须具备过硬的专业知识和技能，只有这样，才能受用人单位欢迎，才能胜任岗位工作，才能为单位、为社会作出应有的贡献，才能实现人生的价值。而和谐社会的建设者，必须是有理想、有道德、有文化、有纪律的人，所以，在重视培养学生技能的同时，必须十分重视学生的德育工作，对学生加强思想教育，让学生形成科学的世界观、正确的人生观和价值观，先成人再成材，成为“四有新人”，能够为终身发展奠定坚实的基础。而不能注重了技能教学，就忽视甚至放弃了思想政治课教学，放弃了德育工作。《中等职业学校德育大纲》指出：“中等职业学校德育是对学生进行思想、政治、道德、法律和心理健康的教育。它是中等职业学校教育工作的重要组成部分，与智育、体育、美育等相互联系，彼此渗透，密切协调，对学生健康成长成才和学校工作具有重要的导向、动力和保证作用。中等职业学校必须把德育工作摆在素质教育的首要位置。”要充分利用好德育课、文化课、专业理论课的教学以及实训、实习和社会实践，对学生进行民族精神教育、理想信念教育、道德品质、文明行为教育、遵纪守法教育、职业道德教育以及心理健康教育。要通过我们扎实、细致、科学、有效的德育工作，把学生都培养成为热爱祖国、遵纪守法，具有社会公德和文明行为习惯的公民，进而成为报效祖国、积极进取、诚实守信、敬业乐群，具有社会责任感和创业精神的高素质劳动者。

（四）把基础能力建设作为中等职业学校提高质量的着力点

良好的师资和实训条件是发展职业教育的基础，职业教育要想大发展，必须要首先加强职业教育基础能力建设。只有师资培训过关了，实训条件改善了，才有可能培养出合格的学生，使职业教育在构建社会主义和谐社会中的作用得到更加充分的发挥。只有不断深化职业教育管理、办学、投入等体制改革，才能培养出高素质的技能型人才。要注重提高职业学校学生的职业能力、就业能力和创业能力。否则，教育质量难以得到保证，职业学校学生毕业即失业，就不利于构建社会主义和谐社会，职业教育的作用就得不到体现。如今，相当多的中等职业学校的师资是薄弱的，特别是缺少“双师型”教师；实训设备更是落后，基本上是企业淘汰下来的落后设备，根本不能适应学生技能学习的要求，不能适应职业教育改革和发展的要求，学生无法学到适合形势发展要求的新技术，毕业生不受企业欢迎，无法就业，也无法创业，所以教育质量的提高就无从谈起。要加强职业教育基础能力建设，就要大力推进国家实施的基础能力建设的五个计划；各级政府就要加大投入，提高中等职业教育经费在教育经费投入中的比例，保证中等职业教育财政性经费、生均经费和生均公用经费相应增长。学校要加强师资建设，加大师资培训的规模，添置实验实训设备，改善实训条件，保证每个专业的学生都能用上比较先进的实验实训设备，而不是淘汰的落后设备；做到车间即课堂，学生能够在真实的环境中进行生产实习，以便毕业后马上能够顶岗工作，实现学校与企业无缝对接。

（五）把“双师型”教师建设作为中等职业学校提高质量的重要抓手

中等职业教育肩负的培养数以亿计的高素质劳动者和中初级专门人才的光荣历史使命更其重要，要完成这一历史使命，基础在于大力发展高质量的中等职业教育，关键在于建设一支高素质的教师队伍。目前，我国的职业教育已经进入了提高质量的阶段，对教师有效教学和教学改革能力的需求非常迫切。2007 年胡锦涛总书记在全国优秀教师代表座谈会上的重要讲话指出："没有高水平的教师队伍，就没有高质量的教育。"一流的职业教育需要一流的教师。教师是教育的第一资源，是学校发展的决定性因素，是办学的主体。职业学校技能教学要实现"从做中学"，这给专业教师提出了更高的要求。要求每一位专业教师都是专业水平高、实践能力强、有先进的职教理念、先进的教学方法的教师，即既精通理论、又能实践操作的"双师型"教师。教师质量决定教学质量，教师水平决定教育水平。职业教育的技能教学是关键，所以要把具有先进职教理念和先进教学方法的"双师型"教师队伍建设放在各项工作的首位，作为提高质量的重要抓手。在职前，专业课教师要在生产一线或实训基地经过专门培训和实习，取得相应的资格证书；入职后，专业课教师每年都要下企业参加顶岗实习，或参加定期的培训，一方面强化和提高自己的技能，另一方面了解先进的设备和生产工艺，可以把企业对职业教育的要求和最新的信息带到学校、带到教学中去。当然，教师也可以根据自己教学中积累的经验为企业提供解决问题的思路和方法。有了专业水平高、实践能力强的"双师型"的专业教师，才能培养出高水平的学生。如果教师只会纸上谈兵，"做中学"就不会实现，学生就不会受欢迎，职业教育就没有希望。

当前，我国职业学校"双师型"教师的比例还较低，还不能适应社会和经济发展对职业教育的要求。教育部已经启动了职业学校专业课骨干教师的国家级培训，各省、市、自治区也相应地启动了相关的培训。我们相信：随着我们对"双师型"教师培养的注重，随着从中央到地方的各级相关培训的进行，专业教师会越来越多地成为具有先进职教理念和先进教学方法、专业水平高、实践能力强的"双师型"教师的。

（写于 2008 年）

参考文献：

[1] 高举中国特色社会主义伟大旗帜，为夺取全面建设小康社会新胜利而奋斗 [C]. 十七大报告.

[2] 教育部 2008 年工作要点.

[3] 中华人民共和国国民经济和社会发展第十一个五年规划纲要.

[4]《解放思想改革创新　推动中等职业教育又好又快发展——周济在教育部 2008 年度职成工作会议暨中职招生工作会议上的讲话.

[5] 胡锦涛总书记在全国优秀教师代表座谈会上的重要讲话.

[6] 中等职业学校德育大纲.

职业教育既要追求数量，更要追求质量

一、职业教育只抓规模发展令人忧

欧洲的大学曾在高等教育普及的热潮中扩招，并严重超载，引起教育质量全面下降。我国有点急于进入高等教育大众化时代，高等学校从1999年起扩招，但几年之后，由于高等学校的硬件和师资等都没有跟上扩招的形势，出现了教育质量的滑坡，这已经是不争的事实。如今，着力提高高等教育质量已经成为教育部的工作重点。

从2007年起，中等职业教育招生就一直在扩大规模，2008年招生超过860万人，比上年增加了50万人，2009年更是达到873万人，2010年，即使是在生源下降的情况下，招生数还是增加了，保持了870.42万人，与普通高中的规模大体相当。但是，规模上去以后，质量并没有真正同样上去。

要保证让每一个不能升入普通高中和大学的学生都能够接受职业教育，掌握一技之长，同时，能够满足经济和社会发展对技能型、应用型人才的需求，职业教育保证一定的发展规模是必要的。但是，保证质量更为重要。

实施可持续发展战略，关键就是要提高人口素质，实现由人口和人力资源大国向人力资源强国转变。提高人口素质，建设人力资源强国，依靠的是高质量的教育。质量和效益是职业教育的生命线，内涵发展、学生发展是职业教育的本质问题。所以，切实提高教育质量已经成为我国各级各类教育的主要任务。而完成这一主要任务的措施在不断跟进：国家“十一五”规划就明确把提高教育质量和办学效益摆在突出位置；2007年11月30日，教育部基础教育质量监测中心正式成立；《教育部2008年工作要点》也指出：“大力发展职业教育，把工作重点放在提高质量上。以服务为宗旨、以就业为导向，以提高质量为重点，大力发展职业教育”；在2010年召开的全国教育工作会议上，胡锦涛总书记指出：“必须重视教育质量，树立以提高质量为核心的教育发展观，建立以提高质量为导向的管理制度和工作机制，坚持规模和质量的统一，注重教育内涵发展”，《教育规划纲要》指出：“坚持育人为本，以改革创新为动力，以促进公平为重点，以提高质量为核心，全面实施素质教育，推动教育事业在新的历史起点上科学发展，加快从教育大国向教育强国、从人力资源大国向人力资源强国迈进，为中华民族伟大复兴和人类文明进步作出更大贡献”，“把提高质量作为教育改革发展的核心任务。树立科学的质量观，把促进人的全面发展、适应社会需要作为衡量教育质量的根本标准。树立以提高质量为核心的教育发展观，注重教育内涵发展，鼓励学校办出特色、办出水平，出名师，育英才。建立以提高教育质量为导向的管理制度和工作机制，把教育资源配置和学校工作重点集中到强化教学环节、提高教育质量上来。制定教育质量国家标准，建立健全教育质量保障体系。加强教师队伍建设，提高教师整体素质”。但是，我们目前还是只集中精力抓发展规模，对提高质量还没有真正落实。

集中精力抓发展规模，就要集中精力抓招生，或者说集中精力“抓”学生。学生愿意读职业学校，学校欢天喜地，不管学生基础如何、学习能力如何，连“1/2＋1/3”都不会的都迎进来。学生不愿意读，还要想方设法用各种措施把他们“抓”进来，同样是不管学生基础、学习能力。一切为了保证规模。学生招进来之后，绝大多数学校又因为师资紧张、教室紧张，没有根据学生基础的巨大差距，实施分层教学、学分制。不是按照农业的做法，而是现代工业流水线统一标准的教学、授课，许多学生学得痛苦、教师教得痛苦。但是，最终学生都是100％升级、100％毕业，不管他（她）请假条会不会写、（$a^2+2ab+b^2$）的化简会不会、26个英文字母写不写得全，只要没有违法记录，只要拿到初级工证书，哪怕是连续考了多次。这样的职业教育质量会高吗？

二、求真务实，确定好职教招生规模

我国现代职业教育的奠基人黄炎培生前十分重视实事求是精神和求真务实精神。许多管理者把职业教育等同于职业技能培训，只重发展规模，不重发展质量，实际上是缺少实事求是的态度和求真务实的精神。

职业教育要成为面向人人的教育，肯定得有很大的规模，肯定得和普通高中的规模相当。但是生源是个定量，已经普及高中段教育的地区，已经没有生源的潜力可挖，只有中部和西部还有潜力。2010年全国高中阶段毛入学率为82.5％，而东部地区普遍都在90％以上，那么，中部地区就可能在80％左右，西部可能达不到70％。所以，就全国来看，高中段普及率并不平衡，甚至差距很大。东部在上个世纪末或本世纪初已经普及高中段教育，如江苏省张家港市，在1997年已经普及高中段教育（中部还在进行普及九年义务教育攻坚），2005年初中生升入高中段的比例已经达到98％（西部在进行普及九年义务教育攻坚），近2年更是达到99.5％，中考成绩没有100分的都上职业学校了。但是，高中段普及率高的东部地区职业学校招生形势不如中部和西部，即东部大多数的职业学校没有完成招生计划。这实际上是因为东部地区本身的生源已经没有潜力可挖造成的。

在中部崛起、西部大开发前，甚至起步阶段，那里的生源可观，而且愿意到东部经济发达地区接受职业教育并在东部就业。而这几年，随着东部生活成本的不断提高，中部崛起、西部大开发，企业增加，用工量大增，所以，在家门口就能够就业，而且生活成本低，原先的跨区域职业教育合作模式——中、西部职校生，在当地读 1 年或 1.5 年或 2 年，其余时间到东部学一定的专业理论，特别是进行专业技能强化，然后在东部就业——受到了严峻的挑战。在这种形势下，应该以办好中、西部职校为上策，以扩大中、西部职校招生规模，加快普及中、西部的高中段教育为最佳选择。如果中、西部普及了高中段教育，那么，不仅职校招生规模能够得到保证，而且生源质量可能还会提高。

三、抓住核心，经营好自己的领土

每年 6 月下旬在天津举行的全国职业院校技能大赛，获奖的选手基本上是一群考试分数低的学生。《中国青年报》记者李斌借用教育部副部长鲁昕的话说："那场大赛为人们展现了一种能让生活更美好的教育"，并感叹，"支撑起这种教育的，正是一群考试分数低的学生"。但是，他又不认同用低分数能办好职业教育，他发人深省地指出，"职业教育居于末端，从数量上硬撑起了高等教育的'半壁江山'。这种现状若不能得到改变，它就难以经营好自己的领土"。笔者根据在职业学校工作的经历，知道在全国职业院校技能大赛上获奖的选手，基本上 2 年甚至 3 年只攻参赛的技能，而不再上文化课和专业理论课，即除了参赛的技能，一概不过问。所以，低分的学生能够得奖，并不能以此说明低分数能办好职业教育。而且，他们好比一条腿特别粗壮、另一条腿特别细、而且在不断萎缩的残疾人。笔者借用《中国青年报》记者李斌和江苏大学党委书记范明两人的话，作为文章结尾：职业教育要经营好自己的领土、撑起教育的"半壁江山"，就要真正以提高质量为核心，就要既追求高数量，更要追求高水平。

（发表于《新读写》2012 年 12 期）

高技能人才队伍建设要严把进口和出口

高技能人才是我国人才队伍的重要组成部分，是推动技术创新和实现科技成果转化的重要力量。目前，我国高技能人才严重短缺的问题，已经成为制约经济社会持续发展和阻碍产业升级的"瓶颈"。要解决这一"瓶颈"，必须"造就一支数量充足、结构优化、技艺精湛的高技能人才队伍”。而高技能人才队伍建设，必须严把进口和出口关。

发达国家的发展的历史经验告诉我们，随着社会经济发展，今后人才需求增长最快的部分是中高端制造业生产、管理一线的技术人员，第三产业尤其是高端服务业的技术应用人才以及可以将知识创新成果应用于工程、生产第一线，并能够进行技术创新、工艺创新、生产组织形式创新的高层次应用型人才。当前，我国产业正进行转型升级，区域经济与产业结构迅速向技术密集型、知识密集型产业转化中，显然对技术应用型人才的需求日益走向多元化，对人才提出了新要求。新的人才要求，一方面使职业学校所设置的专业与市场需求的吻合度要高，如果职业学校所设置的专业与市场的需求不能吻合，则培养的学生不能为企业所欢迎，就无法解决就业，就无法实现职业教育的目的，就不能让人民群众得实惠。要使职业学校所设置的专业与市场需求的吻合度高，就要加强校企合作，加强市场调研，了解社会和企业不断变化的对技能型人才的要求，进而调整办学思路，转型发展，调整专业结构，着力培养社会和企业需要的技能型、应用型人才，尤其是高层次的应用型人才。另一方面要求职业学校招收的学生要有一定的学习基础、学习能力。20个世纪，联合国教科文组织就提出了为人们普遍接受的终身学习理念。党的十七大提出要建设学习型社会；十七届四中全会提出要建设学习型党组织。所以，职业教育也不再是从学校到工作的终结性学习，而应该是从学校到生涯的终身性学习。马克思主义人的发展学说要求我们，应该摒弃饭碗教育的思想，职业生涯的可持续发展应该成为职业教育人才培养的出发点。要让我们现在培养的学生能够成为中高端制造业生产、管理一线的技术人员，能够将知识创新成果应用于工程、生产第一线，能够进行技术创新、工艺创新、生产组织形式创新，没有一定的文化知识基础、一定的学习能力是不行的。

为社会和企业所欢迎的，还应该是有良好的道德水平。美国有一项研究表明，在员工被企业开除的原因中，列在前十位的无一涉及能力，却都与职业道德有关，如服务态度、责任心、敬业精神等。据上海市教育科学研究院职业教育与成人教育研究所对该市近百家企业的问卷调查反映，在企业选择录用中职毕业生的标准中，排列在前三位的是“认真负责”、“敬业诚信”、“团结合作”，这都与德育直接相关，而“专业知识”、“职业技能”、“双证书”等因素则位居后列。企业招收职业学校毕业生，其目的是为各种职业岗位寻找适用的技能操作型或技术应用型劳动者，合理地配置整个企业的人力资源。因此，企业需要的是职业思想稳定的爱岗敬业者。而有的职业学校毕业生，上岗后不但不安心工作，还漠视职业岗位的规范、要求，这无疑造成了企业用人上的职业道德风险。在企业的发展过程中，由于员工的职业道德缺陷而带来风险事故发生频率的增加，对企业的利益或形象造成的损害是最大的。现在，一些企业对于录用职业学校毕业生心存疑虑，一方面担心职业学校毕业生只考虑个人自我发展而缺乏踏实工作的精神，另一方面担心职业学校没有为其打下良好的职业道德基础。所以，职业学校在进行技能型、应用型人才培养时，要坚持德才兼备的原则，把品德、知识、能力和业绩作为衡量人才的主要标准。在教育工作方针上，强调要牢固树立育人为本，把促进学生成长成才作为学校一切工作的出发点和落脚点；在战略主题上，强调把坚持德育为先、能力为重和全面发展作为教育改革发展的根本目标。只重视技能培养，而忽视德育、忽视育人的做法是万万要不得的。

总之，在“造就一支数量充足、结构优化、技艺精湛的高技能人才队伍”时，让有学习基础、学习能力的进来，让德才兼备的出去。

（发表于《考试周刊》2010 年 48 期）

参考文献：

[1] 吴江. 发挥教育在人才发展中的基础性作用 [N]. 光明日报，2010-3-24.
[2] 姚寿广. 产业升级呼唤新型技能人才培养 [N]. 中国教育报，2010-3-22.

提高职业教育质量不只是提高学生的技能水平

《教育规划纲要》指出：“发展职业教育是推动经济发展、促进就业、改善民生、解决‘三农’问题的重要途径，是缓解劳动力供求结构矛盾的关键环节，必须摆在更加突出的位置。”《教育规划纲要》还指出：“把提高质量作为重点。”

提高职业教育质量在 2008 年就成为教育部的工作要点。各地在抓职业教育发展规模的同时，都注重质量的提高。但是，各地各职业学校往往把提高学生的技能水平当做了提高职业教育质量的全部。即把提高学生的技能水平等同于提高职业教育质量。这实际上是对提高职业教育质量的误解，是要不得的。在这一错误的思想指导下，学生只要拿到技能等级证书就万事大吉了，思想品德很一般，文化课、专业理论课上不上，考试是几分甚至零分、都不碍事，即不影响拿到双证书——毕业证书、技能等级证书。

还有更要不得的，就是只抓参加各级技能比赛学生的技能水平的提高，而忽视了全体职业学校学生技能水平的提高。学校使出浑身解数，投入大量资金、装备参加比赛的项目，请名师指导；参加比赛的学生全部停课，只进行比赛项目的技能训练。

温家宝总理在《政府工作报告》中指出："继续加强职业教育。以就业为导向，整合教育资源，改进教学方式，着力培养学生的就业创业能力。"职业技能相当于一个人的硬件，职业素养就相当于一个人的软件。"硬件"与"软件"共同决定一个人的市场竞争力。只抓学生的技能水平，把提高学生的技能水平等同于提高职业教育质量，文化课、德育课、专业理论课上不上、考试是几分甚至零分、思想品德好不好都不碍事，这样培养出来的学生"软件"太软，甚至缺失，那么，他们的职业道德、继续学习能力、创新能力等都是值得怀疑的，甚至连就业创业能力也值得怀疑。企业家说："德才兼备重点使用，有德无才培养使用，有才无德坚决不用。"这里的"才"主要就是技能。只抓学生技能水平的提高，能够保证他们就业吗？

《教育规划纲要》指出："职业教育要面向人人，面向社会，着力培养学生的职业道德、职业技能和就业创业能力。"我们现在培养的高素质劳动者和技能型人才，十年、二十年以后同样是社会的中坚力量，到那时，他们同样要承担起与我们国家地位相符的责任，承担起构建一个和谐世界的重任，能够与不同的国家和民族进行很好的对话和交流，并且有能力为国家参与国际重大事务。原来国家教委副主任王明达指出："提高质量包括全面提高学生的素质，应使其具有良好的职业道德，必要的文化基础，熟练的职业技能，健康的身心素质。"❶ 教育部职业技术教育中心研究所研究员姜大源指出："不要把技能培养与人的发展对立起来，不要把就业与人的发展对立起来"，要"强调对学生专业能力、方法能力和社会能力的培养"，让学生"掌握技能、掌握知识；学会工作、学会学习；学会共处、学会做人"。❷ 吉利教育机构独创了"311"教育模式，"3"代表语文、英语、计算机等3门以上通用知识和能力课程，两个"1"分别代表专业能力和道德教育。该模式的特点是，从社会和岗位需求出发，即以就业为导向，确定学习课程和培养方法，重点提高学生的表达交流能力、就业上岗能力、团队合作能力、批判思维能力和终身学习能力，重视人格教育、品德教育和是非判断力培育，也不是只抓技能教育。❸ 哈尔滨工业大学校长王树国指出："学生所需要的不仅仅是技能的训练，更需要对社会的了解以及感悟，这是走向社会所必需的最

❶ 王明达．大力发展职业教育的新蓝图［N］．光明日报，2010-3-3.

❷ 姜大源．职业教育需要跳出"围城"办学［N］．中国教育报，2010-3-3.

❸ 于宛居．改革职业教育，助推产业升级［N］．工人日报，2010-3-10.

基本的素质。”[4] 全国政协委员张榕明、马国湘在今年全国政协会议的联合发言中建议加强职业教育的软实力。两位委员列举了目前我国职业教育在软实力建设中存在的问题，如对学生的主体地位重视不足，职校生道德和人文素质缺失，在人才培养中把职业技能和创业能力相分隔等。两位委员建议：尊重学生在职业教育中的主体地位。职业教育同样要坚持以学生为主体，促进学生的全面发展，科学育人。树立面向职业教育的素质教育观，提升职业教育人才的人文修养和社会责任感。[5] 全国人大代表、香港学术评审局委员兼财务委员会主席廖长江在今年的全国人代会上指出，内地的职业教育现在过于重视技能培养，建议要加强服务态度和环保意识教育。[6]

提高职业教育质量，涉及许多方面，而不单是提高学生的技能水平。职业教育不能过分功利化，提高学生的技能水平只是提高职业教育质量的一个方面。否则，培养出来的学生可能会一时找到饭碗，而从长远来看，是不可能满足经济社会对高素质劳动者和技能型人才的需要的。只有文化基础课学习、职业道德教育、技能教育、健康教育、就业创业教育等一起抓，让学生具备必要的文化基础、良好的职业道德、熟练的职业技能、健康的身心素质和一定就业创业能力，职业学校学生的素质才能得到全面提高，提高职业教育质量才会得到真正落实，职业教育才能真正满足经济社会对高素质劳动者和技能型人才的需要。

（发表于《中国教育报》2010 年 3 月 24 日）

“以就业为导向”切莫走偏

“以服务为宗旨，以就业为导向”是我国职业教育的发展方针。近 10 年来，在这一方针指导下，我国职业教育取得辉煌成就，人才培养规模与服务社会能力取得新突破，为我国的经济建设和社会发展作出了重大贡献。但是，这一方针在现实中被执行偏了的情况也经常出现，主要表现为把职业教育完全变成了就业教育，重视招生和技能教育，忽视了对学生的以职业素养为重点的全面素质教育。

2011 年 9 月，在一年一度的新加坡教育部工作蓝图大会上，新加坡新任教

---

[4] 朱伟光等．教育制度应该以人为本［N］．光明日报，2010-3-12.

[5] 蔡继乐，张晨．应当加强职业教育的软实力建设［N］．中国教育报，2010-3-10.

[6] 焦新．港澳代表委员为《规划纲要》建言献策［N］．中国教育报，2010-3-21.

育部部长王瑞杰在关于教育变革的演说中表示，新加坡未来的教育方向将由“能力导向”转向“价值导向”，因为世界经济的重心将于2030年移至亚洲。新加坡的教育导向一直随着时代要求不断更新，从1959年起的生存导向，到1979年以后的效率导向，再到1997年以后的能力导向。“我希望让教育系统变得更加以学生为中心，更加关注全面教育，更加强调价值观和品格发展。我们可以将这个概括为‘学生中心、价值观导向的教育’。”要给予学生自信心和自我意识，培养他们坚忍不拔的意志力，即培养学生的“自我价值”；要培养学生在多元种族、多元文化的社会，尊重、负责、关怀和赏识他人，即培养学生的“道义价值”；要培养学生成为坚强、有毅力、有知识、有见闻、国家有难时能奋起捍卫祖国的好公民，即培养学生的“公民职责价值”。

如今，素质教育在我国各级各类学校开展得轰轰烈烈，“一切为了学生，为了一切学生，为了学生的一切”成为大家耳熟能详的口号。但是，很多职业院校仍然是只重视学生的技能培养，基础课甚至专业理论课都被忽视了；不少职业院校毕业生，拈轻怕重，经常跳槽，企业对此颇有微词。这实际上是片面地理解和执行“以就业为导向”，把职业教育完全变成就业教育而造成的结果。在这种错误思想的指导下，不少学生在技能上虽然达到了中级工甚至高级工、技师的水平，但是他们的爱岗敬业、团结合作等职业素养却并不具备。

职业院校必须尽快走出把职业教育简单理解为就业教育的误区，树立为学生的终身发展服务的理念，在人才培养中注重价值观导向的教育，特别是社会主义核心价值观教育，全面提高职业院校学生的素质。

（发表于《中国教育报》2012年3月21日）

坚持科学发展观，为职校生的终身发展奠基

马克思主义认为，社会发展的最终目的是要实现人的全面发展。人的发展是唯物史观的理论出发点和归宿，是人类自我发展的必然趋势。人的全面发展学说，是历史唯物主义和剩余价值学说两个伟大发现之外，马克思主义对人类社会发展的又一伟大贡献，它对于人类社会的发展特别是对社会主义建设具有长远的指导意义。我们党提出的科学发展观，第一要义是发展，核心是以人为本，基本要求是全面协调可持续，根本方法是统筹兼顾。这是马克思主义的继承和发展。全面发展的社会，必然要求人的全面发展。

职业院校毕业生在初始就业时不逊色于普通高校毕业生，但从后续发展来

看却低于普通高校毕业生。职业院校的毕业生因为受所学专业限制，通识教育和综合素质方面低于普通高校学生，岗位的迁移能力和不同岗位的适应能力及可持续发展的职业能力都相对较弱。我们在职业教育的发展上，要坚持科学发展观，就要着眼于学生的长远发展，为职校生的终身发展奠基。为职校生的终身发展奠基，就是职业学校要培养有文化、有技能、健康的职校生，即高素养的职校生。

一、技能教学与文化教学一起抓

为职校生的终身发展奠基，必须紧紧抓住文化教学不放松。有人一直说职业教育就是就业教育，职业教育就是技能教育，甚至有人说职业教育就是饭碗教育。因而，在饭碗教育的思想影响下，只重视抓学生的技能教学和训练，对学生放松文化课知识和专业理论的要求，文化知识和专业理论的教学好像可有可无，可以为专业技能训练和考核无条件让路；学生只要拿到中级工、甚至初级工证书就可以毕业——拿到职业中学毕业文凭，文化知识和专业理论学好学坏都无所谓，或者考试、考核是个位数甚至零分也能够毕业，这使得毕业生的综合素质下降。就业是民生之本。解决就业，即解决饭碗，确实是解决一个人生存的重要途径。而掌握一种技能，也确实是解决饭碗的重要条件。要解决饭碗问题，没有一技之长不行。所以，职业学校必须把抓技能作为工作的重点。但是，随着社会的发展，社会分工既越来越细又越来越融合，新技术、新工艺层出不穷，科技含量越来越高，对文化知识、专业理论知识的要求也越来越高。一个人一生已经不可能只从事一种职业，因而不是只掌握一种技能就行了。要掌握新技能，就要继续学习；要继续学习，掌握新技能，就要有一定的文化知识、专业理论知识作基础。同时，大量案例研究显示，职业院校毕业生后续发展低于普通高校毕业生，岗位的迁移能力和不同岗位的适应能力及可持续发展的职业能力都相对较弱。究其原因，实际上是由文化基础和专业理论基础薄弱造成的。而在饭碗教育思想的指导下，走上社会的中职学校毕业生，文化知识、专业理论知识并没有学好，连中职学校所提出的“够用”的要求还有很大距离，所以，在社会和科学技术进一步发展后，他们要新学习一门技术，肯定是难上加难，最终还是失业，丢掉饭碗，成为新的就业难点，从而给国家和社会带来众多难题。所以，我们应该未雨绸缪，立足长远，贯彻落实科学发展观，以高校扩招、宽进宽出引起的教育质量下降作为前车之鉴，紧紧抓住文化知识、专业理论知识的教学，千万放松不得，让职业教育的饭碗教育思想寿终正寝。

二、技能教学与学习能力的培养一起抓

职业教育取得成功的关键是创造学习机会，让学生通过这些机会发展自主学习能力，并能运用所学的知识在工作中发挥作用。同时，学习能力对于人职业能力的获得和未来的发展具有十分重要的作用，它是人参与社会和经济生活所必需的基础和终身学习的先决条件。中等职业教育不是只为学生的就业打基础，更加重要的是要培养他们的学习能力，要使他们凭借一定的学习能力完成学习任务，能够理解和实行社会的基本道德规范，提高文化素质和科学素质，具有参与精神文明建设和物质文明建设的初步本领，从而为自我发展和社会发展打下坚实的基础。知识和技能可不受年龄限制而习得，但学习能力却须及早培养，重视平时的培养。会学习才会创新，有学习能力而后才有创新能力。企业方面的人士说：职校生要能够下得去、用得上、留得住，还要能发展。能发展就要有学习能力。因此，职业教育在教给学生技能的同时，更要教给学生一种能够获得持续发展的学习能力。要能够获得持续发展的学习能力，必须以一定的文化知识和专业理论知识打底子。职业学校学生的学习能力较差，很大程度上是由于他们的学习意识、学习意志、学习方法较差造成的。所以，在三类课程的教学中，特别是技能教学中，要有意识地培养学生的学习能力，就要让他们明确学习意识，提高学习意志，养成良好的学习方法，让他们“学会学习”。

三、技能教学与职业道德教育一起抓

职业教育常常强调适应经济、企业的需要。其实，职业教育不只是获取生存技能的途径，而且要成为提升人的境界、丰富人的精神的一种方式。受教育者不仅仅是被开发的对象和增加社会财富的资源，更是职业教育发展的中心和目标。职业教育既要抓好技能教学，着眼于学生的就业，同时也要着眼于学生的学业发展、职业发展和生涯发展。除教授技能，更重要的是让学生学会做人。职业学校学生的素养主要是职业道德素养。职业道德建设是一个国家经济发展和社会文明进步的重要标志之一。《公民道德建设实施纲要》指出：“职业道德是所有从业人员在职业活动中应该遵循的行为准则，涵盖了从业人员与服务对象、职业与职工、职业与职业之间的关系。随着现代社会分工的发展和专业化程度的增强，市场竞争日趋激烈，整个社会对从业人员职业道德观念、职业态度、职业技能、职业纪律和职业作风的要求越来越高。要大力提倡以爱岗敬业、诚实守信、办事公道、服务群众、奉献社会为主要内容的职业道德，鼓励人们在工作中做一个好建

设者。”加强职业学校学生的职业道德教育，提高他们的职业道德素养，降低和缓解他们的职业道德风险，不仅是他们个人的问题，也不仅是用人单位的问题，而是关系到整个社会道德风尚提高的问题。职业素养教育，乃至整个德育，要彻底改变过去的说教式、灌输式的教育方法，不能再以开个主题班会、上几节德育课和就业、创业指导课、出张试卷考一考来代替职业素养教育。职业学校的德育一要立足于培养高素质的劳动者、立足于学生就业。要通过德育，让学生树立正确的职业理想、职业观、择业观、创业观，逐步形成良好的道德意识，养成良好的行为习惯，增强法制观念，成为有文化、有理想、有纪律、有道德、有一定职业能力的好公民。二要针对用人单位的现实需要。职业学校在抓好技能教学的同时，要把责任意识教育、诚信教育、团结合作教育放在德育工作的重要位置；尤其要抓责任心教育，因为责任心是职业素养中最基础的要素。另外，还有进行质量意识、成本意识、市场意识、创新意识和服务意识教育。既让学生获得对职业道德的认知，更让学生获得职业道德的情感体验，并将其内化为自觉的行动。德育必须贯穿于职业学校的文化课、专业理论课，特别是专业实习实训课。三类课程要围绕提高学生职业素养，按照社会和企业的需求，构建一个活动性的课程体系。

四、技能教学与健康教育一起抓

职业学校学生要成功就业、创业，并且终身得到良性发展，必须有强健的体魄、健康的心理和良好的社会适应能力。目前，有相当多职业学校学生的身体素质呈下降趋势，难以适应今后较繁重的工作。特别是他们中的95%以上是独生子女，从小被父母、祖父母和外祖父母等宠爱，基本不缺钱花。可以说，在家里是家人和家庭环境适应孩子；他们抗压能力低，心理承受能力低，一有小挫折或是被批评了两句，就受不了。他们在学校是如此，到了职场也会这样，这就像外表看似光鲜亮丽、质地却绵软无力的草莓。这种人被形象地称为“草莓族”。所以，要在技能教学的时候，让职业学校学生加强体育锻炼，保证每天体育活动不少于一小时。特别是要加强心理健康教育，营造企业化的学习、工作环境，加强适应性训练，让他们学会笑对压力和挫折，学会倾诉，寻找合理的发泄渠道，排解心中不愉快的情绪；让他们能够摆正心态，虚心请教，刻苦钻研技艺，适应企业的管理。

五、技能教学与职业生涯教育和创业教育一起抓

职业生涯是一个人一生的职业经历，是人的一生中最有意义的一段历程。人

生不能没有规划。一个人几十年的职业生涯也要有规划。从学生时代就要有准备，有一个设想，这样对学习就有了目标，增强了动力，就能够收到良好的效果。所以，职业生涯规划对于激励学生学好专业起到了一个很好的导向作用。对职业中学学生的职业生涯规划教育，要贯穿学习的全过程，关键要抓好三个阶段，引导学生进行科学合理的设计。三个时间段即入学阶段、二年级和实习结束前。

《江苏省教育厅关于实施江苏省职业教育创业行动工程的意见》指出：“为努力培养新时期经济社会发展迫切需要的具有创造精神和创业能力的新型劳动者，职业教育要全面深化创业教育，切实提高职校在校生和广大城乡劳动者的创业意识、创业能力和创业本领。”职业学校要将积极推进创业实践作为学校教育教学工作的重要内容，摆上重要位置，要把创业素质作为素质教育的重要内容，重点培养学生的创业意识、创业能力和创业胆识；要大力宣传职业教育优秀毕业生的先进事迹，特别是创业成功者的先进事迹，引导学生树立想创业、敢创业、会创业的自我形象，并以这些典型的、鲜活的案例，引导、激励在校学生。学校还要重点加强学生创业心理品质的训练与培养，着力进行创业能力的培养与创业实务知识的传授，做到学科课程与活动课程相结合，显性课程与隐性课程相结合，普遍制定学生创业辅导计划；学校要积极挖掘资源，开设“跳蚤市场”、创业一条街，培养学生的实战经验，增强创业意识，提高创业品质。对学生的创业素质及时进行评价，并与评先评优、毕业、推荐就业等紧密地联系起来。

（发表于《科技与企业》2010 年第 5 期）

第九辑　就业创业

就业和创业都是人生之基、发展之本。《江苏省教育厅关于实施江苏省职业教育创业行动工程的意见》指出："为努力培养新时期经济社会发展迫切需要的具有创造精神和创业能力的新型劳动者，职业教育要全面深化创业教育，切实提高职校在校生和广大城乡劳动者的创业意识、创业能力和创业本领，为江苏建设创新型省份、又快又好地推进'两个率先'作出新的贡献。"党的十八大报告指出："推动实现更高质量的就业。就业是民生之本。要贯彻劳动者自主就业、市场调节就业、政府促进就业和鼓励创业的方针，实施就业优先战略和更加积极的就业政策。"近5年，我国的职业院校毕业生的就业率一直保持在95%以上，好于普通高校毕业生的就业率。但是，创业的比例偏低。而我国开展创业教育比较晚，目前毕业生的创业遇到一系列问题，必须多措并举，开辟绿色通道。

中职学校学生就业、创业能力培养的四个对策

2008年上半年，中国青年报与Universum调查公司对应届中国大学生职业倾向进行调查，结果显示，希望自主创业的仅占6.3%。我国绝大多数中等职业学校的学生，即使是大学生，在就业方面的依赖思想严重，就业靠学校、靠家长、靠亲友，就业的期望值高，但缺乏就业能力。而他们的创业能力更弱。许多职校教师，包括学生自己都认为职校学生的综合素质不高，学习上能“依样画葫芦”就好透了，创业精神和能力往往就免谈吧。出现这种情况，一方面与中国的传统有关，另一方面也与我们的教育有关。在我国的整个义务教育阶段，没有进行就业教育，就创业教育更不要说了。即使是职业学校，在实习前，也很少进行就业教育，创业教育就更少。即使进行这方面的教育，也基本上是开设几节课，而且是照本宣科，就业创业方面的信息量小，内容不新颖；教师也往往是临时的、没有经过正规培训的（如今也没有正规的培训渠道），工作的积极性、主动性不能得到发挥；与用人单位和社会缺乏交流、沟通；缺少实际场景。这样，就业创业教育的有效性就大打折扣。

就业能力和创业的精神与能力是对未来人才素质的普遍要求，它是人类人脑思维功能和社会实践能力的综合体现。培养学生的创业精神和能力，一方面可为社会作贡献，完成其社会义务；另一方面，可挖掘学生的个体潜能，提高主体的学习与创业能力，完善其个性发展，使其在今后的社会发展中更好地发挥主体能动作用。其实，心理学家研究发现，创业精神和能力人人都会运用，只有水平上的差异，并无本质上的区别。作为职校学生，更需要创业精神和能力的培养：一方面，他们毕业后就要走上就业之路，需要创业精神和能力帮助他们开拓创业，一个跟在别人后面亦步亦趋的人，很难想象会有光明前程，会为社会作出大的贡献。另一方面，学习与创新是相辅相成的，职校学生的创业精神和能力主要通过在校学习的途径培养，创业精神和能力同时也促进了学生的创新性学习。学校要努力强化学生就业能力、创业能力的培养，让学生学会生存，把人才培养与德育工作、就业工作、创业教育有机地结合起来，让学生认识自我，认识社会。

一、着眼未来，加强职业生涯规划教育

中等职业学校学生素养和就业创业能力关系到学生今后的几十年，所以，必须着眼未来，加强职业生涯规划教育。职业生涯是一个人一生的职业经历，是人

一生中最有意义的一段历程。人生不能没有规划。一个人几十年的职业生涯也要有规划。科学的职业生涯规划，能够帮助学生全面地分析自身的条件，按照社会发展的要求，对自己今后的人生之路有一个规划，对就业还是创业，是主动就业还是被动就业，是一个人单打独斗还是与伙伴合作创业……要从学生时代就要有准备，有一个设想，这样学习就有了目标，增强了学习动力，就能够收到良好的效果。所以，职业生涯规划对于激励学生学好专业起到了一个很好的导向作用。对职业中学学生的职业生涯规划教育，要贯穿学习的全过程，关键要抓好三个阶段，引导学生进行科学合理的设计。三个时间段即入学阶段、二年级和实习结束前。

二、立足现实，开展创业教育

《江苏省教育厅关于实施江苏省职业教育创业行动工程的意见》指出："为努力培养新时期经济社会发展迫切需要的具有创造精神和创业能力的新型劳动者，职业教育要全面深化创业教育，切实提高职校在校生和广大城乡劳动者的创业意识、创业能力和创业本领，为江苏建设创新型省份、又快又好地推进'两个率先'做出新的贡献。"如今，党和政府"大力支持自主创业、自谋职业，促进以创业带动就业"[1]。中等职业学校要将积极推进创业实践作为学校教育教学工作的重要内容，摆上重要位置；要把创业素质作为素质教育的重要内容，重点培养学生的创业意识、创业能力和创业胆识；要大力宣传职业教育优秀毕业生的先进事迹，特别是创业成功者的先进事迹，引导学生树立想创业、敢创业、会创业的自我形象，并以这些典型的、鲜活的案例，引导、激励在校学生。学校还要重点加强学生创业心理品质的训练与培养，着力进行创业能力的培养与创业实务知识的传授，做到学科课程与活动课程相结合，显性课程与隐性课程相结合，普遍制定学生创业辅导计划；学校要积极挖掘资源，开设"跳蚤市场"、创业一条街，培养学生的实战经验，增强创业意识，提高创业品质。对学生的创业素质及时进行评价，并与评先评优、毕业、推荐就业等紧密地联系起来。

三、建设好师资队伍，编写好教材

要充分认识到良好的师资队伍和适应形势的教材，对提高就业创业教育有效性的重要意义。从 2009 年秋季起，中等职业学校的政治课教材进行了大的改革，

---

[1] 十一届人大二次会议《政府工作报告》。

比如变《经济政治》为《经济生活与就业创业》，并在高一年级就开设。但是，教师大多是空头“理论家”，就业方面还有可以说的，而创业方面就没有实际的经验，所以，教学基本上是照本宣科。要把这一门课上生动，引发学生的兴趣，并接受就业创业的知识和方法，有实战体验的教师很关键。要选派责任心强的教师参加就业创业教育课程的培训，要请就业创业成功人士和企事业单位人力资源管理人员、骨干教师参与修订就业创业教育的教材，突出课程的实践性。各个学校要明确创业教育课程的重要性，充分发挥课程教育的主渠道作用，开发创业课程，建立创业教育课程体系，真正把创业教育当做一门必修课，当做像专业课、实训课一样来对待。这样，才可能让学生学有所得，也只有这样，才会有能胜任的教师，才能讲好这门课，真正发挥这门课程的作用。杜绝临时性的安排，更要杜绝不开这门课的做法。教师可以是聘请来自企业里的管理人员，特别是创业成功的毕业生。创业成功的毕业生现身说法，教育效果更好。

四、加强意志品质、管理经验教育

“创业的过程不仅有烦恼，有时甚至有挫折和失败。要想成功，需要有彻底的觉悟、坚韧不拔的毅力、艰苦卓绝的奋斗精神，还要有知识、技能和管理经验，只有这样，才能够创新和成功。”❷ 中等职业学校在开展创业教育时，要充分预估到创业可能会遇到的各种困难，甚至失败，要着力培养学生正视困难、挫折和失败并战胜它们的意志和品质。要成功创业，创业者必须具备相应的管理经验。学校要从理论到实践，让有志于创业的学生学习管理的理论、积累管理的经验。

为开辟创业的绿色通道打好组合拳

《江苏省教育厅关于实施江苏省职业教育创业行动工程的意见》指出：“为努力培养新时期经济社会发展迫切需要的具有创造精神和创业能力的新型劳动者，职业教育要全面深化创业教育，切实提高职校在校生和广大城乡劳动者的创业意识、创业能力和创业本领，为江苏建设创新型省份、又快又好地推进‘两个率先’做出新的贡献。”温家宝总理在十一届人大二次会议上所作的《政府工作报告》中指出：“千方百计促进就业。”“大力支持自主创业、自谋职业，促进以创业带动就业。在市场准入、财税金融、经营用地等方面提供便利和优惠，鼓励更多劳动者成为创业

❷ 李斌．深情的寄托（温家宝和湖南大学毕业生座谈时的讲话）[N]．中国教育报，2009-6-15.

者。对自主创业、农民工返乡创业要进一步降低门槛，给予更大支持。”要实现以创业带动就业，就必须对大专院校和职业中学学生进行有效的创业教育，政府和相关职能部门就必须真正为创业者提供便利和优惠，开辟绿色通道。

目前，创业和创业教育亟待解决的问题有：行动问题、课程问题、师资问题、资金问题、场地问题、企业和职能部门支持问题、职业规划问题以及社会机构进行创业的实用性培训问题。要解决这些问题，需要我们六拳齐出，打破创业和创业教育的尴尬。

一、解决认识提高问题，落实行动

当前，大专院校和职业中学基本上都认识到创业与创业教育的重要性，一些院校积极开展了创业教育，拓展新的岗位、创新教育形式。但是，从整体上来看，流于纸上、嘴上和理论上的多，付诸实践的少。可以说是理论上的巨人，行动上的矮子。这对于创业和创业教育的开展是极其不利的。这实际上反映了认识不深、不高的问题。所以，还要抓认识的提高，使创业和创业教育真正落实到行动上，“将积极推进创业实践作为学校教育教学工作的重要内容，摆上重要位置”。“要把创业素质作为素质教育的重要内容，重点培养学生的创业意识、创业能力和创业胆识”，大力宣传“职业教育优秀毕业生的先进事迹，引导学生树立想创业、敢创业、会创业的自我形象”。

二、解决课程问题和师资问题

创业教育是对学生进行职业指导的重要课程，是使有志于创业的学生毕业后能够较快地适应社会、走上创业之路的“理论依靠”，也应该是目前各院校教学计划里必不可少的一门课程。虽然有些学校开设了创业与就业指导课，但是并不说明每所学校都开设，更不说明每所学校真正把它当做像专业课、实训课一样来对待。相当多的学校把它当做临时性的任务，即在学生要参加实习之前，花几个课时来讲一下，并没有列入整个教学计划。所以，教师也不是比较固定的，而是临时性的叫招生部门的老师、就业部门的老师，或者其他工作量较少的教师来讲。教师对企业的熟知程度、对创业会遇到的相关问题的掌握和了解情况是要打个大大的问号的。因为他们只会纸上谈兵，没有实战经验，没有真切的体会，所以，讲课是不生动的，没有说服力的。各个学校要明确创业教育课程的重要性，充分发挥课程教育主渠道作用，开发创业课程，建立创业教育课程体系，真正把创业教育当做一门必修课，当做像专业课、实训课一样来对待；重点加强学生创业意识与创业心理品质的训练与培养，着力进行创业能力的培养与创业实务知识的传授，做到学科课程与活动课程相结合，显性课程与隐性课程相结合，普遍制定学生创业辅导计划。只有这样，才可能让学生学有所得，也只有这样，才会有能胜任的教师讲好这门课，真正发挥这门课程的作用。杜绝临时性的安排，更要杜绝不开这门课的做法。教师可以是聘请来自企业里的管理人员，特别是创业成功的毕业生。

三、解决资金问题、场地问题

开展创业和创业教育，要聘请教师，要营造创业的真实场景，让学生在教师指导下真刀真枪地做一做，这就会涉及资金问题、场地问题。目前，收费是个敏感的问题，像中等职业学校还没有核准的创业教育这一块的收费；让学生自己投资，家长不会理解，不会放心；学生贷款，要得到家长的支持。学校场地一般比较紧张，难以划出专门的场地来作为学生创业的场所；即使有临街的场地，开设店铺、小作坊之类，还要经过地方规划和城建部门批准。纸上谈兵，学生没有实战经验、没有真切的体会的创业教育，效果是不会好到那里的。而真刀真枪地做，却又面临资金问题、场地问题。所以，创业教育是个两难选择。虽然，从中央到地方出台了鼓励自主创业的优惠政策，如江苏省政府将创业小额贷款额度上限提高到10万元，并对个人申请小额贷款并从事微利项目的由财政据实全额贴息，从事非微利项目的给予50%的贴息。毕业两年以内的大学生从事个体经营的，3年内免收相关的行政事业性收费，参加创业培训还将获得培训补贴。但是，对于在读学生，尤其是中等职业学校学生试水创业，不单是资金问题，还有好多现实的具体问题。而创业和创业教育开展，要解决好资金和场地问题，银行、地方规划和城建部门要降低门槛，简化审批手续，做好服务工作。有条件的职业院校应设立学生创业风险基金或学生创业奖励基金。

四、解决企业、政府和职能部门支持问题

目前，校企合作正在不断推进，职业学校和企业都有一定的联系，有的联系很紧密，有的就是职业教育集团的成员，但是对于职业学校开展创业教育，也有一个支持与否以及支持到什么程度的问题。一方面职业学校开展创业教育，要聘请来自企业有经验的、又能够阐述清楚与创业相关知识的人作为教师，除了学校付给他们一定报酬外，还要得到他们的支持。另一方面，学生创业要利用企业的相关设施设备、产品，如果按照市场价格买入或租赁，学校或学生的负担加重；如果企业能够

支持，只收取部分费用，甚至无偿提供，对学校或学生来说是个福音。

在校学生经过创业教育，尝试创业，就要办理相关证照，就要缴纳相关税费，就要与工商、税务、城管等职能部门打交道。2009 年，毕业 3 年的大学生王安立在西安市太白北路租了一家店面，刚开始装修，就被城管执法人员罚了 1 000元，还是在反复求情之下。在西安开办一个小公司，根据经营内容不同，工商、税务、城管、质检、卫生防疫、环保、消防等可能都来收费，项目达 10 项左右，还有不少意想不到的执法罚款。其收费都有所谓依据，其罚款都有所谓理由。如果这些职能部门为职业院校开展创业实践提供扶持政策，能够为学生创业创设一个良好的环境，开辟绿色通道，特事特办，相关证照办理快一点，或者暂时免办；工商部门、税务部门降低他们交的税费，甚至暂时减免税费，无疑能够降低创业的成本，能够让更多的人创业成功。

五、解决职业规划问题

创业和创业教育实际上还涉及职业规划问题，或者说人生规划问题。国外早在上个世纪，就在大学和高中开设职业规划课程，其中就有创业教育。美国人在 40 岁，不会只在一个企业呆过，他们或者换企业，或者自己创业。创业的成功，往往源于在学校接受的创业教育。这几年，我国开始重视职业规划、人生规划的教育。是就业还是创业，是主动就业还是被动就业，是一个人单打独斗还是与伙伴合作创业等，从学生时代就要有准备。教育部职业教育与成人教育司组织的全国中等职业学校学生“文明风采”大赛项目中就有职业生涯规划设计，这一活动影响是很大的。学生通过这一活动，对自己今后的人生之路有了一个规划，对就业还是创业，有了一个设想。但是，学校层面上，能够把职业规划、人生规划当做德育教育必不可少的内容来对待，把它当做一门必修课来对待，把它融入到学校教育的具体活动中的学校几乎很少。学校应该抓好学生思想观念的培养，从一进学校起，就对学生进行职业生涯规划教育。

六、相关社会机构要解决创业实用性培训问题

相关的社会培训机构要教授创业者必备的知识理论，其中包括资金准备、商业计划书的制定、注册登记、企业财务和税务知识等，为解决就业难作贡献。

总之，要改变目前创业教育知易行难，或者说是理论的巨人、行动的矮子的现实，使创业教育走出尴尬的境地，必须解决好行动问题、课程问题、师资问题、资金问题、场地问题、企业和职能部门支持问题以及职业规划问题，学校要把想法落

实到行动上，培养好师资，对课程进行必要的、及时的改革，开设适用的课程；政府要出台相应的配套政策，与所属的相关部门形成联动机制，像武汉市政府和洪山区科技局那样，不仅为学生创业开辟绿色通道，而且还要扶上马、送一程。

（发表于《东方青年·教师》2011 年第 9 期，获得江苏省首届创业教育论文评比二等奖）

参考文献：

[1] 全国十一届人大二次会议《政府工作报告》.

[2] 省教育厅关于实施江苏省职业教育创业行动工程的意见》.

[3] 程墨，罗曼. 武汉洪山创业一条街：让流浪的创业意愿找到家 [N]. 中国教育报，2009-4-9.

后 记

我在大学中文系就读时，就喜欢读书、喜欢写作。工作后，虽然教育教学工作任务繁重，尤其是担任高三教学时，我依然经常挤时间看书学习和写作。尤其是20世纪末学会了使用电脑后，写作更加方便了。2003年进入学校领导岗位后，外出学习、培训的机会增多了，视野也开阔了，又有了专供的报纸（根据我需要选订的），在报刊上发表的文章也多了起来。

我先在普通高中工作，后来到了职业中学。在职业中学工作的20年里，正好经历了职业学校大发展（遍地开花）、大调整（普高扩招、职业教育遇冷）、再发展的过程。我对两类学校及学生的学习、行为习惯、学习效果等进行了观察和比较，特别是对职业学校的教育教学及管理，进行了认真的观察和思考，这些观察、比较和思考及研究，最终都基本上形成了文字，大多在报刊上发表了，有的被多家媒体转载，引起了关注。

职业教育的科学发展需要党和政府的重视，需要有一系列的好政策，也需要职教工作者的专心投入与付出。它需要职教工作者对职教发展中出现的问题进行理性的分析和研究，与各个方面同向而行，形成合力，并且为解决这些问题创造条件，保证职业教育的又好又快发展。

一流的职业教育离不开一流的教师。教师是职业教育提高质量、又好又快发展的核心。职教教师除了做好教育教学工作、发展学生之外，必须通过科研发展自己、提升自己。缺少科研这翅膀一翼的教师是不可能成长为一流教师的。而教师本身没有发展，要想发展好学生、发展好学校也是不可能的。近日看到《中国教育报》2013年8月28日发表的王维审撰写的文章《何妨换个方向成长》，感同身受，对其中的这样一段话印象尤其深刻："教育写作是教师成长的更大的平台。

这个平台更开放、更包容，谁都可以进入，谁都可以拥有。无数个杂志、报纸、网络等着你的文字，只要你愿意写，总会有机会发表。发表了，有了动力了，写得多了，思考就更深了。一个人，一旦养成了反思的习惯，很多想法就会在不知不觉中得到深化和系统化。很多教师习惯了守护三尺讲台，总以为它足以演绎教育生涯的全部风雨。其实讲台未必是教师的全部世界，一个迈不出讲台的教师，注定走不远，也站不高。最关键的是，即使有幸挤上领奖台的那些人，如果没有写作的支撑，又能够走多远？”

这部书的出版，只是代表我一个阶段的思考成果。而且，因为本人理论水平有限，学习还是不多，难免有很多不足甚至谬误，敬请读者批评指正。

这部书的出版，得到了国家教育行政学院教育行政教研部主任、职业教育研究中心主任邢晖研究员和江苏省职教研究中心研究员庄西真博士的悉心指导。特别是在我请邢晖研究员作序时，她正患眼疾，医生叮嘱不能看书，但她还是看了部分书稿，为我作序；庄西真博士接到我作序的请求时，正在北京参加教育部召开的一个会议，他当即答应了我的请求，并在会议结束后不久，就给我发来了他写的序。同时，这部书的出版，得到了学校领导和同事的支持和帮助，在此一并表示衷心的感谢！

冯胜清

2013 年 9 月 19 日